為孩子出征

在屬靈的爭戰中，
父母如何成為孩子的護衛者

Mama Bear Apologetics
Empowering Your Kids
to Challenge Cultural Lies

Hillary Morgan Ferrer, general editor
希拉蕊‧摩根‧費雷爾——編著
陳雅馨——譯

熊,充滿強大力量與勇氣
媽媽,滿溢著守護與包容
熊媽媽,溫柔卻堅定以愛捍衛真理

#像熊媽媽一樣咆哮

目錄

專文推薦
一本給爸媽的信仰教戰手冊　葉子楚 006
比真理還重要的事，是孩子的思辨力！　趙逸帆 009
父母們，你們是兒女信仰教育中的關鍵！　劉幸枝 012

國外讚譽 015

前言｜傾聽，然後一起尋找答案 021

用熊媽媽的方法保護你的孩子 027

第一部　起身吧，熊媽媽們！

01 呼喚所有的熊媽媽 035
我的孩子把麥片圈塞進他的鼻孔裡。為什麼我在讀這本書？
希拉蕊・摩根・費雷爾 & 茱莉・盧斯

02 如何成為一位「熊媽媽」 053
這是說要成為遊樂場裡最奇怪的媽媽嗎？
希拉蕊・蕭特

03 明察秋毫的熊媽媽 067
「嚼一嚼，吐出來」的精煉藝術
希拉蕊・摩根・費雷爾

04 語言偷換 085
為達成目的及逃避現實而重新定義話語
希拉蕊・摩根・費雷爾

第二部 你可能聽過，但不知道它們叫什麼的謊言

05 天助自助者 105
　自助主義
　　提亞希・坎農

06 大腦說，我的大腦是值得信賴的 125
　自然主義
　　希拉蕊・摩根・費雷爾

07 如果有一絲一毫證據，我會相信上帝 145
　懷疑主義
　　希拉蕊・摩根・費雷爾 & 蕾貝佳・瓦勒瑞斯

08 真相是，真相不存在 165
　後現代主義
　　蕾貝佳・瓦勒瑞斯 & 希拉蕊・摩根・費雷爾

09 你說我錯，你就錯了！ 185
　道德相對主義
　　希拉蕊・摩根・費雷爾 & 蕾貝佳・瓦勒瑞斯

10 跟隨你的心——它從不說謊！ 205
　情感主義
　　提亞希・坎農 & 希拉蕊・摩根・費雷爾 & 希拉蕊・蕭特

11 只是崇拜一些東西而已 225
　多元主義
　　凱瑟琳・S・布斯

12 我不是宗教徒，我是靈性人士！ 241
　　新靈性運動
　　艾莉莎・奇爾德斯

13 共產主義失敗是因為沒有人正確地實踐它 261
　　馬克思主義
　　希拉蕊・摩根・費雷爾

14 未來是女性的時代 285
　　女性主義
　　蕾貝佳・瓦勒瑞斯 & 艾莉莎・奇爾德斯 &
　　希拉蕊・摩根・費雷爾

15 基督教需要改頭換面 305
　　進步基督教
　　艾莉莎・奇爾德斯

最後的激勵

16 如何利用這些資訊並且像熊媽媽一樣咆哮 321

　閱讀資源 326

　注釋 329

　致謝 345

編按：
<1> 本書關於聖經部分的中文譯本，以和合本及現代中文譯本為主。
　　少部分譯者酌以文意及作者使用聖經版本搭配上下文，略有微調。
<2> 本書聖經卷名或其他專有詞語等以基督教為主，惟首次出現以「基督教
　　卷名／天主教卷名」或「基督教用語（天主教用語）」顯示。

專文推薦

一本給爸媽的信仰教戰手冊

葉子楚

風一族職場教會青年牧區負責人、兒童主日學講師 &
美國律師事務所執業律師

　　身為一位從小上主日學，成長在基督教家庭的孩子，基督教信仰對於我來說是非常自然的，我從未對神有懷疑，反而一直堅信與驗證我從小所領受的是絕對的真理。這樣的信仰模式對我而言是無庸置疑的；直到開始長大，發現從小跟我一起去主日學的朋友們不再去教會，以及發現原來外面的世界對這些我認為是理所當然的真理有如此多的疑問，甚至是敵意。

　　我可以選擇繼續待在我的舒適圈，只跟和我有相似價值觀的人在一起；也可以成為一位「圓滑」的基督徒，在外人面前表現出一個讓他們覺得我很能融入他們的樣子。然而，從小領受的真理告訴我，基督徒是世上的光和鹽，我們要發揮影響力，在走入人群的同時，影響他人而不是被他人影響，而這是需要對真理有非常深的認識，以及有一定的屬靈生命才有辦法做到的。

　　基督教是符合科學的，因為科學是神所造的。我的父親

是位骨科醫師，同時也是一位牧師，對他來說，必須要頭腦明白、心裡相信，這個信仰才能走得遠，因為少了前者就是迷信，少了後者就只是知識理論。正如《為孩子出征》這本書中所強調的，有疑問是好事，代表我們有在思考；被提問也是好事，因為代表我們有機會好好向對方進行分享。但如果我們對真理不了解，當遇到這種情況，可能就無法提供一個準確地回覆；而如果我們是採用一種教訓且咄咄逼人的方式給出正確的回答，相信對方也無法欣然接受。這就是為什麼我強調基督徒需要對真理有深刻的認識，並有一定的屬靈生命（散發基督的馨香之氣），才有辦法走入人群，帶來影響力。

我雖然不曾懷疑過我的信仰，但是成長過程中，帶領過國高中生小組、大專團契、現在則是在服事社青的弟兄姊妹以及兒童主日學，我發現每一個人都是會提出問題的，即使不是懷疑真理或信仰的提問，但仍舊多多少少會有一些疑問。這些問題如果沒有被及時或適當的處理，大致可以衍生出幾種後果：弟兄姊妹們不再問問題（反正信就對了，好像有點消極？）；或是開始覺得這就是一個宗教而已（反正世界上我也有很多不懂的東西，對這個不用太認真）；或是開始產生更多的懷疑（這個信仰真的值得我相信嗎？）。

當我自己成為母親之後，我更開始認知到這個「用合宜的態度提供正確答案」的重要性；我不禁想到，如果我的兒子長大、逐漸接觸社會上各種其他的思想，而開始懷疑我們從小教導他的價值觀；或當基督教對他而言只是一個習慣的宗教時，我該如何引導他？《為孩子出征》提供的就是一個

全面的教戰手冊，從了解問題開始，然後裝備自己、調整心態、一直到最後可以突破癥結，做到像書中的「像熊媽媽一樣咆哮」。

鼓勵每一位讀者在閱讀前，先求主預備自己的心，相信我，這裡面的資訊量真的很龐大！求主讓這些方法可以在我們吸收之後，內化成為我們思考、言語、以及心態轉換的一個反射動作，成為一位堵住破口的熊媽媽！

推薦人小檔案

葉子楚，1989 年出生，畢業於台灣東吳大學法律系、國立台灣政治大學科技管理與智慧財產研究所，並赴美於長春藤名校之一的賓州大學就讀法學院，隨後考取紐約州律師執照，現受雇於一所位於紐約曼哈頓的國際型律師事務所，為美國的執業律師，並榮獲全美律師行業雜誌《超級律師》（Super Lawyers Magazine）的「超級律師（Super Lawyer）」評選，獲選為 2024 年度的明日之星（Rising Stars）。

目前委身於風一族職場教會，身為主任牧師的女兒，與同樣是律師且為傳道人的弟弟一起帶領教會的青年牧區，並擔任社青小組小組長，以及兒童主日學講師。

專文推薦

比真理還重要的事，是孩子的思辨力！

趙逸帆

不帆心家庭教室創辦人 & 親職講師

我是一名親職講師，也是第一線接觸許多中小學生的現場老師，在這五年內，真的常常讓我感受到許多「彎曲悖謬」的價值觀，很抱歉我需要用如此強烈的詞彙表達我的想法。但現實真的是如此，相較於上個世代，孩子接觸資訊的管道更加多元了，就算家長們對孩子使用網路社群上有管制和監控，但孩子到學校、在其他環境還是會被影響，特別對於基督徒的家庭，我認為這本《為孩子出征：在屬靈的爭戰中，父母如何成為孩子的護衛者》非常值得推薦給家長們共讀！

印象非常深刻，有一年在帶小學一年級的班級時，孩子在某一天集體玩起的 123 木頭人，並唱起了當時很紅的一部影集的音樂，孩子甚至自製了木製手槍，模擬劇中爆頭爆血的動作。聚集了孩子們聊聊這個流行，我才發現其實 20 多個孩子，只有 2 個孩子有接觸到這個暴力、血腥的影集，但卻成為了整個班級、甚至整個學校的流行。

你看完之後有什麼感想呢？以上這樣真實的例子，我可

以舉出上百個！新世代的父母，特別是每天花大量時間陪伴孩子的媽媽們，你準備好了嗎？

〈羅馬書〉12:2：「不要效法這個世界，只要心意更新而變化，叫你們察驗何為上帝的善良、純全、可喜悅的旨意。」

我最喜歡這本書不斷強調的概念「識別」，在這世代中，如同羅馬書的提醒，孩子和家長，我們面對世界，需要的不只是對與錯的真理「記憶」，而是當資訊爆炸、各種多元想法進入後，我們是否能有辨別力，足以讓自己的心思意念常常更新而變化，活在上帝給我們的計畫之中！

在台灣的社會中，大部分的孩子回到家後都會花大量的時間跟媽媽聊學校生活，在聆聽的同時，我們是否有能力進一步引領孩子深入洞察各種議題背後的價值觀，並引導孩子去思考跟真理的關聯，這真的是一件不容易的事情，但這卻是這個世代父母的必修課之一。

〈箴言〉14:15：「愚蒙人是話都信；通達人步步謹慎。」

箴言這段話，如同孟子提出的：「盡信書，則不如無書！」。現代青少年滑手機的時間遠遠超過看紙本書本，而大人們，我們滑臉「書」的時間是否也越來越長？在吸收大量資訊的同時，思考能力不自覺就下降了，我們對真理和錯誤教導的分辨力也隨之消失。

這本《為孩子出征》不僅適時引用聖經的經文作為輔助，還直接討論近代許多爭議性的議題，書中不一定直接給予解答，或對與錯的教訓，而是藉由討論、事件，引發我們思考；更鼓勵我們透過 PAWS 禱告策略，讓上帝介入我們的思想，奮力抓住真理。最寶貴的是，章節末尾都循序有許多關

鍵的問題討論，非常適合陪伴孩子長大的父母及親師們，讓我們有步驟、具體的陪伴，養成孩子邏輯思辨的思考習慣！

　　願每個孩子都在天父的慈愛、生命、道路中健康、正向的成長，也祝福每一個看這本書的家長們，這資訊充斥的世代裡，育兒真的很不容易，我們一起加油，為了孩子，做新世代的屬靈護衛軍吧！

推薦人小檔案

　　趙逸帆老師，國立臺北教育大學心理與諮商系畢業，經歷過專任輔導、實驗教育的教學經歷。成為基督徒受洗 10 年，在教會長期服事兒童、青少年的族群。近三年深耕在家庭教育，有超過 150 場的親職講座經歷、200 篇以上的親職教養專欄，創辦了「不帆心家庭教室」，穩定陪伴上千個家庭面對新世代教養的困難與挑戰。

專文推薦

父母們，你們是兒女信仰教育中的關鍵！

劉幸枝
中華福音神學院推廣教育處處長、教會顧問牧師

　　信徒下一代信仰流失，已成為全球教會共同面臨的難題。自十八、十九世紀的啟蒙運動以來，理性主義與科學的發展已經在西方國家引發了廣泛的信仰冷漠。甚至許多基督徒父母對下一代是否繼續跟隨基督，也不再如以往那樣執著。

　　相比之下，華人教會或許還有許多父母在乎信仰的傳承；但華人家長常傾向於用規定和要求的方式來教育兒女，反而容易引發反彈。即使不採取強制手段，父母也常在孩子面對升學壓力時，無法有效建立兒女信仰的根基。

　　我很高興看到《為孩子出征》這本書。它不是一本育兒的心靈雞湯，也不是虎媽戰歌的延伸，而是一群自稱熊媽媽，包含有曾經失去信仰、迷途知返並與主重新建立關係的母親，針對美國教會中的父母所面臨的兒女信仰危機和挑戰，提出了發人深省的母親版護教學。

　　確實，過往的觀念認為教會是唯一的「信仰場所」，許多父母錯誤地將孩子的信仰教育完全寄託在教會那一小時的兒

童主日學上,卻忽視了聖經早已強調父母在兒女信仰教育中的重要性。對古老的猶太人來說,母親就是孩子的第一間學校,因為孩子在母腹中已經開始從母親那裡學習,吸收她所傳遞的養分。

在這個全球化的時代,美國基督徒母親所面臨的處境,相信與華人教會的母親們相差無幾。本書作者希望藉由此書,幫助基督徒母親正視我們兒女今日所面對的各種議題,主動以積極健康的方式應對,而不再是消極地等待,最終陷入驚慌失措與無言以對的沮喪中。

即使在現代社會,母親在兒女成長過程中仍扮演著關鍵的塑造者角色。智慧的家庭主婦懂得如何為兒女提供成長所需的營養,並細心規劃孩子的教育。對一位基督徒母親來說,更需要具備遠見,正如箴言廿二6節所說:「教養孩童,使他走當行的道,就是到老他也不偏離。」

本書作者以福音信仰為基礎,將聖經作為理解世界觀的根基,任何文化與價值觀都應該在信仰之下接受檢視。或許你會擔心這樣的立場是否過於保守,因為在當今社會,父母角色最受兒女歡迎的特質之一,無疑是開明、尊重多元文化的態度。然而,正是因為作者的堅持,使本書獨樹一幟。熊媽媽護教學在堅守信仰的同時,保持開放對話,但這對話不是無所依歸,而是以福音信仰為根基。在這穩固的立足點上,熊媽媽能引導在思緒和情感上隨世界漂泊的兒女,回到母親的懷抱中,找到安穩,因為熊媽媽所給予的不僅是愛,更是真理之愛。

聖經中早已有熊媽媽的榜樣:在古埃及文化中,憑信心

乳養摩西的生母約基別（希伯來書十一23節）；在混亂的士師世代中，願為神國生養拿細耳人獻與神的哈拿（撒母耳記上一11節）；以及新約中西庇太兩個兒子約翰和雅各的母親撒羅米，她一直是耶穌忠誠的跟隨者（參馬太福音廿七56節）。確實，唯有母親先成為上帝的門徒，孩子們才有可能成為上帝的門徒。因此，如何「門訓」孩子成為主的門徒，而非「教訓」孩子，使他們對信仰教育敬而遠之，這也是本書所欲提供的方法。

此外，本書非常適合讀書會使用，書中精心設計的問題，更適合在群體動力中集思廣益。本書召聚有護崽本能的熊媽媽們加入護教行列，若有更多母親因此被提醒並認識到自己所領受的天職，相信這將成為一支驚人的屬靈大軍！

推薦人小檔案

劉幸枝，一位女牧師、基督教作家和神學院老師，以多重角色展現在信仰與教育領域的熱忱。曾與丈夫旅居德國多年，深受當地文化與歷史的啟發，並在生活中培養了對小動物和園藝的熱愛。這些豐富的生活經歷融入到她的寫作和課程當中，讓創作與教學及信仰的傳遞，展現出豐厚的生命厚度，帶來更深刻啟示的可能。現為中華福音神學院推廣教育處處長及教會顧問牧師。

國外讚譽

我們的孩子現在可以接觸到比以往更多的訊息,包括對基督教和上帝存在的質疑。年輕人在進入大學之前,早就在網路上接觸到這些懷疑的聲音,這通常發生在他們還住在家裡的時候。因此,身為父母,我們扮演的護教者角色對於孩子極其重要。這本書將幫助你理解這些挑戰,讓你能夠應對孩子們的質疑,使他們作好準備,成為忠誠的基督追隨者。

J・華納・華勒斯(J. Warner Wallace)
《換日線》(Dateline)節目特邀懸案偵探,拜歐拉大學護教學副教授,
《基督教懸案解謎》(Cold-Case Christianity)、
《神之犯罪現場》(God's Crime Scene)及《信仰勘驗》(Forensic Faith)作者,
護教學院(Case Makers Academy for Kids)創辦人

《為孩子出征》精闢而風趣地探討了如今淹沒孩子們的大量錯誤觀念,這樣的事情往往在善意而不知情的基督徒母親眼皮底下發生。我喜歡它在每一章節中直擊問題核心——提供剛好足夠的背景資訊和理解要點,但不會讓你感到負擔太重。若每位基督徒母親都能閱讀本書,並認真應用在教養之中,這將深刻改變下一代。請閱讀這本書,然後與朋友分享。

娜塔莎・克蘭恩(Natasha Crain)
全國演說家、部落客、
《讓孩子站在神的一邊》(Keeping Your Kids on God's Side)和
《與孩子談論神》(Talking with Your Kids About God)作者

看到這本書完成，讓我十分激動。最近，教會中有越來越多的女性認識到護教學在培育下一代的重要作用。《為孩子出征》是她們共同努力、禱告和經驗的結晶。本書不僅提供對當代文化的洞察，還提供了實際方法，讓年輕人認識聖經真理。希望每位基督徒女性都能閱讀本書，並傳遞給朋友。

尚恩・麥道威爾（Sean McDowell）博士
作家、演說家、教授

看到這本如此高水準、為媽媽們而寫的書問世，我感到非常激動！《為孩子出征》是本引人入勝的書，通俗易懂，卻並未削弱主題的重要性。我特別高興的是，書中納入了所謂的進步基督教和後現代主義章節。讀者將獲得一些有效的工具來拆解瀰漫於當代文化中一些更具危險性的意識形態——並讓他們的孩子也有能力效仿。

梅麗莎・克蘭・崔維斯（Melissa Cain Travis）博士
《科學與造物者之心：信仰與科學的對話所啟示的神》
（Science and the Mind of the Maker:
What the Conversation Between Faith and Science Reveals About God）作者

精彩、幽默、充滿對話性，這是關心當前及未來世代的每個人必讀的護教學書籍。這種由女性帶來的新鮮視角，正是護教學所需要的。不僅僅是父母，每個人都應該學習「嚼吐」的辨別方法，學會如何像熊媽媽一樣「咆哮」，並了解語言偷換的後果。熊媽媽的號召是神的旨意——敢對我們的孩子出手，我們就會摧毀你們的論點！

蘿莉・A・史都華特（Laurie A. Stewart）
護教學女性（Women in Apologetics）主席

出色極了！《為孩子出征》巧妙地描述了文化中的謊言，教你如何識別它們，並如何以邏輯和同理心擊敗它們。書中充滿幽默，例如他們的「嚼吐」方法，幫助辨別進步主義、女性主義、社會主義等如何與聖經教義相符或偏離。每章末還附有適合小組討論的問題，非常實用。

珍·E·瓊斯（Jean E. Jones）
《從《腓立比書》中發現喜樂》（*Discovering Joy in Philippians*）和
《從舊約聖經中發現耶穌》（*Discovering Jesus in the Old Testament*）合著

在希拉蕊·摩根·費雷爾的領導下，這群女性思想家們合作編寫了一本當今最引人入勝、通俗易懂、聰明機智且極具切身性的護教學書籍。她們提出並回答了讓基督徒父母感到恐懼的問題——並以愉快、幽默及罕見的技巧完成了這一切。這是一本教會應該大量訂購，以便每個人都能閱讀並討論的書。這本書必將為廣大家庭建立信心，並產生巨大改變。

克雷格·J·海森（Craig J. Hazen）博士
拜歐拉大學護教學教授；《無畏的禱告》（*Fearless Prayer*）作者

《為孩子出征》是本為每一位關心謊言與意識形態的女性而寫的傑出合撰書籍，這些謊言及意識形態已悄悄滲透進社會和教會中，並與人們對神的知識背道而馳。這本書適合那些想要保護孩子心靈和靈魂的母親們。熊媽媽會為你提供艱難問題的答案，啟發你和孩子們的批判性思維，並在信仰之旅中通過禱告和討論鼓勵你。這本書將激勵並強化你的家庭，我強烈推薦每個家庭、小組和教會都要閱讀。

羅尼·雷克（Rodney Lake）
紐西蘭重視思考基金會（Thinking Matters New Zealand Foundation）
全國總監

《為孩子出征》這本書在護教學領域掀起波瀾，它幫助基督徒媽媽們在後現代西方文化湍急且危險重重的意識形態水域中通行。這些作者明白，雖然媽媽們很難抽出時間學習護教學，但她們仍關心孩子們從文化紅人那裡接觸到的內容。因此，它利用故事和幽默，以通俗易懂的方式提供答案，在寓教於樂的同時，還能讓媽媽們在面對棘手問題時，保持愛心與同情心。這本書將讓基督徒媽媽們準備好「像熊媽媽一樣咆哮！」

瑪麗・喬・夏普（Mary Jo Sharp）
休斯頓浸信大學護教學助理教授，
自信基督教護教學事工（Confident Christianity Apologetics Ministry）主任

獻給萊絲莉、安和簡（Leslie, Ann, and Jan）
——過早離開我們的熊媽媽們

獻給我們所有的小熊們。願你們學會「嚼一嚼，吐出來」，
但不是在餐桌上。

路克和喬
Luke and Joe
以利亞和約拿
Elijah and Jonah
漢娜和瑞秋
Hannah and Rachel
威爾和道爾頓
Will and Dalton
迪倫和艾登
Dyllan and Ayden
卡莉、班和山姆
Carli, Ben, and Sam
康諾和路
Connor and Luke
凱伊、列維和托比
Kai, Levi, and Toby
摩根和卡特
Morgan and Carter
達比、艾維里、萊利和布雷特
Darby, Avery, Riley, and Bret

前言
傾聽，然後一起尋找答案

　　我在高中時期放棄了我的基督教信仰——這也是我強力支持「熊媽媽護教學（Mama Bear Apologetics）」使命的原因。

　　神將孩子靈性教育的重責大任交到了父母親的手上。在過去的年代，父母將這一責任轉嫁給教會、青年團契或基督教學校的情況屢見不鮮。但是在今天這樣做已經行不通了。在這個日益世俗化的時代，父母親比以往任何時候都更需要站在第一線，才能讓自己的孩子在面對一個對基督教感到困惑、甚至敵視的社會時，做好準備。

　　幾十年前，當我還是青少年的時候，生活在世俗文化的壓力中，就已經嚴重到讓我不得不質疑父母親所教導的基督教信仰（我不是例外，在我們五個兄弟姐妹中，只有兩個人在成年後仍維持基督教信仰）。在我所就讀的公立高中裡，教師是世俗的、教材是世俗的，我的朋友大多是世俗或猶太人。我的確認識一些基督徒，但他們在神學上抱持著自由的態度。當我參觀他們的教會時，他們站成一圈，手拉手，唱著民權運動的頌歌「我們終必得勝」（We Shall Overcome）。

但我沒有被打動，因為他們似乎只是在用基督教的外衣來包裝世俗進步主義而已。

我的學校和社交圈中，在神學上持保守立場的基督徒，顯然是極少數。我不禁想知道：為什麼他們認為只有他們是對的，而其他所有人都錯了？

於是，我開始問：我們怎麼確定基督教信仰是真的？

就這麼簡單。不是關於邪惡和苦難的問題，也不是關於一位善良的神怎麼會把人送入地獄的問題，不是那些年輕人通常會問的問題。只有一個最根本的問題：我們怎麼知道基督教是真的？

沒有人能給我答案。

我的父母親都是斯堪地那維亞裔人。父親這邊的祖父母從瑞典跨洋而來，母親這邊的曾祖父母則來自挪威。許多世紀以來，基督教路德宗一直是這些國家的國教。因此我的父母對我的問題感到不解。他們的心態似乎是，「可是，可是……我們是斯堪地那維亞人啊！妳不信路德宗，還能信什麼呢？」

我的牧師沒研究過基督教護教學，他也沒有答案。我的一位叔叔在一間路德宗神學院擔任學務主任，因此我希望他能給出更實質性的答案。但他只是說：「別擔心，我們都有疑問的時候。」

當孩子對神有疑問時，父母應該去哪裡尋求指導，提供他們解答呢？

「熊媽媽護教學」正在填補這塊空白。通過來自他們自身家庭和生活中的真實例子，讓護教學變得簡明易懂，易於一

般父母理解。這本書將帶你入門，讓你對當今年輕人提出的問題有一個基本了解——這些問題，你的孩子很可能也會問。

直到最近不久，對於護教學感興趣的女性始終少於男性，但這種情況正在迅速改變——尤其是在有孩子的女性中更是如此。1991年，我擔任《突破點》（*BreakPoint*）的創始編輯，這是一個由查克‧科爾森（Chuck Colson）主持的全國性每日廣播節目。儘管節目只有五分鐘長，但身為編輯，我的目標是讓每集節目都能讓聽眾認識到一些基督教世界觀和護教學的教導。無論是我自己撰寫的廣播評論，還是我經手編輯的、由工作人員和自由撰稿人所寫的評論，我都確保節目能以時事作為跳板，讓聽眾認識到社會趨勢根源的世俗世界觀。目標是教育聽眾如何批判性地思考世俗世界觀，並提出基督教的回應。

簡而言之，《突破點》的目標是，以淺顯易懂的方式教授護教學。我們發現，當討論到父母關心的話題時，這得到的反應最為熱烈。

衡量聽眾反應的方式是透過聽眾打電話。我們鼓勵聽眾，當他們喜歡某個節目時，可以打電話來索取節目文稿（這種方式在一開始幾年一直持續著，直到需求量大到我們不得不將打電話索取文稿的服務外包）。那些明顯吸引最多聽眾打電話進來索取文稿的話題是：幫助父母們為孩子面對世俗社會做準備的話題。當我們討論有關教育的問題（公立學校教什麼）、娛樂（兒童看的電影及電子遊戲）、文學（兒童或青少年讀物），以及進化論（提供父母工具，幫助他們回答孩子提出的科學問題）時，打進來的電話數量總是激增。

我們了解到許多人可能不是真的對護教學本身感興趣。畢竟，到了成年時，不管有什麼問題，許多人也已經解決了。但他們關心如何幫助孩子維持基督教信仰，也意識到自己的孩子面臨的問題比以前的任何一代都要艱難得多。

　　這就是為什麼現在正是「熊媽媽護教學」的最佳時機。隨著每一代人的成長，世界觀不斷轉變——這意味著你我面對的問題，可能和我們孩子面對的問題不同。我們不能只是依賴於將我們已知的知識傳授給子女。最好的護教動機是愛：我們需要愛我們的孩子，愛到願意傾聽他們並努力去尋找他們問題的答案。

　　在我看來，母親特別適合這項任務。為什麼？因為有效的護教需要同理心。你必須願意認真聆聽另一方的觀點，才能了解問題的來源。我的孩子們接受到了哪些觀念？他們在接收哪些文化信息？這些觀點背後有哪些不曾言明的假設？與孩子日常互動的經驗，給了媽媽們發展同理心和溝通技巧的機會。

　　越早開始越好。一位朋友的八歲兒子問他的父母：「其他宗教的人相信他們對他們神的看法是對的，而我們相信我們對我們神的看法是對的。我們怎麼知道誰真的是對的？」你的孩子可能也在思考同樣的問題，而你知道如何回答嗎？

　　熊媽媽護教學還有一個額外的好處：當你回答孩子們問題的同時，神也在訓練你幫助朋友、家人、教會成員和鄰居——因為向任何人傳達神的真理所需的技巧都是相同的。我第一份專業寫作工作是為一至三年級的學生撰寫每週科學讀物。不久後，我在機構內晉升了，開始為四至六年級的

學生寫作。再後來我為初中生寫作，然後是高中生。回顧過去，我可以看出這份工作在如何拆解概念，並簡明扼要地向任何受眾解釋的方面，提供了絕佳的訓練（我鼓勵那些想成為作家的學生，從為兒童寫作開始）。同樣地，當你接受了教育自己子女的呼召時，神也在預備你從事更廣泛的事工，這些事工將隨著你的孩子長大離家而展開。

　　現在，讓我開始向你介紹「熊媽媽護教學」。你將在接下來的書本中獲得智慧，幫助你更好地傾聽孩子的聲音——辨別他們的想法和問題，引導他們以批判性和符合聖經的方式思考他們所面對的後現代文化。能被上帝呼召，與年輕人並肩同行，塑造他們的思想和理解力，對我們每個人來說都是一種榮耀。「熊媽媽護教學」將在這一路上為你提供出色的支持和指導。

南茜・皮爾西（Nancy Pearcey）
《全然真理》（*Total Truth*）和《尋找真理》（*Finding Truth*）作者

用熊媽媽的方法
保護你的孩子

　　幾年前，人們要求丈夫和我在我父母的教會裡為一門護教課程提供協助，在這堂課上，我們遇到一位名叫喬迪（Jody）的女士。有一天，喬迪站起來講述了她的故事。她在教會裡養育了兩個兒子，他們每週參加「Awana」活動、青年團契及上教會，其中一個甚至在大一結束後要求重新受洗。這樣就沒問題了！她以為。然而當她的兒子大學畢業找到第一份工作後，她的世界天翻地覆了。她的兒子在一次週末拜訪時宣布，他不再相信神了。他正跟隨無神論老闆的腳步，他說服他相信「耶穌就跟聖誕老人和牙仙一樣」。我還能再多做什麼呢？她很想知道。

　　喬迪接著說明她是如何處理這個情況的。她的心裡其實嚇壞了（誰不會嚇壞呢？）然而，她冷靜了下來，傾聽她的兒子，問了他一些問題，並試著弄清楚是什麼導致他生命如此巨大的變化。她讓他告訴她，他的主要反對意見和問題。當他離開她回家，喬迪（她是位健身教練）深入到學術活動和基督教學術界這個陌生的世界裡，拚命尋找能駁斥兒子反對意見的證據。她並沒有想進行這項任務，她也不想要，但這是攸關她心肝寶貝永恆生命的問題！一位熊媽媽還能做什麼？

她看到哲學的推土機正從她兒子身上壓過，於是毅然跳上前去，想用自己的雙手力挽狂瀾──正如所有熊媽媽會做的一樣──這意味著她不得不去學習護教學！

喬迪對於教會沒有為她（或她的兒子）做好應對當今文化對基督教敵意的準備感到震驚，於是在接下來的幾年裡，她努力幫助兒子解答問題，陪伴那些與他們孩子們經歷同樣情況的其他父母。

聽完她的故事後，一顆小小的種子在我心中種下，幾年後，這顆種子開花結果，成就了「熊媽媽護教學」這項事工，以及你現在正在閱讀的這本書。

我很想說喬迪的故事是獨一無二的，但事實並非如此。孩子們在越來越小的年齡就開始面對文化對於基督教信仰的挑戰（見第一章）。但作為回應，我們可以專注於問題本身，或更深入地研究存在於這些問題背後的世俗性哲學。我把「僅僅回答問題」的方法比作玩打地鼠遊戲。你還記得這個遊樂場遊戲嗎？毛茸茸的小地鼠會意想不到地從不同的洞裡冒出來，玩家則試圖敲擊它們的頭來得分。雖然回答信仰中的棘手問題很重要，但這樣做很像是在玩打地鼠遊戲。一個問題才剛解決，另一個又冒出頭來。

如果我們能在孩子們面臨到挑戰信仰的問題*之前*，就事先引導他們用聖經的方式來思考，那會怎樣呢？用聖經的方式思考，不只是知道聖經的章節（雖然這是一個很好的開始！）。不是，用聖經的方式思考是指運用我們從聖經中學到的知識，並了解如何將其中出現的原則應用在日常情境中。這才是我們希望孩子們成為的那種聖經思考者！

把觀念比作種子。種子是否生長取決於種植的土壤種類（及我們是否澆水）。我們希望培養孩子們的智識土壤，這樣當（這不是如果，是必然會發生）壞的觀念被植入時，就不會生長。我們不希望孩子們覺得他們必須在神與科學之間做出選擇，因為我們已經努力耕耘過他們的智識土壤，讓他們知道科學和信仰並不是對立，也從未是對立的（見第六章）。我們不希望孩子們把政府當成救世主，因為他們知道基督已經戰鬥贏得了這場戰爭，只有祂是他們的救世主（見第十三章）。我們希望他們知道什麼構成了可信的證據，這樣他們就永遠無法聲稱「沒有神存在的證據」（見第七章）。我們希望他們能明白真理是排他的——真理排除了虛假的存在（見第十一章）。

這些原則是聖經教導的一切的基礎。如果讓這個基礎受到侵蝕，我們的孩子就容易落入懷疑和世俗性思維的陷阱。畢竟，如果我們的小熊們不知道*真理自存*且不接受隨意詮釋（見第八章），他們又怎能接受基督的*真理*呢？或者，如果他們被教導只需向內尋找——他們所需要的一切都在內心裡（見第五章），他們又怎會知道要向耶穌尋求幫助呢？

文化的謊言如同雜草，想要占領孩子們的心靈花園。這些謊言需要受到制止，而這正是你——熊媽媽的責任！擔心護教學不是你感興趣的東西？這完全沒問題。你不是為自己讀這本書。即使沒有其他原因也請讀一讀，你需要知道這個世界在每天超過八個小時的時間裡，對不在你身邊的孩子們說了什麼。讀這本書是為了讓你能識別這些謊言，幫助你的小熊們也能識別它們。

我們編寫這本書的目的是為了向人們提供訊息，而不是譴責人們。我們不是要控訴我們不喜歡的每個信仰。相反的是，我們的目標是培養一支具有洞察力的熊媽媽大軍，他們能夠認識一個觀點後就識別出其中的優點，將這些優點與缺點區分開來、去蕪存菁（見第三章）。身為熊媽媽，我們的職責是，無論威脅來自何處，都要保護我們的孩子；保護可能意味著庇護我們的孩子一段時間，但這只是短期的解決方案。我們需要讓孩子們做好準備，使他們在未來不會毫無保護。我們能夠向孩子們提供的最大保護就是，讓他們在為正面迎擊文化謊言做好準備的同時，也能保有感恩、愛人的心，並討人喜歡。只是告訴他們哪些觀念會攔阻人認識上帝（哥林多後書／格林多後書10:5）是不夠的。我們必須訓練他們理解為何這些觀念是有缺陷的。我們希望訓練他們在每次講座、每部電影、每首歌，甚至每一篇講道中，都要運用他們的批判性思維。

我們不希望孩子們將周圍的一切視為非黑即白，因為，坦白說，我們並不是生活在漫畫所描繪的世界裡。我們希望他們意識到聖經的真理和文化的謊言可能出現在任何時間、任何地方。我們不希望孩子們生活在恐懼中，而是生活在洞察力中。我們希望孩子們能夠在藝術、電影、科學、歷史、音樂中——在一切事物中看到基督，因為祂是萬有之主。然而，我們也不希望他們認為在藝術、電影、科學、歷史或音樂中遇到的一切，都是在訴說祂的真理。

隨著足夠的練習，我們的孩子們甚至不需要思考他們如何接受或拒絕這個世界中被人信奉的各種觀念或觀點。這就

像是呼吸，我們不會吸入百分之百的氧氣；我們吸入的是氧氣、二氧化碳、氮氣和其他大氣成分的混合氣體；我們的身體被設計成只吸收氧氣，呼出所有其他東西。如果我們這些熊媽媽做好自己的工作，希望這本書能在這段旅程中幫上你的忙，那麼我們的小熊們就會有能力以感恩心、愛心及批判性思維與這個文化互動——他們會像呼吸一樣，自然地吸入屬靈的氧氣，呼出所有其他東西。這種技能不是一夜之間就能學會，但我們需要先教會自己。

所以，準備好了，熊媽媽們！是時候了解文化的謊言並且像熊媽媽一樣咆哮了。

第一部
起身吧,熊媽媽們!

第一章

呼喚所有的熊媽媽

我的孩子把麥片圈塞進他的鼻孔裡。
為什麼我在讀這本書？

希拉蕊・摩根・費雷爾 & 茱莉・盧斯
Hillary Morgan Ferrer & Julie Loos

　　我十分喜歡和我的媽媽朋友們打電話聊天——尤其是那些有年幼孩子的媽媽朋友們。除了她們，我還能從哪裡聽到有人大喊「不要把雞放在跳床上！」之類的荒唐話呢？

　　我做過一項調查，詢問熊媽媽們，身為媽媽的她們，曾經說過最奇怪的話，有不少回答跟不該舔的東西有關（例如：眼球、汽車、大象的屁股……）。我最喜歡的回答是「我們不應該把聰明的人放進馬桶裡！」身為媽媽，我相信你說過很多從來沒想過會從自己嘴裡說出來的話。說實話，誰需要澄清「便便不是顏料」這種事呢？就是媽媽們。

　　媽媽生活是一種特別的呼召，它不適合沒膽的人。大多數媽媽會告訴你，這是世界上最困難也最美好的工作。一方面，媽媽生活的頭八年，你幾乎沒有獨處的時間，生病了也不能請假。另一方面，還有哪份工作允許你和你的客戶依偎在一起，看著他們如何吐出最大的口水泡泡？

　　媽媽們就像經理，她們不只是管理人之外，她們還創造

他們。身為母親,你有幸從出生開始訓練、塑造和教育你的下一代,直到(但願如此)他們成為一個在社會上有用的人。威廉・羅斯・華勒斯(William Ross Wallace)在他十九世紀的詩〈推動搖籃的手可以統治世界〉(The Hand That Rocks the Cradle Rules the World)中,恰當地描述了母親的角色。換句話說,如果孩子是我們的未來,那麼處在幫助決定未來面貌有利位置的,就是媽媽們(還有爸爸們)。

為人父母(及為人叔叔伯伯、姑姑阿姨、祖父母和監護人),我們最重要的工作之一,就是讓孩子準備好迎接真實的世界。我們孩子成長的社會和我們成長時的截然不同。我小時候很喜歡背誦聖經經文,不需要面對一個告訴我聖經充滿矛盾,或聖經只是一本童話書的文化。在那時候,聖經的可信度是人們公認的,但現在卻完全不是這樣。我們不能再依賴西方文化來鞏固我們的基督教信仰,也不能忽視年輕人正成群地離開教會的這個事實。許多父母不知道,導致孩子離開教會的某些原因,完全是可以避免的。

我們為什麼關心護教學?

茱莉和我(希拉蕊)在護教學方面的經歷截然不同。茱莉是在有了孩子之後才發現護教學的重要性,而我則是在童年時就認識到它的重要性。我喜歡分享我的故事,因為我認為對父母來說,以長遠的眼光去看待護教學對孩子們的影響十分重要。許多護教學家的故事中充滿遺憾,原因是他們未能及早接受訓練;我則屬於那種在回顧過去不會感到遺憾,而是對年少時所接受的訓練滿懷感恩的人。

我是個愛上教堂的孩子，熱愛耶穌並渴望成為傳教士。我記得我曾想成為修女，當媽媽告訴我，只有天主教徒才能當修女時，我失望極了。在成長的過程中，媽媽和爸爸說什麼我就信什麼；他們說基督教是真理，所以我不曾質疑過。

如果我小時候就有網際網路，我的故事結局可能會非常不同。我是個喜歡問問題的人。老師甚至在我幼稚園的「成績單」上手寫了一個評語：「問了很多問題」。故事快轉到我父母見到我最喜歡的一位研究所教授時，他對他們說的第一件事？「她問了很多非常好的問題！」所以，我誠實地承認我有這個特質，它從我會說話起就一直存在著。

在成長過程中，我能夠提出宗教問題的對象只有媽媽、爸爸、提姆（Tim）牧師和幾位主日學老師。如果當時可以上網，我可能會在 Google 上搜尋「神」，並因此接觸到不僅僅是猶太－基督教的神，還有伊斯蘭教、巴哈伊教（Baha'i）和祆教的神。如果你的孩子和我很像，可能會接著搜尋「哪位神才是真正的神？」我最後一次查看時，搜尋排名最前面的是維基百科上關於神的條目。而第二條條目則是摩門教網站上的「上帝是真實的嗎？」。如果你的孩子繼續往下瀏覽，他們會看到「哈芬登郵報」（Huffpost）的一篇文章這樣告訴他們：「接近神，或者拒絕這個觀念（即採取無神論），應該是*個人的事，就像〈獨立宣言〉（Declaration of Independence）中所定義的幸福一樣：每個人都應以自己的方式追求*」[1]（強調字體是我所加）。後現代主義同意這點、自然主義也同意，情感主義和道德相對主義亦復如是。本書中提到的許多世俗世界觀也都同意這一說法。

如果我們的孩子從媽媽、爸爸和某某牧師那裡聽到一種說法，而從維基百科、哈芬登郵報以及他們學校的朋友和老師們又聽到另一種說法，你認為最後會是哪種世界觀獲勝呢？你可以抱著希望，祈禱孩子堅持你教給他們的信仰，不會屈服於其他的思維方式，但我不推薦這種做法。

護教學對我信仰的影響

如前文所提，我是少數年少時就接觸護教學的人之一——我希望你的孩子也能有這種機會。當我 12 歲時，我的牧師向我介紹了護教學。他曾是一位無神論者，像《重審耶穌》(*The Case for Christ*) 一書作者李・施特博（Lee Strobel）一樣，他試圖證明基督教是錯誤的，卻發現自己無法做到，因為基督教實際上是真實無誤的，他因此成了基督徒。作為一位負責任的牧師，他教授一系列關於捍衛基督教信仰的課程。第一堂課是關於「騙子、瘋子、主」的三元論，他證明耶穌是主，是這三者中最合理的結論。接下來是關於新約聖經可靠性的歷史證據。最後，他通過駁斥每一個由懷疑主義者提出的替代理論，檢驗了聖經和歷史上有關耶穌復活的記載，證明福音書中所敘述的復活是最可信的解釋。

那三門系列課程至今仍是我基督教信仰的基石。我曾有過無數次機會能對上帝感到憤怒（我母親和我的癌症、我姐姐的末期癌症及最近離世、我的憂鬱症及沒有子女，只要你想得到）。許多經歷過類似苦難的人會簡單地做出結論：世界上一定沒有神。然而，對我來說，否認基督教的真實性從來不是一個選項。否認神的存在將是我能得出、最不理性的結

論，而我拒絕當個不理性的人！

　　當然，有些日子裡我感覺不到神的存在或內心的平靜。但無論我的感覺如何，我無法假裝不知道我所知道的事實。我的信仰不是以感覺為基礎，而是以基督的生命、死亡和復活，這一堅定不移的絕對真理為基礎。基督教的證據以及神在創造中所留下明確無誤的印記，是讓我在不確定情感的狂風暴雨海洋中，保持神智清明的燈塔。有時我的情感與真理一致，我感到被愛、內心平靜且接近上帝；有時我的情感與真理相悖，我無法感受到那些事物。但無論處在何種境況，我都感謝我的信仰，不會隨著心緒的變化無常而更移；因為在某些日子裡，我的情緒實在狂亂無章。

　　平靜的情緒、親近感和高峰體驗對我們與神的關係十分重要，但它們更像是房子裡的裝潢。裝潢幫助讓房子變成家，我們應該享受我們在基督裡的家！但真正讓家堅固的是地基。然而，你有多常聽到有人享受房子地基的？那不是地基的目的——地基的作用是穩固，使我們能享受擁有一個家所帶來的其他所有事物。人們通常只有在地基出問題時才注意到它。而在我們的文化中，我們的地基出了很大的問題，其上隨處可見意識形態的裂縫。

　　我們知道要將房子建立在基督這塊基石上（馬太福音／瑪竇福音 7 章），但我注意到一個越來越普遍的趨勢是，人們混淆了他們關於耶穌的感受以及耶穌本身的區別。教導孩子們把他們的屬靈基礎建立在對耶穌的經歷，還是建立在耶穌本身，這兩者間存在著根本的差異。他們需要某些關於基督生命、死亡和復活，永恆不變、無庸置疑的絕對真理。而經

驗和情感？這些東西是會隨時間、以不可預測的方式改變的。

如何激起人們對護教學的熱情

大多數人不會自然而然地對護教學產生興趣。興趣通常由一個「啊哈！」的時刻引發，在那個時刻他們意識到為何需要為自己的信仰找到理由。我希望這本書能成為你「啊哈！」的時刻。

這些靈光乍現的時刻有時發生在一個人經歷或目睹了一場信仰危機，這讓他們問自己：「為什麼我是基督徒？」，有時則發生在他們受到來自其他宗教的人的挑戰時。一個更能激起反應的經驗是，當一個人親眼目睹正在各大專院校校園中上演的屬靈屠殺時。

我和丈夫曾參加過一個教會，帶領這個教會的牧師並不明白為什麼護教學是必要的。對他來說，這只是一個我和約翰擁有的一個很酷的嗜好，但不是所有基督徒都該承擔的天職。在他的講道中，他會說「愛就是我們所需要的一切」來傳福音，並鼓勵會眾「停止所有的神學思辨，單純地愛耶穌。」

約翰決定邀請我們的牧師出席他在當地大學的辯論會。當晚活動結束時，我們的牧師已經成為「護教學團隊」隊伍中的一員了！是什麼讓他的想法一夜之間改變了呢？在那場辯論會中，他看到了一個擠滿人的會場，裡面有基督徒、無神論者、懷疑主義者和尋求者。這些人不只是離經叛道的異類，他們是我們周遭每天都看到的那種人。當約翰回答觀眾的提問時，我們的牧師逐漸意識到，有多少基督徒學生在大學中走上了屬靈的歧途。他看到了世俗思想的堡壘，以及那

些在教會中長大的年輕人是如何被誘離了軌道——直到他們遇到約翰的反駁，這可能是他們第一次聽到基督徒從智識的觀點予以駁斥。

> 在你親眼目睹惡劣思想的後果之前，
> 護教學也許看起來不重要。

你幾乎可以看到我們牧師腦中的靈光一閃。這讓我想起《亂世佳人》（Gone with the Wind）中的那個場景，當鏡頭掠過躺著傷兵的無盡田野時，觀眾的心因內戰造成的巨大傷亡數字而震撼不已。從那晚起，我們的牧師成了我們最熱心的啦啦隊。結論是：如果你沒有親眼見證被壞哲學擄去的受害者的龐大數量，很容易忽視護教學的重要性（參見歌羅西書／哥羅森書2:8）。在你親眼目睹惡劣思想的後果之前，護教學也許看起來不重要。

當你看到孩子試圖把他們塞進鼻孔的麥片圈、樂高玩具或任何其他東西取出時，你可能會問：「我為什麼在看這本書？」答案很簡單：因為你是一個熊媽媽。當你看到封面上「熊媽媽」（Mama Bear）這個詞時，你心裡會有一個聲音說：「這就是我」。沒有人需要向你解釋什麼是「熊媽媽」。當你第一次抱起你的孩子時，你就知道，如果有任何人或任何事威脅到他或她，你會不惜一切代價去應對這個威脅。這就是熊媽媽會做的事。我們將在下一章更詳細地討論成為熊媽媽的意義，但首先就像《亂世佳人》中的那個場景一樣，我們想要快速地向你說明一下為什麼我們要寫這本書，這一切都始

於研究中所稱的「青年離教潮」(the youth exodus)。這可能會不太好看，但如果我們能做好自己的工作，讀完這章後，你會準備好成為一個熊媽媽護教者，你會說：「敢來惹我的孩子，我會摧毀你的論點！」

那麼什麼是青年離教潮？

茱莉，快來解釋！你知道那些堆積如山的待洗衣物嗎？是的，那些等待分類的和那些等待折疊的衣服。針對護教學圈子通稱為「青年離教潮」議題所做的研究就跟這堆衣服一樣龐大。這可能是自摩西以來最大批的離教人口，但這次可不保證流浪者們會回到「應許之地」了。

青年離教潮指的是停止參與教會的基督教青年比例。這包括那些後來宣稱自己是無神論者、不可知論者，或更多的是最近所謂的「無宗教」(即沒有宗教信仰)的人。這種離教潮已經受到廣泛的研究、記錄和討論，但在許多基督教圈子裡，這問題也受到廣泛的忽視。雖然有一些不同的意見(及看似矛盾的統計數字)，但最重要的一件事是，這是真實存在的現象，一個糟糕的現象；而且現在離教潮在年輕人進入大學之前變得更加嚴重，而大學曾是年輕人離教的主要支路。

這次離教潮有各種微妙而複雜的原因。不幸的是，我們找不到一個「腫瘤」可以治療並根治這種疾病。相反的，這種癌症無孔不入地侵蝕著我們的青少年的靈性經歷。護教學不是唯一的解決方案，但它是解決方案的一個重要組成部分，而且太常受到忽視。

來吧——問題實際上有多大？

大多數研究顯示，約有 45% 至 48% 的青年在大一結束後離開教會，而且一去不復返。[2] 這個百分比根據不同宗派有所不同，但問題是一樣的。大衛・金納曼（David Kinnaman）發現，將近 60% 的年輕基督徒在 15 歲後脫離教會。[3] 一半以上（54%）的高中生會去教會，但是一旦他們進入大學，問題就惡化了。經常上教會的比例從高中時的 44% 降至大學時的 25%；不上教會的比例則從高中時的 20% 上升至大學時的 38%。[4] 巴納（Barna）2006 年的研究中，青少年時期曾經參加教會的 20 幾歲青年中，有 61% 已不再參與宗教性活動。[5] 一項研究顯示，曾參加過青年團契的青少年，有 70% 在高中畢業後兩年內停止參加教會活動！[6]

多年來，大多數人都認為問題是從大學開始的（可能是因為我們看到出席教會的數字在大學時下降的幅度最大）。然而，我們必須考慮到，大學是孩子們不再有父母叫醒他們並送他們去上主日學的時期。因此，雖然大學是且一直是導致離教潮的重要因素，但這些數字其實只是多年前就已開始的內部脫節的外在表現。門票早就買好了，大學只是他們第一次用上這張門票的機會而已。

他們究竟離開了什麼？

這是個好問題，但答案有點複雜。離開信仰和離開教會不必然是同一回事。無論是不再出席教會活動、與正統教義分道揚鑣，還是接受無神論，他們都在離開教會，而任何形式的離開都不是件好事。從千禧年世代到 Z 世代，有些人只

是（因生活事件和變化）不再參與教會而已；但有更多的人是心和腦袋都出走了，是因為情感、行為或智識上的原因而離開。當青年描述他們的宗教時，你會聽到這樣的說法：「我有靈性追求，但不屬於任何宗教」，或「我不再隸屬於任何特定的宗教或宗派」（皮尤研究中心〔Pew Research Center〕稱這些人為「無宗教信仰者」）。當然，還有一些人完全放棄對神的信仰（無神論者），或不再確定自己是否能知道神是否存在（不可知論者）。

有些人離開了組織化的宗教，另一些人則離開了聖經權威；他們想要創造一個符合自己口味的宗教自助餐。[7] 許多人已經告別了聖經對神的定義。他們將神重新定義成像是天上的大精靈，期望人們對他人友善，會在人們遇到困難時伸出援手，並希望他們快樂，這被稱為療癒性的道德自然主義（Therapeutic Moralistic Deism）。[8] 那些離開正統神學觀點的人則採納了更接近歷史上異端的信仰，他們可能自稱為基督徒，但他們的觀點並不支持自己貼上的這個標籤。[9]

例如，在喬許・麥道衛（Josh McDowell）、巴納研究集團（Barna Group）和研究者邁克・納帕（Mike Nappa）分別進行的三項獨立調查中發現，自稱為「基督徒」的青少年中：

- 41% 的人不確定耶穌是否真的復活。[10]
- 63% 的人不相信耶穌是唯一真神的兒子。[11]
- 44% 的人認為，聖經只是關於耶穌的眾多權威聲音之一。[12]
- 33% 的人認為，耶穌不是通往天堂的唯一道路。[13]
- 只有 5% 的人每天研讀聖經（相較於 1991 年的 8% 有

所下降)。[14]
- 日益增長的多數人認為，聖靈（聖神）只是神的存在或力量的象徵，而不是三位一體中的一位。[15]
- 60% 的人對聖經是否可信感到不確定、動搖或困惑。[16]
- 70% 的人對聖經關於耶穌的記載抱持有持續而顯著的懷疑態度。[17]

日益充滿敵意的世界

我（茱莉）開始研究護教學以來的 12 年裡，我的大兒子從青春期前的中學生變成了大學畢業生。在這段時間，文化對基督教的敵意如同我兒子的鞋碼一樣迅速增長。由於到目前為止這種加速的趨勢已經持續了一段時間，青少年離教潮的第一代（X 世代和千禧年世代）現在成為了那些僱用、教導和影響年輕一代（目前是 Z 世代）的人。而現在我們也看到了（深吸一口氣）第一代的「宗教流亡者」(religious exiles) 正在養育自己的下一代。這對社會有著巨大的影響，因為我們現正處於一個後真相、後基督教的時代，福音完全無法發揮影響力，正等著看看那些「有靈性追求，但不屬於任何宗教」的人，最終會走向哪個方向。

關於青年離教潮的迷思

你知道你得多努力才能爭取到那珍貴的浴室獨處時間（我看到你藏在書裡的巧克力了──擊掌！），但你的孩子就是──不──會──讓──你──安靜一會兒！同樣地，撒旦也會通過同儕壓力和文化混亂來追逐你的孩子，不讓他們

有片刻安寧。我們比喻中的門鎖不再像過去那樣有效了，因為敵人正不斷在撬開它們。我們無法減輕你的洗衣任務（實在很抱歉！），但我們可以幫助解決一些關於青年離教潮的迷思。真相是，談到青年離教潮趨勢時，總有一些討人厭的「想當然耳」在作祟。你的頭腦中不能有這些錯誤觀念！

#迷思一：他們都會離開教會，但總會回來的

多年來，基督教圈子裡常聽到的理由是：「所有孩子都會叛逆，這是成長的一部分。讓他們放縱一下。」接著他們就秀出壓倒性的王牌：「你知道聖經怎麼說的：『教養孩童，使他走當行的道，就是到老他也不偏離。』」（箴言22:6）。換句話說，我們一直在指望我們的基督徒孩子會像回力鏢一樣飛回來。

這種想法有什麼問題？
1）我們不應該因為別人說這是「不可避免的」就「預期」我們的孩子會離開信仰。神把管理孩子信仰的責任交給我們，我們應該竭盡所能地訓練他們。是的，我們的孩子最終會做出自己的選擇（尤其是隨著他們年齡增長），決定他們要怎麼做。但我們需要在靈性指引上，努力做到問心無愧，確保我們盡了最大努力，清楚地傳達基督教信仰的真實性和有效性。
2）不是所有的孩子都會叛逆。我沒有離開信仰，我的孩子也沒有。希拉蕊也沒有。我還認識很多其他人都沒有。在教養子女方面，不要因為有人說某種結果是不可避免的，就坐以待斃。

3）關於青年離教潮的統計數字是隨時間而變化的。研究表明，在年輕人結婚並有了自己的孩子後，存在著一股回歸教會的大致趨勢。但這一趨勢在 X 世代開始顯著減緩，而這些人現在正在一個比他們童年時代更不宗教化的世界中養育孩子。[18] 一項生命之道研究中心（Lifeway）的研究發現，有 70% 的青少年在大學期間離開教會，其中只有大約一半的人，最終回到了教會。[19] 對於你們當中那些（像我這種）數學不太好的人來說，這意味著隨著一代又一代的推進，實際上流失了大約 35% 的教會人口。正如史蒂夫·凱博（Steve Cable）在他《文化俘虜》（*Cultural Captives*）的書中所指出的：「如果美國繼續朝著目前的趨勢發展，到了 2030 年時，18 至 29 歲的美國人中，說『我的宗教偏好是無宗教或非基督教宗教』的人數將增長到該人口區間的 50% 以上。」[20]

基督教逐漸變得不再那麼受社會的廣泛接受，這意味著我們不僅失去了那些不再回頭的離教年輕人，還失去了那些從未有過信仰，但過去會為了孩子而探索信仰的非信徒成人。最重要的是，你再也不能指望那種回力鏢效應了，現在的趨勢更像是一種「遠航」（sail-away）效應。

所以，如果 X 世代不像之前的幾代那樣回歸教會，而大一點的千禧年世代又比 X 世代更少擁有宗教信仰，那麼 Z 世代（目前最龐大的一代）將會如何？[21] 這是真正進入後基督教時代的第一代，他們的教會參與率不到一半。[22]

#迷思二：因為我的孩子參加 Awana 活動／青年團契／基督教學校／在家教育，他們就會沒事

接下來是關於基督教「保險計畫」的迷思。「我的孩子從在我肚子裡時，就開始去教會了」、「我用有聲書把神的話語傳送進去，讓她從在子宮裡就能聽到」、「他們參加過 Awana、青年團契、教會營會、基督教學校和在家教育」。

你一再確認。這些對你和他們都是好事，不要停止你正在做的事（好吧，也許有聲書除外），我是認真的。這些事情都很好，但不是保證。為了探討青年離教潮的原因，肯·漢姆（Ken Ham）委託美國研究集團（America's Research Group）進行一項研究。研究的發現令人震驚，結果顯示，主日學實際上有害靈性健康！那些在主日學環境長大的孩子，比那些沒有參加過主日學的孩子，更有可能抱持世俗的世界觀。[23] 等等……你說什麼？！我是說……怎麼可能？！

令人驚訝的是，讓孩子們為船上的動物著色以及在毛氈板上表演那些「故事」，並不能真正教會孩子們，你所說的事都是真的。事實證明，他們完全相信我們告訴他們的話：這些只是聖經故事而已。

多數情況裡，我們沒有教孩子們從聖經角度進行批判性思考的教義或技能，那些能幫助他們應對在學校所學的東西。隨著他們年齡增長，多數教會的青年團契更注重娛樂孩子們（以維持出席率），而不是訓練他們成為耶穌的門徒。護教學者法蘭克·圖瑞克（Frank Turek）敏銳地指出，「我們用什麼東西吸引他們，我們就會把他們吸引到什麼東西上。」[24] 艾德·斯特策（Ed Stetzer）也曾評論道：「太多的青年團契

只是提供披薩的等待區。」[25] 一個可悲的事實是，許多情況下，吸引我們孩子們的只是樂趣、朋友和披薩，而不一定是基督本身。

#迷思三：孩子們上大學前不需要護教學訓練

史蒂夫・凱博在《文化俘虜》中指出，「文化本身已經變得就和大學一樣具有腐蝕性。」[26] 以前，只要在高中最後一年進行一門護教學課程，就能在孩子們進入大學前，快速地為他們提供必須的靈性增強劑。但現在情況不同了，反基督教教學的侵蝕越來越向下扎根。媽媽們，真的，從小學開始進行護教學訓練並不算太早；事實上，一些研究指出，到中學結束時，多達 46% 的青少年已經在靈性上「退場」了。他們可能只是為了取悅父母而上教會，僅僅是名義上的基督徒。[27] 美國研究集團的研究指出：

> 我們一直在努力為孩子們進大學做準備（當然了，我仍然認為這是非常重要的事情），但事實證明，離開教會的人只有 11% 的人是在大學期間離開。將近 90% 的人，在中學和高中期間就開始脫隊，到了上大學時，他們早就已經離開教會了！有大約 40% 的人，是在小學和中學期間離開教會！ [28]

讓這些數字在你腦海中沉澱一下。40% 的孩子在小學和中學階段就已經開始在心理上離開教會。讓我們思考一下早期性格形成的經驗，通常是如何發生的：道德觀在 9 歲時固

定下來；多數救恩經驗發生在 13 歲之前；多數世界觀在 13 歲之前就已建立。[29、30] 如果我們孩子選擇自己喜愛運動隊伍的方式可以當成一種指示，他們在三年級時就已經「選邊站了」——通常是八歲左右。這意味著從小學中期開始，我們就需要保持警覺了。

好吧，我了解了！但我能做什麼？

我們必須從小就展開我們的世界觀訓練，教授神學和護教學；因為我們並不是唯一在訓練孩子的人。無神論者現在有他們自己可替代的夏令營選項——如「探索營」（Camp Quest）。多元性別（LGBT+）倡議者，早在幼兒園時就已經將他們的宣傳教材引進公立學校中了。也許從胎教開始，還真不是什麼壞主意！

好消息是，關心這一問題的基督徒，正在回應開發資源和課程的呼召，這些資源和課程旨在幫助人們從幼稚園開始教授孩子。例如，梅麗莎・凱恩・崔維斯（Melissa Cain Travis）推出她的「年輕辯護者」（Young Defenders）系列繪本。伊麗莎白・烏爾巴諾維茲（Elizabeth Urbanowicz）剛推出針對三到五年級孩子的「基礎」（Foundations）課程。「深根聖經」（Deep Roots Bible）課程目前可供一年級到四年級使用（未來將出版更多課程）。湯姆・格里芬（Tom Griffin）為五到八年級學生提供教材（請參閱我們的完整資源清單：www.mamabearapologetics.com/resources）。

提供神學、護教學和世界觀訓練給年幼孩子的父母和牧師，經常對孩子們提出的問題，和他們思考各種議題的能

力感到驚訝。事實上，瑞修克莉絲蒂學院預科學校（Ratio Christi College Prep, RCCP）的凱文・杜菲（Kevin Duffy）發現，使用 RCCP 訓練教材的教會報告說，他們的流失率從 75% 降至最低 13%，幫助一些教會扭轉了青年離教的趨勢。我們可以從這樣的消息中獲得鼓舞！我們的孩子就像海綿。問題是，他們將吸收什麼樣的東西？

青年離教潮是真實存在的現象。現在你已經意識和警覺到，並且不再容易受到關於這一現象的常見迷思影響，你已經準備好了解成為「熊媽媽」的意義，學著如何開始反擊那些針對你孩子的流行文化謊言。當你讀完這本書時，我們祈禱你會對護教學求知若渴，並且有能力教導你的孩子如何舔食上帝真理的甜蜜蜂蜜。

問題討論

一、**破冰問題**：你曾對孩子說過哪些你從沒想過自己需要說的話？（有任何家長曾說過「不要舔大象屁股」這類的話嗎？）

二、**討論主題**：青年離教潮──你認識有孩子離開信仰的經驗的其他家長嗎？哪個統計數據讓你最震驚？

三、**自我評估**：你是否曾說過或想過任何有關青年離教潮的迷思？你的觀點有什麼改變嗎？有哪個迷思特別深得你心？

四、**腦力激盪**：你聽過你的孩子提出哪些有關信仰的棘手問題，你可以開始研究？

五、練習當個熊媽媽：查看熊媽媽護教學網站上的資源。有哪個資源你可以開始納入你的每週例行作業？（當然是在閱讀《為孩子出征：在屬靈的爭戰中，父母如何成為孩子的護衛者》之後了！）

第二章

如何成為一位「熊媽媽」

這是說要成為遊樂場裡最奇怪的媽媽嗎？

希拉蕊・蕭特
Hillary Short

幾年前，我和丈夫在華盛頓州玩水上泛舟。來自融化冰川的河水有如碧綠的寶石，在陽光下閃閃發光。松樹密集環抱著河的兩岸，景色美得令人屏息。泛舟的船上有我和丈夫、他的父母以及姐姐和姐夫。我們這六個德州人準備在這條美麗的河上展開一場大冒險！我甚至穿上為這次旅行特地買的新羊毛襪，因為我聽說它們在濕的時候也能讓人保持溫暖。我還能做些什麼，來為這次探險做準備呢？在我看來，有合適的裝備就意味著我已經準備到合適的程度了。

然而，如此強烈的急流是我始料未及的。我們旅程開始時閃閃發光的平靜河流迅速改變，在下方岩石的沖擊碰撞下，變成了湍急的白色勁流。風景如畫的旅程，怎麼會遇上這種事？沒有人告訴我們，我們得跟水流奮力拚搏。

突然間，河流的力量掀翻了我們的筏子，瞬間將我和妯娌甩出船外。她設法抓住了筏子旁的一根繩子，正在努力爬回筏上時，我 60 歲的婆婆使出特技演員般的力量一躍，用力抓住她成年女兒的腰，把她拉回了筏子。這一幕令人驚

嘆──妳親眼目睹了傳說中那種母性的腎上腺素時刻。更令人驚訝的是，我從在河中的角度目睹了這種英勇行為，當時我正在劇烈晃動的激流中，努力不讓自己被水流完全衝到船下（畢竟，我的媽媽不在那裡）。

我婆婆即興演出的英雄行徑，完美地展現了一隻「熊媽媽」的形象──她聽從本能，準備充分而且強大。她在危機時刻，不需要時間做決定；當她第一次抱著自己的孩子時，就已經決定要兇猛地保護她的孩子。她會不惜一切代價，拯救她幼小的孩子。

並不是所有的母愛表現都是保護孩子時所展現的那種，耀眼的英勇壯舉。梅蘭妮・珊柯（Melanie Shankle）在她的書《媽媽咪啊！新手媽咪的成長日記》（*Sparkly Green Earrings*）中這樣描述母親一職：

> 若你能即時用塑膠袋接住嘔吐物、消毒完雙手後，緊接著請朋友把牛肉乾遞過來的同時，放上一首泰勒絲的歌，並表現得若無其事；沒什麼比這更能說明你是一位合格的母親了。這是一種獨特的技能。[1]

無論是多麼艱難或多麼噁心的事，媽媽們無所不做。雖然這種奉獻對孩子的身體發展非常重要，但這對於孩子們心靈發展更是至關重要。我們可能不想深入研究神學和護教學，但我們會這麼做，只因為不願看到我們的孩子們被拽進錯誤觀念的急湍裡。我們是熊媽媽，這就是我們要做的！熊媽媽不計代價，即使這意味著需要研究護教學。

每一代人都面臨著自己特有的精神急流。對我們的孩子來說，這場戰鬥在思想和道德方面尤其激烈。基督教不再是被普遍接受的規範，公開的無神論家庭數量不斷增長。[2]以傳播無神論為目的的組織，甚至是兒童營地在全國各地如雨後春筍般冒出，並以訓練年輕人對抗基督教為明確目的。娜塔莎・克蘭（Natasha Crain）在她的書《與孩子談論神》（*Talking with Your Kids About God*）中特別提到了兩個這樣的組織：無神論兒童（Kids Without God，美國人文主義協會〔American Humanist Association〕的倡議），以及一個名為「探索營」的全國性兒童計畫。關於這些營隊中進行的活動，克蘭提供了一個例子：

其中一個受歡迎的自由聯想活動是「隱形獨角獸挑戰」。營隊成員們被告知在探索營裡住著兩隻隱形的獨角獸，但是人們看不見、聽不見、嚐不著、聞不到，也摸不著。只有一本代代相傳的古老書本是它們存在的唯一證據。而挑戰是？嘗試證明它們不存在（營隊成員們發現他們做不到）。[3]

　　營隊成員們接著聯想到，只有能通過科學方法測量的東西才能被評估，並因此得認真看待。人們將這種信念稱為科學主義，是自然主義的一種，我們將在第六章討論到。親愛的讀者，我想問你：這種信念的本身是否能被看見、聽見、嚐到、聞到或觸摸到呢？

護教……什麼？我們要為什麼道歉？

我們需要教導孩子批判性思維技巧，讓他們為捍衛自己的信仰做好準備——即使不是用在別人身上，至少也是用在自己身上。這不只是個「好主意」而已，聖經指示我們這麼做。彼得說：「只要心裏尊主基督為聖。有人問你們心中盼望的緣由，就要常作準備，以溫柔、敬畏的心向各人作出答辯（譯註：此處聖經經文翻譯參考中文和合本及本書上下文譯出）」（彼得前書／伯多祿前書3:15）。這裡的「答辯」一詞，在希臘文原文中是「*apologia*」。在古希臘，「*apologia*」指的是律師在法庭上為案件辯護。這不是消極意義上的爭辯或作出防禦，是指提供支持結論的理由，理想上是以有說服力的方式來進行。這就是我們所說的護教學（*apologetics*）一詞的來源。不，我們不是在為我們的信仰道歉，也不是為它辯護，是提出我們相信的**理由**和**證據**，最好是以說服他人接受基督真理所必要的技能和得體處事的能力來提出。基督教護教學者是指，為基督教信仰提出理由的人。

我們在生活中為許多事情辯護。我們提出**理由**說明為什麼某個蛋糕食譜是最好的，或者為什麼我們最喜歡的電視劇應該贏得艾美獎（Emmy）。我們會用**證據**說明為什麼我們最信任某個保姆，我們絕不會靠盲目信仰來選擇會計。那麼，為什麼我們會認為，關於我們永恆救贖所依賴的真理，可以不需要任何的理由和證據呢？

有些人認為研究護教學就意味著沒事找架吵。在我們的文化裡，我們「尋找」捍衛信仰的方式，很像我在「探索」急流一樣。你不需要尋找機會，機會自己會找上你，也會找上

你的孩子。〈彼得前書〉3:15的指示是，讓我們在這些情況自己出現時，做好準備。熊媽媽護教學就是在讓我們的孩子做好準備，這樣當他們遇到潛伏在水下錯誤觀念的巨大石塊時，不會被急流掀翻了他們的信仰。

針對媽媽們的呼召

2014年，希拉蕊・摩根・費雷爾認識到，在目前參與護教學的所有人群中，母親似乎最少。而她也意識到，在所有需要護教學的族群中，母親是最重要的！這並不是說母親們不感興趣——事實上，他們有很大的興趣。然而當時市面上的教材並沒有符合母親們實際的需求，她們希望能弄清楚，如何最好地向孩子解釋聖經真理和概念。為了回應父母們持續增加的渴望與需求，幫助他們配有更好的裝備好遵守〈彼得前書〉3:15的指示，費雷爾創立了熊媽媽護教學。

熊媽媽護教學的網站 MamaBearApologetics.com 上有一系列的文章、部落格和 podcast（譯註：或譯為播客，是由個人在影音分享平台上製作並播放的聲音或影音節目）。每個資源都旨在教導父母以適合孩子年齡的方式，回答他們的提問。費雷爾意識到，母親們通常沒有太多時間坐下來閱讀，所以她努力讓聲音資源成為這一事工的一個重要部分。熊媽媽護教學 podcast 是一個對話風格的 podcast，她在節目上和一個夥伴討論各種護教學話題。我不知道你的情況如何，我無法在開車或準備午餐的同時跟上大學講座，但我（像大多數女性一樣）卻擁有無論正在做什麼都能跟上對話的能力。

我們的另一位熊媽媽，羅賓・羅培茲（Robin Lopez）也在 Audio Apologetics Blog 上提供每週一次的音頻部落格。羅賓找到有用的護教學文章並簡單地朗讀給聽眾聽。如此，雖然我們這些熊媽媽一整天忙得暈頭轉向，仍然可以感到自己「博覽群書」，即使我們其實沒有多餘的時間真正坐下來閱讀。

什麼是熊媽媽（以及什麼不是？）

雖然熊爸爸無疑在孩子的信仰中扮演著不可或缺的角色，但通常是媽媽與孩子相處的時間最多。因此，當孩子們提出屬靈問題時，媽媽很可能是那個接招的人。正因如此，媽媽們最後總會承擔最重的護教工作！你是你家庭的第一道防線，熊媽媽！媽媽們可以對孩子的屬靈成長產生深遠的影響。學習和教授護教學是我們在媽媽這個角色中可以做的最好的事情之一。在我們深入探討什麼是熊媽媽護教士之前，讓我們先確保了解她不是什麼。

熊媽媽不一定是媽媽——我知道這是真的，因為熊媽媽護教學的創辦人自己就沒有孩子！熊媽媽是任何意識到基督身體中的孩子需要指導、榜樣，並在關於信仰的難題上聽到堅實答案的女性。她是教會孩子們的熊媽媽（說實話——當有其他人幫忙你強化希望孩子們聽到的真理時，你難道會不高興嗎？）。

熊媽媽不一定受過正式的護教學教育——我們不需要正式的護教學學位才能閱讀和聆聽優秀的護教教材。雖然高等教育的護教學課程很棒，但自我裝備可以簡單到只是在卸洗碗機時聆聽 podcast，或參加線上讀書小組。

熊媽媽不會咄咄逼人也不好辯——她遵從〈彼得前書〉3:15 的教導——「以溫柔、敬畏的心」，就像遵從該經文的第一部分告訴我們的——要準備好為信仰答辯一樣。人們往往會將所有的關注集中在該經文中的答辯部分，但這不是完整的指示。顯然地，聖經要求我們以非常具體特定的方式進行答辯。因此，熊媽媽護教士不僅要對問題或批評做出回應，還要對提問者本人做出回應。熊媽媽護教士不僅僅在回答問題，還是在回答人。

熊媽媽不遵循某種刻板印象——熊媽媽可以是姐妹會成員、排球教練、足球媽媽、工程師、在家教育者、首席執行官、科學家、教師、烘焙師傅、跑者和程式工程師。熊媽媽遍布世界各地，他們的共通點是對基督的熱情、對真理的追求，以及，好吧，我們都很累的這個事實。熊媽媽是那些意識到神的國度，需要他們扮演好自己當下這個角色的女性！

西奧多·羅斯福（Theodore Roosevelt）曾說：「用你所能，以你所有，在你所在之處，做你能做的事。」[4]如果每位基督徒女性都能善用她在遊樂場長椅上、足球場邊或在女兒舞蹈比賽的看台上與非信徒的每場對話，那麼神的國度就會擁有如此多的步兵，它將會大幅成長！你需要在你當下所處的位置上為信仰進行護衛，即使那意味著你得在把炭烤起司三明治切成整齊美觀的樣子時，一邊教你的孩子*真理*或*證據*這些詞。

熊媽媽的四個關鍵特質

旅程開始，請留意熊媽媽的四個特質——誠實（Honesty）、謙遜（Humility）、幽默（Humor）和英勇（Heroism）：

1) **誠實**——作為熊媽媽護教士，我們必須在思想上誠實。如果有人向你展示了基督的身體，並可以用某種方式，毫無疑問地證明那是祂的身體，而祂從未從死裡復活，那麼你還會是基督徒嗎？這種情景在現實中難以想像，但重點在於，我們應該是謹慎的真理追隨者——無論是科學的、歷史的還是形而上的真理。我們不是盲目的信徒，不是因為文化或傳統而實踐基督教信仰。我們堅信基督教的主張是對於我們是誰、我們來自何處以及我們為何存在的最佳及最合理解釋。熊媽媽護教士相信，尋求真理，最終將會帶她到十字架下，見證那隨之而來的空墳墓。

2) **謙遜**——熊媽媽意識到她的生命在地球上是有限的，她希望自己的生命有意義。她知道她的遺產不在於傳給孩子們的珠寶和瓷器，在於賦予孩子們的珍貴智慧和品格。她承認自己有時不知道答案，但願意去尋找答案。當她在事實、語氣或行為上犯錯時，她會糾正自己，並修復關係。最重要的是，她意識到隱藏在問題背後的提問者的尊嚴，因為她愛其他人，將他們視為神的造物，視為這顆我們稱之為家的地球上的同行者，這顆地球正以每小時 67,000 英里的速度飛馳過太空。

3) **幽默**——當今世界最需要的技能，或許莫過於幽默了。幽默是萬能的消除緊張工具，如果運用得當，甚至可以促進和平。它確實是一種可以學習、發展和磨練的技能。為什麼你認為四歲的小男孩能在適當的時機隨口講出一個關於如廁的笑話？這是他們發展出來的一種生存技能，用來改變你正在請他們把果汁隨身包從客廳地板上撿起來時，試

圖使用的嚴肅語氣（當然，這完全是假設……「我的」孩子可絕不會做這種事）。能夠在護教對話中派上用場的幽默，並沒有太大不同；通常情況下，這些話題具有非常私人的含義，很容易讓雙方都變得情緒激動。這時就是發揮幽默感的時候了，它是偉大的語氣重置器。你知道幽默可以讓人擺脫生理上的戰鬥或逃跑模式嗎？[5]這是一種不可思議的緩和劑，你應該練習使用它；當然，你的幽默感最好超過四歲兒童水準。

4）**英勇**──儘管熊媽媽喜愛舒適熟悉的洞穴，但為了讓孩子們準備好面對真實世界，她願意離開它。在我們這一代人的成長過程中，參加教會、Awana 活動和讀聖經曾經是有效的，但現在它們已不再足夠。我們是否在說聖經是不足的？絕對不是。然而，我們必須意識到，我們的孩子正面臨我們從未遇到過的、針對他們信仰的攻擊，這意味著是加快步伐迎頭趕上的時候了。但我們很容易採取輕鬆的方式，認為無休無止的辯論讓我們筋疲力竭，因此寧可避免討論任何實質性的問題（搗臉）。

我了解，過去的幾年裡，富有成效的對話場景並不常見。無論我們的文化多麼希望將氛圍轉向溫馨而輕鬆愉快的對話，我們都不能因隨波逐流而忽略了分享基督真理的機會。這將會是個重大錯誤。祂的真理與政治傾向無關，而是關於我們如何看待這個世界。這正是熊媽媽們可以在前線發揮作用的方式──將經過良好論證的思想，重新帶入社會。我們必須勇敢面對世界，走出舒適的洞穴。

我是護教新手。我應該從哪裡開始？

現在我們已經確立了熊媽媽的一些特質，那麼讓我們來看看如何成為周圍人群中的熊媽媽護教士。

1）**了解你的聖經**——我們首先要向我們的家人傳道，為了做好這一點，必須實踐我們所傳講的。我們需要持續研讀神的話語並經常向祂禱告。畢竟，如果我們不了解聖經，就無法為它護衛。

2）**收集資源**——女性經常一想到要進入護教學領域就感到畏懼，因為她們認為，這需要她們立刻知道所有的答案，事實並非如此。如果我們希望孩子們有學習的渴望，我們需要以身作則，但我們不需要馬上知道所有的答案。無論是印刷的還是網路上的，市面上優秀的護教學教材比比皆是。不喜歡閱讀？可以聽 podcast。需要看到和聽到正在發生的事情？可以查看 YouTube 上的護教資源。想要社群支持？有一些很棒的 Facebook 群組專門討論護教學問題。最重要的是開始行動。

3）**擠出固定的家庭學習時間**——在收集資源之後，和家人一起創造固定進行討論的時間和空間。有意識地問孩子們一些關於基督教的困難問題。我們不僅要教他們知道答案，還要教他們如何找到答案。我們可以參考其他成功建立家庭常規的信仰體系的例子。伊斯蘭教、摩門教和正統猶太教規定人們在每天的特定時間必須停下所有事，進行祈禱、研讀宗教文本或對孩子進行門徒訓練。我們可能無法每天進行多次課程，但可以從每週一次的家庭學習和日常的有意識對話開始。讓我們承諾成為這樣一代的母親們，

將基督教信仰恢復成一種成熟的思想及學術探討，同時也是現實生活的實踐，透過讓固定而有目的地關注基督和祂的真理成為我們家庭的日常生活常規。

4) **找到志同道合的媽媽們**——接下來，我們需要將這種深思熟慮的關注及學習基礎，從我們的家庭帶到我們在基督裡的兄弟姐妹中間。身為熊媽媽，我們可以在教會中開辦護教學讀書會、在各年齡的主日學課程中融入更多護教學內容以及參加線上討論小組，透過這些方式分享我們對捍衛基督教真理的興奮和自信。就像一塊煤無法靠自己保持熱度一樣，如果我們獨享這種熱情，它就會消散。與他人討論護教學思想，將讓我們體驗到何謂「鐵磨鐵」（箴言27:17）。

5) **練習、練習、練習**——最後，試著應用你的所學，練習進行實際對話，即使你的談話對象是陌生人。我知道這聽起來很可怕，但這正是我們熊媽媽必須拿出勇敢行動的地方。我絕不會要求你做我自己不會做的事情。在熊媽媽護教學網站上，我寫了一個名為「遊樂場護教學」（Playground Apologetics）的部落格系列文章，在其中討論了進行這一步驟的具體情況。我分享了自己在真實生活中的對話經驗（如果你願意，可以把我想成是護教學現場記者），這些對話是我帶孩子去遊樂場遊玩時展開的。「遊樂場護教學」系列文章中，討論了你所需要的微妙技巧，像是如何在對話中找到機會。我發現成功的一個關鍵因素是，向人們詢問關於他們的信仰及原因的問題。另一個關鍵則是大量的練習。

有些人誤以為捍衛信仰意味著你是主要的發話者，但情況通常是，最好是盡量少說為妙。讓別人分享她的想法和她為何相信自己所做事情的原因。這不僅是了解對方觀點的好方法（從而避免我們對其觀點產生誤解），還可以溫和而尊重地幫助對方發現她推理可能不足的地方。你只需要提出正確的問題就好。關於如何進行護教對話的更多實用指導，請參考葛雷格・考寇爾（Greg Koukl）的書《捍衛信仰的策略》（*Tactics in Defending the Faith*）。這是本必不可少的護教資源，我在我的部落格系列文章中經常引用。

熊媽媽們，我們對你踏上這個偉大冒險感到興奮，並且很榮幸能成為其中一部分。我知道你將在接下來的篇章找到啟示，當你踏入護教這項重要工作時，你會在你身為一個母親和神君王女兒的角色中找到滿足。我們需要你！正如我們在「熊媽媽」網站上所說的：「護教學也許不會影響你的信仰，但可能會影響你孩子的信仰。」

問題討論

一、**破冰問題**：你親眼目睹過哪些場景（無論是在自己還是在別人身上），體現了熊媽媽保護她孩子的力量和兇猛？

二、**討論主題**：你辦得到的！你過去曾對護教學有哪些誤解？這一章是否幫助你清楚了解身為媽媽的你，如何能成為基督教護教士？有哪些地方讓你印象深刻？

三、**自我評估**：回顧本章「熊媽媽的四個關鍵特質」單元中的四個特質。哪個特質對你來說最容易？哪個最難？為什麼？在「我應該從哪裡開始？」這一小節中，哪個建議對你來說最容易實施？哪個最超出你的舒適區？為什麼？

四、**腦力激盪**：你和其他媽媽可以透過哪些方法互相鼓勵和加強護教學習，並在你的教會社區中推廣？

五、**練習當個熊媽媽**：你願意和你的牧師或其他教會領袖談談他們對護教學的看法以及旨在幫助青年人的世界觀培訓的重要性嗎？你可以和你的牧師或教會領袖分享你在第一章「他們究竟離開了什麼？」的單元中看到的一些統計數字。我們有哪些方法可以幫助教會扭轉年輕人離開的趨勢？

第三章

明察秋毫的熊媽媽

「嚼一嚼,吐出來」的精煉藝術

希拉蕊·摩根·費雷爾
Hillary Morgan Ferrer

說到洞察力(譯按:discernment,英文動詞為discern;或譯為辨別力、分辨的能力,辨別、分辨)一詞,每個人都有不同的看法。我朋友的教會班導師對此有個有意思的見解。顯然,當涉及到信徒之間的辨別力時,他聲稱聖靈永遠不會揭示關於另一個信徒的任何「負面」訊息。如果你「洞察」到負面的東西,那就不是來自聖靈。嗯……容我打岔一下好嗎?主永遠不會讓我洞察到關於另一個信徒的負面東西?聖經中有哪節經文是這麼說的嗎?(我敢打賭,先知拿單〔納堂〕會有不同的看法。)[1]

我也認識一些受人尊敬的基督教領袖,他們暗自對洞察力的定義則恰恰相反。與從不識別周圍發生的負面事物剛好相反,他們只會指出壞的東西。他們可能不會直接說:「洞察力就是指出所有你不同意的一切。」然而,當他們聲稱在行使聖經中的洞察力時,往往從頭到尾都在大肆指責。他們倒不如直接下個標題「_____的所有錯誤」,內容隨你填空——可能一部電影、一本書,或另一個基督徒的神學。

還有些人將洞察力等同於一種感覺，比如直覺。這就是聖經所指的「辨別諸靈」（見哥林多前書／格林多前書12:10；約翰一書／若望一書4:1）。雖然這是洞察力的一部分，但並不是全部，甚至也不是我們在這裡談論的主要部分。我們談論的是在面對觀念和世界觀時運用洞察力，即對於真理和非真理的辨別能力。這就需要我們願意花心思去理解整部聖經的教導，而不僅僅是一句句單獨的經文。

沒人想參加的派對

我朋友的小兒子對她說：「妳總是對我說不！妳是『什麼都說不』派對！沒人想參加那個派對，媽媽。」我猜她當時一定很掙扎，在要因為他不尊敬的態度而懲罰他，還是因為他說的話好笑而大笑，感到左右兩難。身為一名前教師，我也有過同樣的為難。但無論尊重與否，她兒子倒是說出了點道理。如果我們基督徒總是把注意力集中在意見分歧的地方，那麼我們基本上就成了基督教的美食評論家了。我們坐在那裡光說不練地大肆批評那些勇敢嘗試的人。多麼輕鬆寫意的工作啊！這種差事誰不想要呢？

我們永遠不希望基督教被人稱為「『什麼都說不』派對。」反之，我們應該以我們的愛心、智慧，以及對基督和彼此的忠誠而為人所知。確實，保持自己不受世界污染有某部分就意味著拒絕文化的某些部分，但這不應該成為我們對周圍人們傳達的主要訊息。[2]

那麼，我們如何定義洞察力？

聖經中的洞察力意味著要識別好的與壞的兩者。我將聖經中的洞察力比作食物過敏，例如，我不能吃豌豆（或者說，我可以吃，但事後對大家都不會是什麼愉快的經驗）。若有人給我端上一盤美味炒飯，裡面有蔬菜，我會做的第一件事就是挑出豌豆。我不會全部接受這盤食物，也不會全部拒絕。你可以稱之為「對食物的辨別力」。身為熊媽媽，我們的工作就是幫助分辨好壞，接受好的，拒絕壞的。

孩子們天生就是分辨食物的好手。如果你家有挑食的孩子，請舉手（我猜大多數人都舉手了）。當你把飯菜遞給他們後，孩子們立刻就會本能地挑揀食物。他們很少會在沒有經過仔細檢查的情況下，大快朵頤。他們想要百分之百確定媽媽沒有在玩偷偷在飯菜裡加陌生蔬菜的把戲。如果有不喜歡的東西，他們會馬上挑出來（通常還伴隨著不滿的咕噥和大聲嘆氣，為的就是讓你以後別再把這些食材放進飯菜裡）。

> 身為熊媽媽，我們的工作就是幫助分辨好壞，
> 接受好的，拒絕壞的。

不用說，我們不需要訓練我們的孩子們對吃進肚裡食物的挑三揀四——他們自己就會這麼做。但我們**確實**必須訓練他們對於進入腦海裡的東西要有辨別力。我想起了那首主日學老歌唱道：「喔，小心哪，小眼睛，你看到的東西……」我們的孩子所看到和聽到的每一件事，不是在滋養就是在損害他們的屬靈體質。

大多數父母會說：「我對孩子看的或聽的東西很小心。」這是好事！孩子們會經歷身體和道德兩個發展階段。新手父母會對家裡進行安全防護，因為他們知道某個年齡以下的孩子，沒有對錯的概念。同樣地，父母也會對允許孩子們觀看的媒體進行安全防護。如果你也是這樣做的，我對你的做法表示讚賞！然而我們必須明白，這樣做基本上就像幫孩子把食物切割成適合食用的小塊。雖然父母監管對於年幼的孩子是合適的作法，但是到了一定時候，孩子將會需要學會自己做出明智的決定，而不需要你在旁邊盯著。我們想要保證孩子們安全，但是保證他們安全的一部分，就是教會他們自己辨別。當提到媒體，我們無法只是簡單地將事物貼上「安全／危險」或「基督教／非基督教」就做到這一點。

我見過很多父母使用這種安全／危險的貼標籤策略。問題在於，文化的許多方面不像食物那樣容易去蕪存菁。例如，聽一首歌時，我們無法挑選想聽的部分而忽略掉不想聽的部分。我們生活在一個好壞摻雜的世界裡，很少有東西是完全安全或完全危險的。幾乎所有事情都需要我們擁有分辨的能力。

「嚼一嚼，吐出來」的分辨方法

我要告訴你一個令人震驚的看法：沒有一個基督徒可以在神學觀點上完美無缺，也沒有一個無神論者是徹頭徹尾的錯誤。這是不可能的。世上只有一個完美的人——耶穌，和一本完美的書——聖經。幾乎所有其他的事物，都混雜著真理和謬誤。[3]

將世界區分為「安全的」和「危險的」或甚至「基督教」與「非基督教」，這種簡化分類的危險在於，我們的孩子最終可能會（或許在無意中）從他們認為安全或基督教的東西中，吞下謊言，或從他們認為危險或非基督教的東西中，拒絕真理。這種情況下，挑食的分辨方法不再可行；我們需要一個新模式。雖然聽起來有點噁心，但這叫作「嚼吐」分辨法。

我是個自豪的德州人，牛肉是我們文化傳統的一部分。我喜歡好的牛排！吃牛排的人大多都知道，有些肉塊會讓你不停地咀嚼，停不下來。這些部分被稱為軟骨。從小我們就被訓練成在不引人注意的情況下，悄悄地將軟骨吐到餐巾紙裡，然後繼續享用我們的餐點。嚼一嚼，吐出來。對於某些食物，我們必須這樣做；對於文化，我們也必須這樣做。

以限制級電影（R movies）為例。1980 年代和 1990 年代的限制級電影在今天只是十三歲以下限制觀看的輔導級別（PG-13）。如今，我很難坐下來看一部限制級電影，因為裡面的粗話和性內容實在太過氾濫。這是我通常避免觀看限制級電影的原因，但我不會把它當成一條硬性規則。[4]

我不會排斥所有的限制級電影，因為有些電影的內容對基督徒來說是有價值的。它們可能不會提綱挈領地告訴你得救的步驟，或是將無神論者接受基督的過程表現出來，但它們確實描繪了一種值得承認的真實現實；而如果沒有令人不安的內容，就無法準確描述這種現實。例如，1990 年代末製作的一部電影描繪了一對男女墮入毒品世界的歷程。這部電影展示了成癮所伴隨的各種身體和心理階段，以及人們為了滿足下一次癮頭不惜付出的種種（尷尬咳嗽）代價。這是部製

作精良的出色電影,其中的畫面至今仍令我難以忘懷。看完後我做了什麼?我跪下來感謝神保護我免於墮落於這樣的境況。這部電影提醒我,只需幾個錯誤的決定,我可能就會輕易成為那些與錯誤的人們廝混,因而墮入毒品文化的青少年之一。

這部電影精彩地展現了一個普通青少年如何慢慢墮落成為毒蟲的過程,而且絕對沒有美化這個過程。我敢打賭,沒有一個觀眾看完電影後會想,「這看起來很有趣!我也想試試毒品!」下次他們參加有人提供毒品的派對時,我敢說他們會三思而後行。這部電影生動地揭示了毒品的欺騙性,從這個意義上來說,我認為它是榮耀上帝的。每個部分都榮耀上帝嗎?不盡然。但這部電影絕對值得我們用「嚼吐」的分辨方法來觀看。

我的看法是,一個成熟、富有見識及洞察力的世界觀,只要接受過識別哪些方面應該拒絕的訓練,就不需要害怕這個世界所傳播的錯誤信息。我不是說每部限制級電影都像這部電影一樣具有拯救人心的價值(尤其是如今製作的那些限制級電影)。但當偶爾有這樣一部看起來具有救贖價值的電影出現時,我已經能夠熟練地運用「嚼一嚼,吐出來」的分辨方法,即在心靈上吞下有益於靈性的內容,而吐出其餘部分。

我不僅在與文化互動時使用這種分辨方法,聽講道時也會這樣做。世界上有很多優秀的神學家,但沒有人能夠百分之百地符合聖經立場並且始終保持平衡。因此我們聽牧師講道時也必須不時地運用「嚼吐」分辨法。即使是保羅(保祿)也不能免於審查。當他向庇哩亞(貝洛雅)人施教時,他們

所有人的態度是,「這傢伙是誰?查一查他說的一切是不是真的!」而他們因此受到了*稱讚*!(使徒行傳/宗徒大事錄17:11……我稍微做了些創意修改。)

不教孩子「嚼吐」分辨法的後果

如上所述,將世界分成兩塊,一塊是安全的/好的/基督教的,一塊是危險的/壞的/非基督教的,就像在為孩子把食物切成小塊。這個電視節目是好的,那個是不好的。這個音樂家的音樂可以聽,但那個的不能聽。這種方法適合思維能力仍處在黑白分明階段的孩子,但隨著他們的心智逐漸成熟,這種方法會變得適得其反。為什麼?因為這會讓他們誤以為只要正確地將事物*分類*,他們就可以不用思考,讓生活進入自動導航模式。然而在基督徒的生活中,沒有自動導航這回事。我曾在一場講道中聽到牧師脫口而出的髒話,也曾驚訝於卡爾・馬克思(Karl Marx)在《共產黨宣言》(*The Communist Manifesto*)中提出的一些極佳觀點。幾乎所有事物都是好壞摻雜的(或如本書的貢獻者之一蕾貝佳所說,我們都是大理石和泥土的混合體)。

雖然這樣做很累,但我們必須對聽到和看到的一切進行分辨,應該也訓練孩子這樣做。否則,當孩子離家上大學,而他們認為教授、牧師或基督徒安全,但事實並非如此時,會發生什麼事呢?我見過堅定的基督徒,因相信某個牧師或基督教領袖的教義可靠,而走入奇怪且危險的神學歧路。多數人都能一眼看出羊群中的狼,但要辨別披著羊皮的狼卻困難許多,這正是我們所收到的指示(馬太福音7:15)。

其次,如果你的孩子認為某些藝術家、演講者或書籍是危險的,而實際上並非如此,會發生什麼事呢?我幾乎可以保證,在某個時刻,他們會在人們分類為壞的事物中找到某些有救贖價值、良善或真實的東西。隨著孩子長大並自己探索這個世界,他們會發現一些你極力勸說他們避免的「禁果」並不是充滿淫亂和撒旦崇拜的罪惡淵藪。這時,他們會覺得自己被人欺騙。而被誰欺騙呢?當然是你!或者他們的牧師、教會,也可能是整個基督教信仰。一旦他們感覺人們在某件事上欺騙了他們,就會開始懷疑其他事情是否也是謊言。這時,你會信用掃地,而這是為了什麼?為了讓孩子多安全幾年,結果只是讓他們急不可耐地奔向那些所有你在他們年輕時否定的東西?現在是他們需要與世界進行更多互動的時候了,這會像是讓他們在幾乎毫無免疫系統保護的情況下,走進一個垃圾場裡。

> 最有力的謊言往往都包裹著部分真理

我們需要訓練孩子「嚼一嚼,吐出來」的精煉藝術,必須建立他們的靈性免疫系統。我們必須教他們如何與當代文化互動,吞下好的、吐出壞的。但如果我們自己不知道怎麼做,就無法教他們。所以我們該怎麼做呢?

像熊媽媽一樣咆哮!(ROAR Like a Mother!)

洞察是一個過程,不僅僅是辨別文化中的好壞元素而已。我們還必須知道為什麼某些東西被認為是好的或壞的。

這就是為什麼我們在「熊媽媽護教學」這裡，為你們建立這個便利指南的原因！我們不能保證運用這些步驟後，你的孩子就會發展出完美的洞察力，並永遠不會犯錯。然而，在經常練習這些步驟之後，他們將學會保護自己思想和心靈的必要工具，不讓它們受到包裹著部分真理的流行謊言的侵害。因為這種謊言才是最有效的謊言，不是嗎？

真理是有強大力量的，最有力的謊言往往都包裹著部分真理。就像一匙糖能幫助我們順利吞下藥物，部分真理也能幫助我們順利吞下謊言。將事物分為完全安全或完全危險的方法，教會孩子們謊言是很容易識別的。而「嚼吐」分辨法則教會他們大多數謊言都包裹在吸引人的包裝裡。

當一個熊媽媽不只是保護你的孩子免於遭遇這世界上的危險，雖然這是其中的部分工作。最棒的熊媽媽會教孩子如何自己辨別並避免危險！我們在「熊媽媽護教學」事工中使用了咆哮（ROAR）法。ROAR 是以下步驟的英文首字母縮寫：

Recognize the message：識別訊息

Offer discernment（affirm the good and reject the bad）：提出洞察（確認好的，拒絕壞的）

Argue for a healthier approach：主張更健全的態度

Reinforce through discussion, discipleship, and prayer：透過討論、門徒訓練和禱告強化印象

本書第二部分的每一章都會引導你完成這四個步驟。我們處在一場文化戰爭中，不幸的是，許多人在交談時彼此錯

過。為什麼？因為沒有一方願意承認對手所提供的好處！咆哮法旨在識別訊息並用恩典和真理來分析其中的觀點。這樣做需要我們識別良好意圖，將這些意圖與錯誤的觀念分隔開來，綜合出更健全的方法，並在觀念的爭戰中，有策略地進行禱告。

步驟一：識別訊息

所有媒體——電影、書籍、音樂和藝術——都有一個訊息。問題在於，我們能識別出這個訊息嗎？回到我們的「嚼吐」比喻，我知道是否應該將某樣東西吐出來的唯一方法是；首先，要正確地識別食物。當食物本來應該是硬的但卻是軟的，或者應該是滑的但卻是脆的，這時候我會怎麼做？當我吃到一個口感像布丁的花椰菜時，我會立刻把這個噁心的東西吐出來！我知道花椰菜吃到嘴裡應該是什麼感覺，絕對不會跟布丁一樣。

當提到媒體，這裡有些習慣，你將會覺得很有幫助：

1）識別媒體所呈現的訊息。它們都有一個或多個訊息（也許除了那首關於有幾百萬個桃子的歌以外……我想那些傢伙應該只是吸了毒）。
2）和孩子一起識別創作者所提升的價值觀（自由？自主？性？毒品？驕傲？）而他們又貶低了哪些價值觀（謙遜？責任？傳統性別角色？）
3）嘗試拼湊出訊息背後的世界觀。你認為藝術家的好壞定義是什麼？道德和不道德的定義呢？什麼是好的生

活——即反映的成功生活（根據他們的藝術或創作）？是擁有金錢嗎？還是擁有大量的浪漫關係？或是擁有不受規則束縛的自由？

4）如果你正在看電影，識別哪些角色和特質是以吸引人的方式呈現的。注意反派角色所展現出來的特徵。主角和反派通常是原型，或代表了某種觀點。

正確識別訊息是操練洞察力的第一步。有許多方法可以與孩子們一起培養這項技能。當你去看電影時，選一個比平時會去的、更遠的電影院。你們可以在開車回家的漫長途中討論這部電影。問問孩子能不能識別出這部電影整體所要傳達的信息。他們能做到嗎？你能做到嗎？

那麼孩子們聽的音樂呢？他們最喜歡的歌曲是什麼？把歌詞列印出來，在家庭夜聚在一起時，逐句分析這些歌詞。識別每首歌的潛在信息。它傳達的是什麼真理？它在頌揚什麼？在貶低什麼？

聖經所講的成聖（sanctification）過程——或者說靈性成長——的一部分，就是養成我們對美好事物的渴望以及對不美好事物的厭惡。某首歌曲、電影、藝術作品或故事激發消費者渴望的是什麼？練習識別它，並與孩子們一起討論。這是聖經希望我們渴望的東西嗎？我相信你會遇到不少令你翻白眼的情況，但這也是為人父母經驗的一部分，不是嗎？（我個人相信，翻白眼是上帝給我們的一個信號，表示你做對了。）

步驟二：提出洞察

　　提出洞察結果和指責別人有很大的不同。沒有人願意和一個站在高處對人說教的人對話，所以要保持這一步驟對話的暢通。小孩子的思維方式往往是黑白分明，因此當我們示範洞察力時，重要的是不要鼓勵他們成為「可怕的真理說教者」。不要誤會我的意思，一個人即使完全正確，也可能表現得非常令人討厭。我們的目標是讓上帝的真理成為基督的馨香，而不是自以為義的臭氣熏人。

　　操練洞察力需要三種技能：（1）準確地看到事物；（2）正確地識別好的部分；（3）正確地識別壞的部分。如果我們不能準確地了解事物，最終可能會是譴責一個觀點的稻草人版本（或是對它的虛假表述）。稻草人論證是種邏輯謬誤——當一個人提出過於簡化和扭曲的觀點版本，然後對其進行反駁時，就會出現這種情況。它之所以得到這個名稱是因為，這樣做就像在跟一個沒有生命的稻草人打架一樣。你可能會「打贏這場架」，但那只是因為你樹立了一個場景，讓比賽在一個極不公平的情況下進行。

　　以下是兩個稻草人論證的例子：（1）「進化論者認為我們的遠祖是隻猴子」；（2）「反墮胎陣營的倡議者認為女性應該回到赤腳及懷著孕在廚房忙碌的日子」。進化論者永遠不會同意第一個說法，而反墮胎的支持者也永遠不會同意第二個說法。這兩種情況都樹立了某種特定觀點的稻草人版本。如果我們想要贏得對於這個文化的發言權，就必須避免這種作法。我們洞察力的目標是準確地呈現對手的信念，也就是提供一個他們會同意的說法。請將它視為護教學的黃金法則：

以你希望別人對待你觀點的方式來對待別人的觀點。

　　洞察力的第二個必要條件是準確地識別好的部分。這可以是好的想法、良善的價值觀或動機。人們會因為良善的動機而做出許多的壞事。擁有正確的動機並不會讓他們的行動變得正確，也不能使他們的說法成真。指出某人珍視的信仰不正確，就好比在進行一場世界觀的手術。外科醫生如何對待病人？他不會突然跑進手術室，就揮舞著手術刀，然後一刀切下去。醫生會先與病人建立關係，他們會一起討論即將進行的手術，以及為何它會有幫助。信任會隨著時間的推移建立起來。

　　同樣地，我們會藉由承認人們的良善意圖來與他們建立信任關係。很少有人認為自己站在歷史錯誤的一邊。每個人都認為自己在為社會更大的利益而奮鬥。我們必須嘗試從他們的角度來看待他們的觀點。他們珍視什麼？想要達成什麼？他們最終的目標是什麼？一個人相信共產主義往往是因為他或她看到了大企業中的腐敗現象。他們可能認識一些人，做三份工作卻還是無法支付各種帳單。這個人可能為窮人的困境感到痛心，真心希望能改善他們的生活處境。這些都是我們可以肯定的動機！我們應該反對腐敗，我們應該想要幫助窮人。

　　無庸置疑的是，共產主義存在著大量的問題，我們應該反對。然而，在指出所有這些問題之前，讓我們與這些誤入歧途的同志們站在同一陣線上，肯定所有我們能夠肯定的善意。當你與他們站在面對面的位置時，很容易產生爭鬥。當我們肯定對方良善的意圖、站在同一邊時，我們就建立了信

任的橋梁。這些橋梁告訴對方:「我看見你,我聽見你,我理解你。」在我們嘗試「改造」不健康的信仰之前,我們必須先建立這種信任。

這就是為什麼肯定好的部分的這個步驟,必須先進行的原因。人們可能認為他們的信仰就是他們的身分認同,但事實並非如此。聖經在〈歌羅西書〉2:8 中告訴我們:「你們要謹慎,恐怕有人用他的理學和虛空的妄言把你們擄去。」我們面對的不是敵人,而是俘虜。把這看作是一種解救人質的情況。所有優秀的警察都知道,如果綁匪挾持了一名人質,除非你能將人質和綁匪分開,確保子彈只打中綁匪而不是人質,否則你絕不會開槍。在思想的戰鬥中,我們不能隨便投下真理的炸彈而對後果不管不顧。我們必須在推翻錯誤觀念的同時,仍舊保持對人的愛。

洞察力的最後一個要求是識別壞的部分。人們往往可以分為兩類——或者他們會害怕這個步驟(或完全避開),或者這是他們最喜歡的一個步驟,他們會急忙應付完所有其他的步驟,以便能夠開始指出世界上所有的錯誤。會有某個時間和地點讓我們必須站出來反對那些由善意的動機偷渡進來的謊言。當人們不站出來時,謊言會越滾越大。我的一位朋友曾經告訴他的孩子們:「你今天容忍了它,明天就會接受它。你今天接受了它,明天就會擁抱它。」我會再加上一句:「你今天擁抱了它,明天就會推廣它。」我們不是已經在性倫理的領域看到這種進展情形了嗎?

步驟三：主張更健全的態度

我已經能聽到媽媽們在內心嗤之以鼻的聲音了。「什麼？我絕對不會教我的孩子辯論。我一直在試圖讓他們停止辯論！」在我們能夠欣賞這一步驟之前，我們需要先擺脫「*辯論*」的俗語化定義。牛津英語詞典（The Oxford English Dictionary）將*辯論*定義為「提出理由或舉證支持某個觀念、行動或理論，其目的通常是說服他人贊同自己的觀點」。這就是我們在「熊媽媽護教學」事工中提到辯護一詞的意思。

當我們為更健全的世界觀辯護時，我們是在提出*理由*，說明為什麼我們肯定的善的部分，拒絕的邪惡的部分。當稱某個觀點為*真理*而另一個觀點為*謊言*時，我們需要理由。我們不能只是把某人的世界觀拆得支離破碎後，就停下不管。我們需要提出一個替代它的世界觀，一個保留了我們已經肯定的所有好的元素，同時用聖經智慧取代謊言的世界觀。

聖經的智慧不是無視這個世界的現實，它並不認為生活總是充滿彩虹和小狗等美好事物。相反的，它考慮到了人性，預見了邪惡、自私與苦難；它並不認為我們能在這個世界上實現烏托邦。聖經的世界觀看到這個世界的殘缺混亂，但同時也理解了基督所提供的希望。

擁有聖經的世界觀不代表我們只需在某個聲明上附上一節經文就了事了。我們現在應該明白，任何人都可以斷章取義地拿一段經文來為自己的意圖辯護；我們不僅必須了解經文，還需要認識神，以及認識神的心意。神的心意永遠不會與祂的話語自相矛盾，但神的話語可能會被曲解，就像在伊甸園中發生的那樣。

此外，儘管我們基督徒相信一個健全的世界觀是一個聖經的世界觀，但我們在支持我們的立場時，不必自限於經文。與其他基督徒交談時，聖經是一個很好的起點；但大多數非基督徒並不在乎聖經說了什麼。我們需要找到共同的立場，給他們一個願意與我們對話的理由。

　　令人驚訝的是，許多聖經中的真理在終於能被現代科學證實其真實之前，都被忽略了。聖經的世界觀提供了對人性的洞見、對原則的洞察力、對社會的準則以及關於終極現實的真理，幫助我們繁榮發展。它讓我們看到事物的本來面目。常識和公正的科學鞏固了良好的聖經世界觀。為此，我們不僅將分享反映本書中討論的真理和謊言的經文；更會努力透過提供實際屬於真實世界，並符合常識的證據，以支持神的話語所教導的內容。你的孩子需要知道，神的智慧不僅在教會內有效，它也可以應用於科學、社會學和心理學領域，同時在這些領域中被證實為真。

步驟四：透過討論、門徒訓練和禱告強化印象

　　只是分辨善惡，為我們運用洞察力所得出結論的提出理由，是不夠的。若我們止步於此，就像是我們為考試做了準備，卻在考試當天睡過頭一樣。我們的生活方式為聖經世界觀的連貫性、合理性、理性和美好提供了證明。對我們的孩子來說，僅僅聽我們*談論*真理是不夠的；他們必須理解我們是如何*活出*真理的。

　　在每章的結尾，我們會提供一些有助於你與孩子們展開對話的話題。我們還會推薦一些活動，幫助強化我們堅持

的真理和拒絕的謊言。最後，我們不能忽視這個事實：我們的戰爭不是人與人之間的爭戰，甚至不是觀點之間的爭戰！我們的戰爭主要是一場屬靈的爭戰，而我們需要做好相應的準備。因此，我們在第二部分的每章結尾都納入一個叫作「PAWS 禱告策略」的部分，提供了專門針對我們討論的每一個謊言的禱詞。我們可以一整天都在談論，但真正的爭戰是在我們膝蓋上進行的爭戰。願我們永遠銘記在心！

問題討論

一、**破冰問題**：你不小心吃過的最噁心的東西是什麼？

二、**討論主題**：洞察力意味著既要肯定好的部分，也要拒絕不好的部分。在流行文化中，有哪些事情會造成人們的兩極分化？你是否曾在你認為是「壞的」事情上和某人的意見完全相左？選擇一件來討論（比如電視節目、電影、書籍、政治觀點或思維方式），談談其中的好壞。哪些好的部分可以吸收？哪些需要吐出來？

三、**自我評估**：你是否傾向於將事物貼上對孩子是「安全的」或「危險的」標籤？你認為這種方法對於哪些年齡和性格類型的孩子是合適的？對於哪些年齡或性格類型的孩子，這種方法可能不合適？為什麼？

四、**腦力激盪**：如何利用孩子們收看的媒體或他們的興趣來教導他們「嚼吐」分辨法？你可以想出哪些方法？

五、**練習當個熊媽媽**：選一首你孩子喜歡的歌或一部電影，和孩子一起欣賞。找出符合上帝真理的好的方面，指出

那些不好的方面。提醒孩子在閱讀所有書籍、看電影、聽音樂和接觸各種想法時,練習這種辨別力是多麼重要。

第四章

語言偷換

為達成目的及逃避現實而重新定義話語

希拉蕊・摩根・費雷爾
Hillary Morgan Ferrer

　　我第一次接觸到語言偷換的概念是在五年級。前一年，我剛從一所私人基督教學校轉學到一所位於鄉下的公立學校。某天我懷著無比平靜和喜悅的心情走過走廊，不由得滿足地嘆了口氣，說道：「我感覺好快樂（I feel so gay，譯按：gay 在英文中有多種意思，除了喜悅與快樂的意思之外，也可用來指同性戀傾向或同性戀者，因此這句話也可被理解為「我覺得好同性戀」）。當我看到其他學生臉上的表情時，立刻知道自己說錯話了。

　　小時候，我媽媽曾經唱那首「笑翠鳥」的歌曲給我聽，對坐在尤加利樹上的鳥兒來說，快樂生活（gay life）是可以接受的（或對於「摩登原始人」也是如此），但對在上世紀1980年代走在學校走廊上的一個五年級生來說，可就不行了。不用說，這是我在公立學校第一年學到的很多東西之一。之前的我，還真是個被保護得很好的孩子啊！

　　語言偷換比語言的自然演變更為陰險。語言偷換指的是故意劫持話語，改變它們的定義，然後用這些話語作為宣傳工

具。這並不是種新把戲（實際上它是一種特別惡毒的模稜兩可的歧義謬誤〔equivocation fallacy〕），但現在變得極為盛行。不僅是一般話語被用來宣傳我們在本書中討論到的謊言；基督教的話語、美德和概念也被綁架了。而贖金——人們不得不接受新的定義——太高，難以支付。

我經常看到基督徒屈服於這些危險的要求。我們已經失去了「快樂」（gay）這個詞。但沒關係，因為我們還有其他表示快樂的詞彙。而我們現在正在失去的還有其他更為珍貴的詞彙，如婚姻、愛、恨、平等、正義、男、女、寬容、偏見、壓迫、戰爭和危機。這些詞彙和更多詞彙都正遭受到攻擊，如果我們希望我們的孩子能正確地理解《聖經》，我們就不能不戰而放棄它們。

誰在乎話語？語言文字只是種社會構建，對吧？

大錯特錯。話語很重要。正如護教士霍莉·歐德韋（Holly Ordway）所說：「一旦語言經常受到扭曲，為邪惡辯護和宣傳就會變得越來越容易——同時還能躲在積極話語的背後這樣做。」[1]事實上，話語如此重要，以至於〈約翰福音／若望福音〉第一章就使用了希臘詞彙「話（logos）」來描述耶穌自己：「太初有話，話與神同在，話就是神……話成了肉身，住在我們中間。」（出自〈約翰福音〉一章一節、十四節。譯按：此處經文參考聖經中文和合本及恢復本譯出，希臘語 logos，在英文中可翻為 word，即話、言語，在中文版本的聖經中，一般均翻為道，只有恢復本聖經直接將其翻譯為話。〈約翰福音〉一章中的 logos、道或話，並非普通、應時

的話語，而是指表明、彰顯神自己長存的話語）。事實上，現在想想，對話語的戰爭，本質上與對神的戰爭是一樣的。後現代文化試圖將神創造的現實改造成他們所認可的現實，一個符合他們對愛、寬容等定義的現實。這是一種新瓶裝舊酒的偶像崇拜。沒有人會向自己衣櫥裡的偶像頂禮膜拜，但我們有很多人崇拜自己設計出來的耶穌。

我們為人父母、監護人和照顧者的人，尤其需要特別注意人們如何使用話語。我們可以教導孩子去愛神、愛他們鄰舍和敵人。但如果「愛」這個概念被膚淺的「舒適」取代時，我們該怎麼辦？如今，只要我們有任何的言行舉止讓其他人感到不舒服或受到冒犯，人們就認為我們不愛他人，並在我們身上貼上仇恨者標籤。〈詩篇／聖詠集〉10:18 中讚美神是受壓迫者的捍衛者，那麼，當我們的孩子採取了反對罪惡的立場，被詮釋為對人施加壓迫時，他們該怎麼做？根據新的定義，如果我們要「捍衛受壓迫者」，我們就必須肯定罪惡！現在我們正在目睹社會基本道德結構的崩解，而這一切是透過以創造性的方式重新定義《聖經》中的詞彙來做到的。

語言偷換如何運作

在本章，我們將探討一些最常被劫持的話語，以及人們如何用這些話語倡導明確違背聖經的意圖。在接下來的章節中，我們將幫助大家辨識那些需要提高警覺的被劫持的話語；它們往往包裹在世俗原則中看似美好的理念裡，並以基督教美德的名義偷渡進來。不過，在繼續討論之前，我們先來了解一下這場話語爭奪戰的原因，以及這些新定義是如何被某

些人用作達成他們想要目的並逃避現實的手段的。語言偷換在以下方面特別有效：

1）阻止討論進行

　　某些話語的選擇是有策略性的，為的是訴諸人們天生的是非感以便阻止對話。虐待是錯的，愛是對的；仇恨是錯的，真理是由你定義的；寬容是對的，偏狹是錯的。如果一個人改變了這些話語的定義或內涵，他們就能有效地控制對話。我們身為「熊媽媽」的人只需問一句：「你這樣說是什麼意思？」（我想起《公主新娘》（*The Princess Bride*）中的那個場景，那個西班牙人說：「你一直在用這個詞。我不認為它的意思跟你想的一樣。」）

　　身為「熊媽媽」，我們不僅提倡開放的溝通，更要提倡基於真理的溝通。如果有人使用虛假的詞彙定義，我們需要指出來（當然，要在愛、恩典和善意中……但無論如何，還是要指出來）。因為虛假的定義會模糊問題，當我們對同一個詞的含義有不同的理解時，嘗試繼續討論是沒有意義的。

2）迫使人們在還沒有想清楚問題前就採取行動

　　情感是很好的回應，但卻不適合拿來作為行動的催化劑。不幸的是，當一個人對某種陳述產生情緒的反應時，就很難再去理性地思考它。這其實是大腦對情緒的生理反應。當杏仁核（情感處理中心）啟動時，前額葉皮層（負責理性思考的部位）就會關閉。這不是一個人可以選擇的事，它是自然發生的。研究顯示，當杏仁核和前額葉皮層競爭時，一開始

贏的是杏仁核（情緒中心）。[2] 人們可以因為接受說服而從這種狀態中恢復過來，但他們必須能夠先意識到這裡發生了從理性思維轉變為情緒思維的過程！（大多數人甚至沒有意識到這一點）。你可以明白，為何宣傳寫手會用煽動性的語言來陳述他們的「論證」以引發情緒反應。因為這比提供實際訊息要有效多了。

那些綁架話語的人發現，大多數人不會花時間來對危機作出深思熟慮的回應。這對他們來說是好消息！如果他們想推動一個事項而不會遭受過多的反對，他們就會繼續讓情況看起來像是一個危機。他們會說：「非常時期需要非常手段！」危機不是他們唯一使用的詞彙——他們還會使用「虐待」或「戰爭」這些詞彙。「別再分析了！我們正在打仗！沒時間思考！」

當人們使用情緒化的話語企圖說服別人時，他們是在嘗試引發情緒反應。他們知道出現情緒化反應的人，往往會不假思索地採取行動，這對操縱者來說再好不過了！正如據說希特勒曾說過的一句話：「對於領導者來說，人們不思考是件多麼幸運的事。」

想像一下《星際大戰》（Star Wars）第四部曲中歐比王・肯諾比（Obi-Wan Kenobi）用原力擺脫困境的場景。他本來可以說：「你在以貌取人嗎？我感到很不舒服！你知道你現在的口氣有多種族歧視嗎？如果是你的機器人動不動就被攔下來，你會怎麼想？別再壓迫這些機器人了。他們不是你要找的機器人，你這個心胸狹窄的歧視者！」現在的劇本大概就會這樣寫了。加進一些內疚、恐懼、憤怒、同情和憐憫的

材料，你就有了推動隱祕目的的配方！而語言偷換就是這一切的完美掩護。

3）模糊細節

不確定大家在為什麼事情這麼生氣？你可能已經見識過語言偷換的運作了。到底什麼可以稱作危機？一場戰爭？或是偏見？還是偏狹？或者是暴力？如果你聽到一個流行詞時卻在想：「好吧，所以實際上發生了什麼事⋯⋯？」那麼，你面對的很可能是宣傳，而不是真實的訊息。這些流行詞彙給人一種提供訊息的錯覺，但使用這些詞彙的真正目的在於讓人們發揮他們認為這個詞的意思的想像力來填補細節。我們在 2017 年的女性大遊行（March for Women）中看到了這種情況的發生。我數不清有多少女性在 Facebook 發表類似的評論：「我不明白這次遊行的主題是什麼。有人能解釋一下嗎？」

這就是為什麼我發表了一篇部落格文章，標題是「所以你這個週末為女性遊行了？你可能不知道的八件事（So You Marched for Women This Weekend? 8 Things You Probably Didn't Know You Were Marching For）」。這篇文章引起了一些騷動，但我只是掀開帷幕，揭露這次遊行的真正意圖而已，這在組織者的網站上也有明確說明（我發現，當你用真實訊息填補缺失的細節時，語言小偷不喜歡你這樣做）。

4）詆毀對方觀點

不幸的是，爭論的各方人馬都經常這麼做。每個人都希

望自己看起來像好人,但有些人不會坦率地說出他們真正想說的話。例如,很少有人會站在街角舉著標語牌,上面寫著「每個人都應該能與任何人發生性關係,無論性別、年齡、關係或參與者人數多寡」。然而,你會看到標語牌上寫著「愛就是愛」。或者把言論自由與法西斯主義等同起來的反言論自由集會如何?你可能以為我在開玩笑,但在許多大學校園裡,倡導言論自由會讓你被打成法西斯分子。[3]

別忘了希特勒。喔,希特勒。他是那個沒人想要他在自己球隊裡的小孩。基督徒說他是無神論者,無神論者說他是基督徒,右派說他是左派,左翼又說他是右派。如果你的陣營能讓對立陣營與希特勒有任何相似之處,那麼你就贏了,不費吹灰之力(顯然,「希特勒很壞」是我們全部唯一能達成共識的事情)。

> 聽見你、理解你和被說服之間有很大的區別。

但認真說來,在對待對立觀點時是應該注意這一點。正如希望在這本書展示的那樣,多數人都會吞下即將在後面章節中討論的那些胡言亂語,認為自己是在為更大的善服務。通往地獄的路可能是由善意鋪成,但在大聲指出別人正在走向地獄之前,請至少先承認他們的善意。你也許是對的,他們也許是魔鬼的化身⋯⋯但話又說回來,他們也許不是;也許他們只是壞觀點的俘虜而已。當試圖用一種危言聳聽的語氣警告人們時,你的聲音會被聽見,但人們不一定理解你及被你說服。聽見你、理解你和被說服之間有很大的區別。

5）把負面變成正面（或是相反）

　　這種情況特別常見於「支持生命／選擇權」（pro-life/pro-choice）的辯論中。那些支持選擇權的人在說的選擇究竟是指什麼？若從專業的角度，他們指的是女性可以選擇用燙傷、肢解或吸出她子宮內胎兒的方式——如果她不再想讓它在她體內成長的話。妳可能永遠不會看到抗議者舉著那樣的標語牌，「選擇」或「生殖正義」聽起來正面多了！

　　幾年前，一個廣受支持的事工出現了爭議，這個事工的新任執行長開始帶領這個知名的組織走向不同的方向。在他們對「福音」的解釋中，「罪」的概念奇怪地消失。憂心忡忡的各州領導者開始向董事會請願，要求澄清這一個新立場。當他們的擔憂被置之不理時，許多人遞出了辭呈。面對各州領導者的大批出走，全國性領導階層發出了一份備忘錄，譴責那些不喜歡新方向的人。他們在備忘錄中強調，自己絕不會退縮，會繼續向任何願意傾聽的人，大聲呼喊愛與希望。注意到變化了嗎？拒絕承認罪，被重新定義為大聲呼喊愛與希望了。

被竊取的話語

　　既然我們已經討論了如何辨識別人的語言偷換行為，現在讓我們來談談一些最常被劫持的話語。

愛

　　這個小小的詞彙是大家的最愛。每個人都喜歡愛，前提是他們可以自行定義愛。我認為當我們的英語開始用一個

詞來表示多種含義時，我們就已經輸掉這場戰鬥的一部分了。在古希臘語中，有四種不同的愛：*phileo*（兄弟之愛）、*eros*（性愛）、*agape*（無條件的愛）和 *storge*（自然、本能的親情，如父母對孩子的愛）。

愛曾經被定義為「希望他人好」（當然了，當我們的世界無法就「好」的定義達成共識，或在我們的意見之外根本不存在「好」時，這也變得有問題了！）現在，任何讓人不舒服的事情都被認為是不愛。今天，愛某人意味著盲目接受那個人所相信的一切，即使他或她的信仰牴觸了現實。

因為神是愛，所以我贊成由祂來定義愛。〈哥林多前書〉十三章（也被稱為愛的篇章）中最常被忽略的一點是，愛「*不喜歡不義，只喜歡真理*」（第六節，新美國標準聖經）。當我們的孩子對於愛應歸屬哪方感到困惑時，我們應該指引他們站在真理的一邊。

當然，這意味著他們需要知道什麼是真理……

真理

你有注意到這一季的熱門新詞嗎？它在真理前加上一個所有格代名詞（還記得你七年級時學的文法規則嗎？）我們不再需要面對這真理了。那種作法太狹隘了。現在，我們的孩子們被鼓勵要「活出他們的真理」。這是我的真理，而他在忠於他的真理。

我不知道如何告訴你這個謊言有多危險。當我們的社會擾亂真理的定義時，它也正在擾亂我們孩子的現實基礎。如果我們的孩子不再覺得能夠自在地用*現實*作為他們真理的仲

裁，他們就會不安，就會對擁有任何信念感到膽怯。

真理已經變成了個人自助餐式世界觀中的一部分，我們誰也不能對此有什麼意見。畢竟這樣做也會被認為是不愛、偏執和不寬容。即使是科學，如果它與寬容的範式相矛盾，也會被忽視。

> 當我們的社會擾亂真理的定義時，
> 它也正在擾亂我們孩子的現實基礎。

寬容

這個詞現在非常不得了。當我說非常不得了時，我的意思是威斯康辛大學麥迪遜分校（University of Wisconsin-Madison）的學生們寧願同意一位中等身高的白人男性訪問者，其實是一位六英尺四英寸的中國女性，也不願被人指責為不寬容。[4]我不是在開玩笑，有一段影片記錄了這件事。寬容這個詞不再意味著與持不同信仰的人和平共處。它現在意味著所有信仰，不管多麼荒謬，都必須被視為同樣正當。

寬容（如同政治正確性），一開始是個好的觀念，回應了對文化的有效批評——但這個詞後來被劫持，結果走火入魔了。寬容這個概念非常符合聖經。〈羅馬書〉十四章一整章都聚焦於基督徒社群內對於食用祭過偶像的肉及其他可爭議事情的寬容。寬容也體現在許多鼓勵教會合一的經文中。[5]

值得慶幸的是，《牛津詞典》（Oxford Dictionary）尚未被改寫，仍將寬容定義為「能夠或願意容忍自己不喜歡或不同意的意見或行為的存在。」根據實際釋義，寬容的存在必須包

含（1）不喜歡、或（2）不同意。我必須再三強調，經常向你的孩子重複這一點十分重要。每當你聽到有人談論不寬容時，問問你的孩子，「他們是在要求人們接受他們的信仰同樣正確，還是在要求人們儘管不同意，也要與他們和平相處？」

寬容基本上被降格為一種中立的立場，這種立場禁止人們對任何事物持有強烈信念，唯一允許擁有的強烈信念是，認為每個人都是對的；而否認任何人都有正確的權利，就是不寬容。

不要讓你的孩子因為受到這個虛假的寬容定義霸凌而噤若寒蟬。教導他們如何優雅地定義這個詞，以及如何在不改變自己信仰的情況下，以尊重的態度與不同信仰的人共處。從家庭開始樹立起榜樣，特別是如果有兄弟姐妹的話，通常會有很多機會。想想你的孩子們有多少次在某件事情上意見不合。刻意提醒他們，記住這個寬容的定義，然後讓他們在自己手足身上練習這個新技能。

正義與平等

除非你是個與世隔絕的盧德主義者（Luddite），否則你可能在媒體上聽過很多有關正義和平等的報導。每個轉角都有某個群體在要求正義，因為據說有各種不平等的情況。

每個社會問題現在都被定義為正義和平等的問題。想要重新定義婚姻？那就爭取婚姻平等！想要組織女性遊行？那就爭取性別正義！人們的工資不同嗎？那就是經濟不正義！如果你對任何這些運動說了什麼反對意見，那一定是因為你滿足於不公正及不平等。事實上，使用這兩個小詞語實際上

就運用了本章前面所述的全部五種策略！

掌控愛、真理、寬容、正義和平等這些話語的一方，可以結束對話、迫使人們不經思考就採取行動、模糊問題、詆毀對手，基本上僅憑情緒就能贏得辯論。為什麼？因為每個人都已經相信愛、寬容、正義和平等！

正義是《舊約》和《新約》中常見的主題，甚至是神的屬性。[6]然而當前人們使用這一詞彙的方式與聖經中的定義相去甚遠。在今天的文化中，正義不再意味著「應得的事物」。當有人談論平等時，他們不再指的是機會或價值的平等，而是結果的平等。例如，哈佛大學認為錄取的亞裔學生太多，對其他種族不公平。他們的解決方案？根據種族改變錄取標準。這個做法使他們陷入了法律糾紛。為了要讓哈佛考慮錄取，亞裔學生的學術能力評估測驗（SAT）成績平均要比白人同學高 140 分，比拉丁裔高 270 分，比非裔美國人高 450 分！[7]這就是正義和平等嗎？

偏執

如今，任何人只要發表被認為是排他性的言論，就會自動被貼上偏執者的標籤。你相信耶穌是唯一的道路？那就是偏執的言論。你相信聖經對婚姻的定義，即一男一女共度一生？你是個偏執的人。你否認所有道路都通向同一位神？同樣，你偏執。

諷刺的是，用這種方式使用「偏執者」一詞的人，其實正在用自己的生活實踐這個詞的真正含義。根據《韋氏詞典》（Merriam-Webster's Dictionary）的定義，偏執者是「一個頑固

或毫不寬容地堅持自己意見和偏見的人」。現在的流行觀點是，所有的想法都同樣正當，任何不同意的人都是偏執的人。

真實

　　這是另一個流行語，甚至已經進入了大多數西方教會。過去，許多基督徒竭力讓自己看起來完美無缺。畢竟，他們認為，除非所有教會成員的生活看起來都完美井然，否則別人怎麼會相信基督教是真的呢。我很慶幸不用再假裝我的生活完美，我並不擅長隱藏我的想法。我的家人會證明，如果我不把想法說出來，我的臉也會表現出來。對我來說幸運的是，我無法一直戴上「基督徒面具」反而對我有利，因為完美不再被視為信仰成長的主要證據了。現在，公開承認自己的不完美才是大勢所趨。真是太棒了！

　　身為人類，我們的「美妙」技能之一是，能把任何東西變成偶像。目前更受歡迎的偶像之一就是這種關於真實性的、抽象的（而且經常是虛假的）概念。真實是一個人追求的最高目標，公開宣稱「一切都很好」會引來朋友關切的耳語，懷疑他們是否需要做點什麼來阻止你繼續偽裝自己。

　　那麼我在說什麼呢？真實不好嗎？難道我們應該回到掩飾不完美的日子裡，渴望繼續活在我們的不滿之中，不能向任何人坦誠自己目前的掙扎？絕對不是！然而，我們也必須看看「真實」這一詞是如何被劫持的。

　　在基督教背景下，鼓勵人們追求真實的初衷是幫助他們承認自己的罪性，經歷到確信（而不是羞愧和譴責），並在彼此的掙扎中仍能相愛。我們每個人都應該追求成聖和聖潔，

同時保持謙遜，因為我們知道自己與基督的完美距離有多遠。這就是聖經的觀點。

然而，今天的真實性實際上是個用來掩蓋反叛的特洛伊木馬。這個新的、更受歡迎的定義是，「你現在的樣子就很完美」或者「我們都是一團糟，學著愛你那美麗而亂七八糟的生活」！這些說法都潛藏著一個訊息：「神更希望你『真實』，而不是追求聖潔」。這種所謂的真實認為，如果某件事情不是自然而然發生的，或感覺不自然，那麼它就是不真實的，因此是虛假的。新聞快訊：基督徒生活中有很多事情都是令人不舒服的。如果耶穌說：「你知道，我今天真的不想被釘十字架。感覺現在還不是時候。我只想對你們每個人真實，不想假裝自己是救世主。謝謝你們的理解。」感謝神，耶穌沒有這麼做！

如果一個人用「真實」來形容不隱瞞自己掙扎的人，這種作法是有益的。但如果這個詞被用來形容一個人對於在罪中掙扎的冷漠，或是對於罪的大大方方接受，那就不是有益的了。那只是包裝在基督教詞彙下、赤裸裸的反叛。保羅在〈哥林多前書〉五章中警告過這種情況，當時整個基督徒社群都因神的恩典而「驕傲」，以至在罪中歡欣鼓舞。

容忍罪是有害的，一旦人開始這樣做，有益的真實性就不存在了。如果你不完美，不要假裝完美。如果你不完美，也不要在這不完美中沾沾自喜。真實的目的是打破沉默的枷鎖，讓人們從綑綁他們的罪中解脫並獲得自由，而不是讓他們戴著枷鎖舒適地生活，無需感受到任何人的審判。差異很大。差別真的非常大。

> 真正的真實性能夠打破枷鎖，讓人們追求自由。

如何在不顯得粗暴無禮的情況下反擊回去

總而言之，我們該如何應對就在我們眼前發生的大規模語言偷換？我們該如何教導孩子看穿這些話語劫持？

1) **了解聖經對這些詞彙的定義**——神對愛的定義是什麼？祂對真理是怎麼說的？你可能需要找一本 1950 年之前出版的字典，查看那些詞彙在各種政治意圖介入之前的定義。如果這個詞沒有出現在聖經中（比如*偏執者*），那麼就研究一下這個詞的定義，並聊一聊偏執的實際例子（咳咳……1960 年代的廢除種族隔離運動？）

2) **教導孩子識別流行語**——要做到這一點，我們自己需要先認識這些流行語（在接下來的章節中，我們會努力突顯那些伴隨著各種「主義」的謊言所出現的流行語）。

以「應得」（deserve）這個詞為例。不知道有多少廣告中出現了這個小詞（難怪我們生活在一個如此自以為是的社會）。當你和孩子一起去購物，看到一個牌子上寫著某個人「應得」某物（新浴室、更好的高爾夫球桿等）時，問問你的孩子，「如果有人給肢體障礙的孩子一雙高跟鞋，你覺得他或她應該得到什麼新的東西嗎？聖經對於什麼是我們應得的有什麼看法？」（提示：羅馬書6:23）

3）**當對說出自己立場感到尷尬時，要明確自己的立場**——讓我把話說清楚：除非你的立場在文化上被污名化，否則承認自己在任何既定議題上所持的知識立場都不該令人感到尷尬。由於愛／恨、寬容／不寬容、偏執／包容這些對立的話語，我們被告知我們的聖經原則讓我們處於非常不利的位置；不要讓這種情形發生。當某一方宣稱與一個積極的詞彙有關聯時，反對的一方自然就與這個積極詞彙的負面對應詞連繫起來。為什麼我們要坐視不管，讓自己成為別人出氣的對象？阻止這種行為。

　　神呼召我們去愛，但我們應該在愛中識別並指出錯誤的話語定義。不同意並不等於憎恨。不平等並不總是因為不正義。排他性的信仰並不等於不寬容。如果是這樣，那麼每個人都能被視為不寬容。即使是告訴大家應該更加寬容的人，也在對他認為不寬容的人表示不寬容。這是個自我推翻的陳述。

4）**決定成為鹽和光**——鹽和光有兩種特性：一種是防止腐敗，另一種是起刺激作用。黑暗中的光非常有用，但也可能非常刺眼。鹽可以防止腐敗，但如果不小心弄到敞開的傷口或眼睛裡，也可能會令人感到刺痛。成為鹽和光是一件令人喜憂參半的任務，不是每個人都會歡迎你成為「世上的鹽……〔和〕世上的光」（馬太福音 5:13-14）。但我們不能把這當成藉口，不履行上帝呼召我們扮演的角色。

　　糟糕的觀念始於糟糕的邏輯，認同糟糕的邏輯不是什麼了不起的美德。〈馬太福音〉5:9 說的是「使人和睦的人有福了」，而不是「維持和平的人有福了」。維持和平的

人不會惹麻煩，這種和平是膚淺的和平，它的基礎是在面對破壞性邪惡時保持沉默。使人和睦的人則是透過讓大家達成共識來創造和平。要做的這一點，我們就不得不掀起一些波瀾或是用好的邏輯來反制糟糕的邏輯。我們不是非得當個混蛋不可，但明智的作法是，在問題出現時就即時面對，而不是逃避和躲藏。

誰把熊放出來了？

現在你明白了我們為什麼寫這本書的原因，也知道如何成為熊媽媽，這意味著做一個有分辨力的熊媽媽以及戰鬥發生在那裡（即話語上）了，是該出來溜一溜的時候了！在接下來的章節中，我們將討論當代社會中最流行的謊言、它們的來源，以及我們熊媽媽如何對著它們咆哮。準備好你的戰鬥表情——像熊媽媽一樣咆哮吧！

問題討論

一、**破冰問題**：舉一個人們錯誤使用詞彙的例子。這種用法讓你感到困擾的地方是什麼？你如何才能傳達這個詞的正確含義？

二、**討論主題**：人們改變詞語的定義，目的是為了讓他們的意圖聽起來更有吸引力或隱藏他們的真實動機。對於這種在我們文化中運作並影響它的策略，你的看法是什麼？

三、**自我評估**：你曾發現自己在無意中採納了文化中的新定義嗎？如果你曾這樣做，是哪些詞？是什麼讓你難以辨

別隱藏在這些詞的使用方式，背後的意圖？

四、**腦力激盪**：有哪些方法可以讓你教導孩子們關於愛、真理、寬容、公義、平等、偏執和真實的真正（及聖經中的）定義？如果你是某個小組的成員，讓每個人選一個詞並在本週研究它。下週回來分享聖經對這個詞彙或概念的看法，以及它與文化說法的不同之處。

五、**練習當個熊媽媽**：本週請仔細聆聽孩子們的對話。他們從文化中吸收了哪些需要糾正的詞彙？如果你聽到他們用了一個被語言劫持的詞，抽出時間談談這個詞的意思。問問他們，「你覺得這個詞是什麼意思？」並讓你的孩子了解它真正的定義。你會驚訝地發現，採用正確的定義可以改變一個人的觀點。

第二部

你可能聽過，但不知道它們叫什麼的謊言

第五章

天助自助者

自助主義 Self-Helpism

提亞希‧坎農
Teasi Cannon

　　當我還在念高中時,家裡有台非常大的落地型電視。那玩意重得要命,後方的巨大映像管讓它離牆足足有三英尺遠(絕對不是平面電視),但畫面大又是彩色的,我們都很喜歡——直到聲音消失為止。

　　我們的電視不是一下就沒了聲音。一開始只是有些小毛病,只要「用力拍一下」頂部,聲音就又恢復了。但有一天,我們的電視受夠了拍打,決定讓聲音永遠罷工。結果,我們只能看著最喜愛的節目,卻聽不到任何聲音。電視出問題了,需要修理。

　　問題確實被「修好了」,但不是你以為的那種解決方式。

　　大多數人可能會找專業修理人員來檢查,更換一些壞掉的零件(按照製造商的建議)。但我爸媽決定自己動手——以一種不用成本的方式。他們的解決方案是什麼?再弄一台有聲音但無畫面的電視,把它放在原來的電視機上。就嚴格意義來說,當兩台電視同時開啟時,問題就「解決」了。我們有了畫面和聲音。這樣做有效嗎?是的。便宜又簡單嗎?是

的。這是最好的解決方案嗎？不是。作為一個渴望耍酷的青少年，當朋友來訪時，這種「電視塔」簡直令人尷尬得想鑽地洞。

想起我們那愚蠢的電視塔，不禁讓我聯想到人類的困境。我們都是殘缺不全的人，由於罪，我們的許多地方都無法按照原廠的設定運作。身為母親，我們通常不需要別人指出就能承認這點。事實上，我們很可能立刻就能列出自己的所有缺點和失敗——這並不是壞事。有自我意識是好的，願意承認自己不完美，是我們能為孩子們做的最好的事情之一。然而，必須注意的是，我們如何對待我們的破碎不全。總有一天，我們的小寶寶會意識到他們自己的破碎，我們希望他們能夠正確地診斷這種情況，尋求恰當的治療，並且知道該向誰求助。我們希望他們能求助於他們的「製造者」，而不是依賴自己——這正是極具影響力的自助產業希望我們採取的方式。

自助主義到底是什麼？

自助主義的出發點是好的——我們應該在自己能力範圍內，努力為自己和他人創造更好的生活。我們可以接受更好的教育，設定有價值的目標並努力實現它們，為達成正面的結果而嚴以律己，並鼓勵他人做同樣的事情。然而，我們無論如何都無法修復內心根本性的破碎不全。只有上帝能做到這一點。正如自助主義這個詞所暗示的，自助是對人類殘缺的、一種完全不符合聖經的看法。它（簡化至極）的訊息是，我們不需要在自己內心之外，尋找我們破碎的原因和解決方法。

這是一個危險的謊言，一個不分教會內外的人都瘋狂接受的觀念。僅在 2016 年的美國，自我提升市場的價值即高達 99 億美元，預計年平均成長率約為 5.6%。這意味著到 2022 年，它的市場價值將達到約 132 億美元！[1]

說句公道話，自己幫助自己不全是件壞事。聖經並沒有告訴我們，什麼都不做，只要祈禱，我們的壞習慣就會神奇地消失。然而，我們想要強調的是，自助主義有其侷限。有一條界線將成為自己身體、情緒及行為的好管家，與試著改變自己的內心或罪性；而不是依靠聖靈的聖化工作將這兩者區分開來。自助主義（以及本書提到的每一個「主義」）所傳達的訊息就是偶像崇拜：人類將某些美好甚至是強大的事物誤認為上帝，也就是賦予它上帝獨有的力量。

自助主義簡史

統計數字讓我們一瞥自助主義未來的可能發展（尤其是從市場的角度來看）。但它的歷史呢？社會何時開始耽溺於自我反省？我們可以從〈創世記／創世紀〉看到，早在伊甸園時，最初的人類就已播下了自助主義的種子。

當夏娃（厄娃）決定親自掌控一切（並帶著亞當和她一起）時，我們的祖先就開始依賴自己來解決問題了……儘管結果是自取滅亡。

深入探討自助主義的歷史，會讓我們進入蘇格拉底的教誨、斯多葛學派的哲學、希臘羅馬和文藝復興時期的文學，以及世界各地的古代諺語中。[2] 但在此為了本書的目的，我們還是從更近代的貢獻說起吧。想想那句人們琅琅上口的格言

「天助自助者（God helps those who help themselves.）」。

與一些人相信的相反，你在聖經中找不到這句承諾。這句話是因班傑明・富蘭克林（Benjamin Franklin）所寫的1773年版《窮理查年鑑》（*Poor Richard's Almanac*）而廣為流傳，而富蘭克林可能從伊索寓言〈大力神與車夫〉（Hercules and the Wagoner）中得到了這個想法。富蘭克林的這本書是為大眾而不是為菁英所寫，它進入了成千上萬的殖民者手中，最終傳到歐洲，成為傳播他的自然神論的（deistic）世界觀的完美載體。

雖然自然神論大體上承認神的存在，但它將神描繪成超然於祂的創造物並與之無關角色。富蘭克林的神並不是猶太-基督教世界觀中的神，更像是一位神聖的鐘錶匠，他上緊了世界的發條，然後坐看其滴答運行。有了這樣的神，就不難理解為什麼人們會接受自助主義了！因為沒有人會來幫你，親愛的。你只能靠自己。

1859年，蘇格蘭作家和社會改革者塞繆爾・斯邁爾斯（Samuel Smiles）在他的書《自助》（*Self-Help*）中改編了這句諺語，這本書被認為是這一類型書的第一本。斯邁爾斯在第一章第一段中就總結了他的世界觀。他寫道：

「天助自助者」是條顛撲不破的格言，短短一句話濃縮體現了廣泛的人類經驗成果。自助精神是個人一切真正成長的根源，體現在許多人的生活中，構成了國家活力和力量的真正來源。外來的幫助往往使人頹廢，而內在的幫助卻總能振奮人心。[3]

1904 年斯邁爾斯去世時，這本書已經售出超過 25 萬本。就像達爾文（Darwin）的《物種起源》（*Origin of Species*，也於 1859 年出版）一樣，這本書也倡導適者生存的觀點，自助在強調個人勤奮、品格、獨立和毅力對社會改革和生存的重要性方面（這些本身不一定是壞事）發揮了重大作用。

　　多年來，書籍銷售一直在自助主義的傳播中扮演著重要角色。1902 年，詩人及自助運動先驅詹姆斯・艾倫（James Allen）寫了《你的思想決定業力》（*As a Man Thinketh*），在這本書中，他說：

諺語「人如其思」不僅涵蓋了人的全部存在，更全面涉及他生活中的每一種情況和環境。一個人就是他的所思所想，他的性格是其思想的總和。[4]

　　在你指責我們熊媽媽們過於消極負面之前，我們願意承認這句諺語確實有一定的道理。在聖經中，我們被召喚將人所有的心意奪回，使他都順服基督。[5]然而，我們是否能做到這一點，並不決定我們的整個命運，它也不是應付我們生活中「每一種情況和環境」的萬靈丹。

　　在艾倫做出他的貢獻後不久，戴爾・卡內基（Dale Carneige）於 1936 年出版了他風靡一時的暢銷書《如何贏取友誼與影響他人》（*How to Win Friends and Influence People*）（回想起來，我清楚記得父母在我五或六年級時指定這本書作為我暑假的課外讀物。他們希望卡內基通過自信心獲得成功的信息能改善我的不良態度和社交能力。嗯……沒

什麼效果）。1937年，拿破崙・希爾（Napoleon Hill）的《思考致富》（*Think and Grow Rich*）也傳遞了類似的訊息：專注於正向思維的力量和成功。

二十紀晚期時，各種自助主義「大師」紛紛出籠，每個人都在推銷自己的自助理念：湯尼・羅賓斯（Tony Robbins）、迪帕克・喬普拉（Deepak Chopra）、艾克哈特・托勒（Eckhart Tolle），當然還有歐普拉・溫弗蕾（Oprah Winfrey）。但我想在這裡特別提到一個在把自助主義帶入教會方面非常有影響力的人：諾曼・文生・皮爾（Norman Vincent Peale）。

皮爾生於1898年，在一個基督教家庭中成長，他的父親是位衛理公會牧師，皮爾繼承了他的衣缽，最終成為基督教最著名的傳教士之一。他獲得神學學士學位和社會倫理學碩士學位，之後牧養了幾個教會，撰寫了多本書，主持自己的廣播和電視節目，並創辦了受歡迎的雜誌《標竿》（*Guideposts*）。不知從什麼時候開始，會眾要求皮爾多多就生活問題相關的主題進行布道。所以他從神學的根基出發，開始研究心理學，最終接受了基督教科學派的原則以及其他的神祕啟示。[6]

皮爾在他的暢銷書《積極思考的力量》（*The Power of Positive Thinking*，1952年出版）第一章第一節就開宗明義揭示了他向會眾和千千萬萬萬讀者傳遞的那種類型的「教義」：

> **相信自己！**相信自己的能力！如果你對自己的力量沒有謙遜但合理的自信，你就無法成功或快樂。但只要有了堅定的自信，你就能成功。自卑和無能感會阻止你的願

望實現，而自信會帶來自我實現和成功。由於這種心態的重要性，本書將幫助你相信自己，釋放你的內在力量。[7]

你明白了嗎？信仰和信念會帶來成功、快樂和力量。不幸的是，皮爾所說的信仰和信念不是指對神的信仰。反之，他基本上是在介紹人文主義的入門知識。[8]當然了，皮爾為他的人文主義教誨披上聖經的外衣，讓受眾相信，在他們追求內心平靜和釋放內在力量的旅程中，「神」（也就是他們的神燈精靈）總是熱切地隨時準備好伸出援手。遺憾的是，他引用的聖經經文讓他的教導對一般信徒來說，聽起來很安全。許多基督教領袖也不例外，他們張開雙臂擁抱他的教義。

其中一位領袖是極具影響力的蕭律柏（Robert Schuller）牧師，他是美國最早的大型教會之一（水晶大教堂）的牧師，也是風靡全球的週日早晨節目《權能時間》（*Hour of Power*）的主持人。蕭律柏接受了皮爾的正向思考信息並稍加修改，用可能性思維（possibility thinking）一詞代替，他在1967年出版的《可能！》（*Move Ahead with Possibility Thinking*）一書中，首次闡釋了這種自我改善哲學。

蕭律柏只是接受並推廣皮爾那令人信服的自我賦能和美好生活信息的主要影響者之一。正如我們在本章後面將看到的，這種哲學的回聲不僅在世俗世界，在教會內部至今仍然可以聽到。

像熊媽媽一樣咆哮！

識別訊息

這些說明讓你對自助主義的起源和問題所在有了一些了解。現在讓我們專注於來自自我賦能陣營的一些具體觀念，以及我們可能在哪裡找到這些觀念。

> 歸根結柢，自助主義引導人們依靠自己而不是依靠上帝。

自助主義假設的一件事——我想多數人都會同意——就是我們需要幫助。事情不是它們應該要有的樣子，或至少它們不像可能的那麼好。確實如此。但我們需要超越自助主義對問題的定義，超越它推薦的解決方案，超越它推薦人們求助的來源。這是因為歸根結柢，自助主義引導人們依靠自己而不是依靠上帝。

自助主義的診斷

根據自助主義的看法，問題在於我們經驗到的遠少於我們認為自己有權得到的。我們不夠快樂，而我們應該快樂。我們沒有達到金錢上的富裕，而每個人都應該享受生活中的美好事物。我們感到空虛，而我們理應感到知足。我們戒不掉高熱量甜食，而我們理應在飲食和身體上都感到完美的滿足。總之，我們匱乏（這帶來了焦慮），而我們理應過得舒適而富足。任何低於這一標準的結果都是錯的。當人們說「我本來應該……」時，他們到底在說什麼？這聽起來像是某種語言

偷換!

在自助主義中,檢驗我們問題嚴重程度的最可靠方法,就是專注於我們的感受。我們應該注意情況和他人如何影響我們的情感、自我價值感和安全感。我們越善於識別出我們的誘因、動機、核心才能、性格優勢、夢想和吸引力,我們就越能判斷出現在是什麼在妨礙我們實現最好的生活。我們應該預料到這會因人而異,因為每個人的需求都不同。

然而,我們會發現,當我們撒下一些自助主義的種子,加上一些道德相對主義的種子時,我們不會得到幸福。相反地,我們的內心最後會綻放出自我中心的茂盛花朵。

解決方案

簡單來說,根據自助主義的看法,解決我們問題的辦法是*自我發現*。無論是被偷走的、損壞的,還是沒有得到充分發展的東西,都在內心等待著我們發現。一旦我們最終找到它(當然是通過簡單的步驟來保證結果),我們所應該過上的美好生活,將觸手可及!

對某些人來說,需要的是更多的自愛(跟我唸一遍:你夠好,你夠聰明,而且天哪,人們喜歡你!)另一些解決方案是物質主義的(物品帶來快樂,而快樂——不是搖擺舞——才是重點)。有些解決方案是泛神論的(你是神獨一無二的一部分,怎麼會不喜歡呢?)還有些解決方案以我們的思想生活為中心:只要想著它,你就會成為它、擁有它、做到它。無論原因如何,無論策略怎樣,所有這一切都在你的心中。

力量來源

在自助的世界中，我是我生活中的來源，你是你生活中的來源。我們都是自己力量的來源，我們是解決我們認為的問題的力量來源。這與解決方案密切相關（我深入挖掘自己），我所挖掘的終極渴望及力量也來自我。我既是來源，又是解決方案。這是個封閉的系統。

這種診斷、解決方案和力量來源的整體效果是，我們將自我依賴的力量提升到超過健康的自我關照程度，進入了自我崇拜的國度。我認為自助主義的吸引力不難理解。它為每個人打造了一個美麗的寶座，使我們坐在寶座上成為自己的統治者。任何提升你、你的感受或甚至你的使命的訊息——即讓你成為故事中英雄的歌曲、podcast、TED 講座、動畫、講道或基督教書籍（這類的書很多）都是自助主義的代理人。

提出洞察

任何說自己不渴望幸福、成功或更結實腹肌的人可能都在撒謊（或是成了行屍走肉了）。我問 Siri，她似乎不在乎。渴望這些東西並不會讓人成為自私的豬——這使他們成為人。我們最早的祖先亞當和夏娃擁有他們想要或需要的一切。他們生活在樂園中，而這正是我們被創造出來的目的。隨著樂園的失落，人類的心靈經歷了破碎，並與所有情感、身體和精神自由的源頭分離。自那時起，我們就一直在試圖解決問題，重建我們自己的樂園。當我們撇下造物主的智慧，按照自己的方式追求幸福時，歷史就不斷地在重演。

> 當你聽到有人在宣稱他們的權利時,一定要留意。他們所稱的權利,往往只是他們認為自己應得的。

記住這點後,讓我們快速看一下自助主義中吸引人甚至是正確的部分,並與聖經對我們的三個問題:診斷、解決方案和力量來源的說法進行比照。

診斷

如前所述,根據自助主義的看法,我們的問題在於我們沒有過上本來應該過的生活——我們錯過了神原本想要我們過的美好生活。然而,我們將神的恩賜錯認為「權利」,或認為是我們應得的。但熊媽媽們必須記住,我們之所以能得到美好的事物,唯一的原因,是因為神是美好的,而不是因為我們是美好的。當你聽到有人在宣稱他們的權利時,一定要留意。他們所稱的權利,往往只是他們認為自己應得的。

自助主義十分小看罪的問題。它低估(如果不是完全消除)了罪的力量和後果,將罪僅僅視為不良習慣或性格缺陷;而不是會傷害靈魂,在靈魂上(有時甚至是身體)留下傷痕的力量。[9] 正如約拿單‧愛德華茲(Jonathan Edwards)在他那篇烈火般猛烈的〈落在憤怒之神手中的罪人〉(Sinners in the Hands of an Angry God)講章中所說的:

> 罪是靈魂的毀滅和痛苦;罪的本質是破壞;如果神對罪不加以約束,光憑這一點就足以讓靈魂陷入無限悲慘境

地……〔罪的憤怒〕無邊無際……它像受到壓抑的火焰……若是放之任之，罪就會讓整個自然界陷入熊熊大火。[10]

愛德華茲理解我們罪性的真正影響。除非因信靠耶穌而蒙恩得救，否則我們仍與最了解我們、最愛我們，提供唯一真正救贖和醫治之道的那位神分離。

對於我們這些與神和好的人，衡量真理或成功的標準不是我們的感覺（我們將在「情感主義」那一章中談到更多）。我們的目標不只是感覺良好、擁有最舒適或最輕鬆容易的生活；我們的目標是在言行上效法基督的形象，不計一切代價。儘管我們可能朝這個目標邁進，但我們明白（與自助主義的承諾相反），我們不會在今生實現它。有時，誘惑、掙扎和罪惡選擇的影響，會持久伴隨我們在塵世的一生。

解決方案

在自助主義中，修補我們殘缺的辦法是自我發現，因為無論我們尋找什麼，據說都已經在我們內心深處了。雖然了解神獨特地創造我們的方式，誠實面對過去的傷痕或提醒自己曾經的抱負是必要的，但光靠這些努力並不能治癒我們。

聖經告訴我們，耶穌是醫治者。他理解我們面臨或即將面臨的每一個傷痕、每一次背叛和每一次誘惑，因為他也經歷過。藉著他的死亡、復活和升天，我們從罪的終極懲罰（我們真正的問題）和其力量的奴役中得到釋放。我們得到了最終的幫助者——聖靈，祂引導我們進入一切真理。

當將耶穌作為我們生命的主，並跟隨他在地上所立下

的榜樣——謙卑和順服天父，我們就會一天天地改變成他的形象。我們越選擇神的真理和道路，就越容易抵擋仇敵的謊言，遠離肉體的誘惑。

這種正確解決方案的困難之處在於它代價高昂——遠比一個週末研討會或訂閱一輩子的《奧普拉雜誌》(The Oprah Magazine)的代價高昂。無論聽起來多麼困難，自我發現其實是最簡單的出路了。根據自助主義的看法，我不需要否認自己，或悔改任何事情。我只需要找到自己就行。對基督徒來說，情況正好相反。[11]我們都不是真正地活著，直到死去之前——死於那些高舉我們，使我們反抗造物主智慧、愛、引導和公義的自私欲望。我們的呼召是全然降服。

力量來源

我想你已經明白我的意思了。在自助主義中，我們就是力量的來源——所有問題的解決方案，我們內心潛在的力量據說可以拯救我們。但根據基督教教義，神才是我們的力量泉源，只有祂有解決辦法。然而，這並不意味著我們沒有自己的事情要做。神給予我們每個人自由意志，因此每天我們都有個人力量去選擇為誰服務：服務自我或服務神。

> 神不會幫助那些依靠自己幫助的人；
> 祂幫助那些無助且知道自己無助的人。

選擇神並不意味著我們只是坐等祂神奇地改變我們，對自己沒有任何期望。選擇神包括願意定期從事屬靈的操練，

如禱告、研讀聖經和過悔改與寬恕的生活——這些事能讓我們與神的力量和我們生命的供應保持連結。神給了我們專業人士（如輔導員和牧師），他們能看到我們看不到的盲點。科學也取得了出色的成就，向我們揭示當我們的思維出現問題時會發生什麼，並提供如何扭轉損壞的建議。然而，這些事情本身並不能治癒我們。神選擇在我們的身上和內心深處運用這些機制。作為神賜予的生命的好管家，意味著照顧我們的身體，努力成為敬虔的父母和配偶及參與社區生活。我們需要其他信徒鞭策我們追求聖潔，提醒我們；我們的幫助來自於主，我們的力量來自於主的靈，離了祂，我們什麼也不能做。[12]

神不會幫助那些依靠自己幫助的人；祂幫助那些無助且知道自己無助的人。任何高舉人凌駕於神的哲學都是人本主義。人本主義聲稱問題是表面的，我們既是破碎的來源，也是補救辦法。使用基督教術語來推廣自我依賴的解決方案，只會創造出一種時髦的宗教人本主義——一個世俗意識形態杯子蛋糕，上面只裹著一層薄薄的基督教糖衣。

主張更健全的態度

我記得我在大約七年級時開始意識到自己內心的空虛和絕望。穿著跳蚤市場買來的衣服，還有個不允許我在十三歲前刮腿毛或化妝的媽媽，這些都幫不上我的忙（毀滅吧，叫我多毛怪好了）。我懷疑正是經歷過那些痛苦的歲月，使我具備了教導中學生所需的獨特超能力：大量的耐心，並了解我們都是破碎不全的。

那麼，解決我們問題的最佳辦法是什麼呢？其實就像修理任何壞掉的東西一樣簡單：膠帶和迴紋針。

好吧……其實不是。

我們需要的是我們的「製造者」，祂知道我們心靈真正的需要。試圖修復自己就像期望一台壞掉的吸塵器自己修好自己一樣徒勞，這種事不會發生。即使我們全家圍在一起向它大喊：「你是臺了不起的吸塵器！你辦得到的！」一樣沒用。

沒有任何壞掉的東西可以自我修復，包括我們的心。儘管某些自助教導可能提供有益的見解，但它們永遠無法達到持久成長的效果──這使人們不斷來回尋求另一本書、另一個研討會或另一位大師。女生書架上的自助類書籍數量就足以證明自助主義的失敗。如果它真的有效，你只會看到一本。

我們有時候會聽一些 podcast 或讀一些書，這些東西提供從情感健康到組織技巧等各式主題的實用見解，這沒問題。因為聖經不是詳盡無遺的，它沒有涵蓋我們在生活中會面臨的每一個問題。再深入的聖經學習也無法幫助你決定你應該在臉書上花多少時間、如何為你的青少年設定健康的界限，或是如何知道自己是否受到了自戀者的操縱。我個人非常感謝那些幫助我應對這些及其他更多問題的書籍。

> 心理學必須永遠向神學屈膝。

但聖經充分告知了我們必須知道的事情，這意味著它告訴我們關於神是誰、我們是誰，以及我們需要什麼才能過上豐盛的生活（按照神的定義）等所有我們需要知道的事。無

論你在讀什麼或聽什麼，請記住——心理學必須永遠向神學屈膝。你聽的教導是否符合聖經中神對自己的描述？還是它透過削弱神的性格或道路的方式來貶低神？這個教導是否符合聖經對我們的描述？還是它將我們的呼召或恩賜抬得比聖經所說的更高？這個教導是否正確指出罪惡的本質並強調了悔改的絕對必要性？還是它軟化了罪的定義（「錯誤」、「混亂」），並將罪的影響降到最低？

對我們信徒來說，最重要的是：我們了解自己，知道我們不具備完全修復自己的能力。事實上，當我們僅依靠自己的力量或內在能力時，我們注定會失敗。這是神設計好的。雖然我們應該繼續為屬靈成長盡自己的一分力，但我們因知道自己依賴神而獲得喜樂；這不是弱點，而是真正的力量。

我們可以從神對保羅說的話以及保羅的回應中得到鼓舞：「『我的恩典夠你用的，因為我的能力是在人的軟弱上顯得完全。』所以，我更喜歡誇自己的軟弱，好叫基督的能力覆庇我。」（哥林多後書12:9）。

透過討論、門徒訓練和禱告強化印象

那麼，身為一位熊媽媽，你可以做些什麼來幫助孩子認識到自助主義的缺陷，並轉向正確的來源尋求解答呢？

1）當涉及到我們日常生活中的問題時，與孩子討論哪些是我們自己可以解決，哪些是神才能解決的。洗碗？善待學校中不受歡迎的孩子？自然地表現出友善和樂於助人？我們可以控制我們的行為，但是只有神才能創造出那些改變我們這個人的成長。

2）當孩子們遇到問題向你求助時，先告訴他們：「讓我們看看聖經是怎麼說的」。一旦確定了孩子們應該努力遵循的聖經原則，你就可以教導他們尋找其他有助於實踐所學的幫助。這是最符合聖經的自助形式——首先轉向聖經，然後尋找那些有助於落實神的話語的指導方針。

PAWS 禱告策略
Praise 讚美神

主，我的神哪，唯有祢是我的幫助者。祢是位善良的神，即使必須經歷艱難和掙扎，祢也渴望我得到益處。我讚美你，因為祢的力量在我的軟弱中幫助我。祢顯示了我需要幫助的地方。我的幫助從何而來？我的幫助來自於祢（詩篇121:2）。

Admit 認罪

主啊，我承認我是破碎不全的。原諒我不總是承認自己需要幫助，並相信了我能自我修復的謊言。我為我相信正向思考的力量和人本主義這類流行的教導而感到抱歉，這些教導抬高了我們的力量，削弱了祢的力量。我承認，我經常有一種應得感，這導致了我的自我中心、自我發現和自我崇拜。原諒我沒有向祢尋求幫助。

Worship with Thanksgiving 感恩敬拜

主啊,謝謝祢賜予我聖靈的力量和幫助。感謝祢的話語的指導,幫助我克服罪惡。祢不是一位冷漠的神,撇下我,讓我自己去解決問題。祢的力量在我軟弱時最為有效,我在祢的充足中得到自足(哥林多後書12:9;腓立比書/斐理伯書4:13)。

Supplication 祈求

主啊,當我從自助主義轉向神助主義時,求祢幫助我把每個想法都帶到祢面前。賜我能力來分辨祢的恩賜和我自認為應得的權利。幫助我教導孩子在獨立思考和依靠祢之間取得平衡。願我在他們心中培養起尋求祢的聖靈作為最終幫助者的渴望。向我揭露並幫助我辨識那些披著羊皮的狼,識破偽裝成神學的心理學,好讓我能保護我的孩子。願我教導孩子把聖經作為自助的第一個來源。幫助我成為我心智和恩賜的好管家,並引導他人把祢作為他們的幫助來源。

奉耶穌,我的幫助者之名,阿們。

問題討論

一、**破冰問題**:如果你願意分享,告訴我們,你生活中的那個方面讓你感到完全無能為力?

二、**討論主題**:*你是個管家,但不是自己的救主。聖靈的果實之一即是自制。然而主也警告我們停止「勞碌奔波」(詩篇46:10)。你認為以健康的方式對自己負責和以不健康的方式勞碌,兩者之間有什麼區別?*

三、**自我評估**：大多數人都處於一個光譜上。在一張紙上畫一條線，一端標注為「懶惰派」，另一端標注為「勞碌派」。懶惰派將自己的懶惰當成屬靈，沒有意識到順服也是成聖（或靈性成長）的一部分。勞碌派則認為一切都是自己的責任，忘了神有時候以不同於我們想要的速度在我們的裡面做工。你認為自己處在哪個位置，為什麼？懶惰派和勞碌派可以從彼此身上學到什麼？

四、**腦力激盪**：在紙的中間畫一條垂直線，一側標注為「我」，另一側標注為「神」。在一邊列出我們身為神恩賜的管理者應該負責哪些事情，在另一邊列出那些由神負責實現的生活領域。在神的這一邊，是否有你已經自己負起責任的事情？把它們找出來。與小組討論你的評估以獲得更多回應（記住，答案並不總是「在我們心裡」！）

五、**練習當個熊媽媽**：在「我」清單中選擇一項你需要更好管理的責任。你可以採取哪些步驟來實現它？然後選擇一兩件你已經控制的事情，把它們交給神。祈求神賜給你力量，在需要勤奮的地方勤奮，在只有神才能掌控的地方放手。

第六章

大腦說，我的大腦是值得信賴的

自然主義 Naturalism

希拉蕊・摩根・費雷爾
Hillary Morgan Ferrer

　　溝通是不可能的，言語是無用的。神是不可知的，所有關於神的陳述都是無意義的。事實上，所有真理都不可知，因為所有的知識僅僅是意見而已。我們無法真正了解任何事情，你應該懷疑一切。科學是唯一獲得知識的工具，是通向真理的唯一途徑，也是理解現實的唯一方式。

　　我希望你正在想，這聽起來可不太像基督教的觀點。如果是這樣，你是對的，因為這確實不是！這整段話都是邏輯學家稱之為「自我駁斥陳述」（self-refuting statements）的例子，你該開始熟悉它們。其實，把它當作和孩子們一起玩的遊戲，創造你自己的自我駁斥陳述，這樣做還蠻有趣的。

　　自我駁斥陳述是指，如果該陳述為真，則會與自身矛盾的陳述。讓我們再看看上述的每個陳述。我聲稱溝通不可能，然後用言語表達了言語的無用。如果所有的真理都是不可知，那麼又怎麼能知道這是真的呢？懷疑一切的命令是什

麼意思——這個陳述本身是否免於審查？還有科學是獲取知識的唯一途徑又怎麼說？你能告訴我這個結論是從哪個試管中得出的嗎？這樣我才能用實證的方法驗證並再現它。

自然主義是一種認為自然原因就足以解釋世上萬物的信念，而唯物主義則認為自然（即物質）是存在的全部。物質的東西可以通過人的五感來研究。[1] 而非物質的東西（道德、人類靈魂、天使、惡魔和神）則不能。[2] 我在本章中談論的自然主義，嚴格來說是唯物主義自然主義，但這個詞太拗口，所以我們用自然主義一詞來概括它。[3]

自然主義者只相信物質事物，因此經常貶低哲學和神學。然而，聲稱「物質世界是存在的全部」這一觀點的諷刺在於，這本身就是個形而上學的——即在物質領域之外的——或者說是哲學的陳述。這些話語的含義並不是物質的。它不僅是非物質的、哲學性的，還是種不可測試的假設，而這正是基督徒經常面臨的指控。

> 信仰是個受到高度誤解的詞，
> 我們必須讓孩子們知道，信仰是什麼，不是什麼。

世界上沒有任何實驗室可以證明或反駁非物質事物的存在，因為非物質事物本質上無法用物質方法來研究。我們永遠無法用燒杯來測量我們的靈魂，也永遠無法將神放在顯微鏡下觀察。自然主義是一種無法測試的假設，只能靠信仰來接受。自然主義者不喜歡使用「信仰」這個詞。在他們看來，只有他們掌握了理性和邏輯的鑰匙。對他們而言，宗教是愚

蠢的、無法證明的迷信。科學只講證據;而宗教只講信仰。

信仰是個受到高度誤解的詞,我們必須讓孩子們知道,信仰是什麼,不是什麼。

當自然主義者使用信仰這個詞時,他們所說的並不是人們在傳統意義上理解的信仰。我們把信仰寄託在我們經歷過且認為值得信賴的人事物上。沒有人會自豪地宣稱自己「信仰」一個從未用過的保姆或從未合作過的會計師。然而,當談到宗教時,信仰一詞卻往往被扭曲得面目全非。正如進化生物學家理查‧道金斯(Richard Dawkins)所說:「信仰是最大的逃避,逃避思考和證據評估之必要性的最大藉口。信仰是在缺乏證據的情況下相信,甚至可能正是因為缺乏證據而相信。」[4] 或者,如果你喜歡馬克‧吐溫(Mark Twain)的話:「信仰就是相信你知道不是真的東西。」

超自然一詞在科學界裡具有負面的含義。當人們聽到這個詞時,他們的腦海中立刻浮現出靈媒、外星人或魔法的形象。然而,超自然一詞僅僅意味著「自然之外」——僅此而已。神對宇宙而言是超自然的,正如我對這本書而言是超書的,我在我的書之外。我可以把自己寫進這本書(從前有個叫希拉蕊的女孩,她愛媽媽、熊和辯護學……)。這句話不是書裡面的任何東西創造出來的,是這本書之外的一個心智(具體來說是我的心智)創造了它。

我們身為基督徒的人是超自然主義者,因為我們不相信自然界是唯一的存在。我們相信在自然界之外存在著真實的事物。[5] 我們相信,就像這本書一樣,創造我們宇宙的東西並不存在於創造之中。宇宙的創造需要宇宙之外的東西,特別

是一個心智。

身為基督徒，我們承認人類靈魂和天使、惡魔等超自然存有的存在（但不包括鬼魂！）。我不僅僅是一具身體，我擁有一些無法化約成化學物質或移動電荷的特質。然而，我們並不（或者不應該）否認物質世界。我們被呼召成為地球、我們的身體、我們的家庭和我們的社群的好管家（或看守者）。這是神在〈創世記〉中給亞當的第一條誡命。然而，當涉及到知識和真理時，我們可以使用的工具更多，而不僅僅依賴自然原因的解釋；成為一個死硬派自然主義者就是限制自己只使用物質的工具。我較喜歡更大的工具箱。

自然主義簡史

我們要在本章中討論的許多內容，就像《星際歪傳》（*Spaceballs*）中的婚禮儀式一樣，我將給你一個非常簡短的版本（但我也會提供大量的注釋，這些注釋將提供額外的見解，而不僅僅是引用出處）。

哲學史可以分為三個主要時期：前現代、現代和後現代。我認為，嚴格說來，我們現在正處於後後現代時期，但還不清楚應該稱它為什麼。我們偏愛「*後真理*」（post truth）一詞，因為它在許多出處中出現。

*前現代主義*時期從人類誕生之初一直延續到十七世紀中葉。前現代主義者以依賴權威和啟示作為主要的真理來源而著稱。宗教領袖被視為最高權威，啟示被認為來自於神或眾神。當我談到宗教權威時，我不僅僅指猶太教-基督教的祭司和拉比。希臘、美索不達米亞、南美、非洲和亞洲的宗教都

	知識來源	終極真理
前現代	神或眾神 觀察 常識 權威	神或眾神
現代	觀察 實驗	人的集體推理能力
後現代	觀察 實驗	傻瓜,這是個陷阱問題! 答案是無法確定的!
現在?	觀察 實驗 經驗 三個時期的融合	情感的強度 個人信念

有自己的靈性領袖。超自然領域被認為是存在的,大多數人不會質疑它。總的來說,否認神的存在是需要「接受教育」才能形成的觀念。

現代主義者超越了他們所認為的迷信的無稽之談。平心而論,前現代主義時期確實有不少荒誕無稽的東西。例如,根據希臘神話,萬物的生長和冬季的成因被歸因於波瑟芬妮(Persephone)在被普魯托(Pluto)囚禁期間吃下的六顆石榴籽。而雷聲則是眾神爭鬥的徵兆。

嚴格來說,現代時期始於科學革命(公元 1542 年)後約一百年。[6]在此之前,人們認為人生的終極問題只能由神或諸

神來解答。現代時期標誌著這一信念的轉變,人們相信可以透過理性、觀察和實驗來自己回答這些問題。

整個科學革命不只是由推翻神的願望所推動。事實上,猶太教-基督教的世界觀在科學中扮演重要角色,儘管這一點不是你的孩子在公立學校裡會學到的。[7]其他文化的諸神不過是具有超強能力的人類(幾乎像超級英雄)的投射。而和人類一樣,神也是善變而喜怒無常的。因此,人們認為自然(即物質世界)不會比任何不穩定人格的情緒更可靠或可預測。

然而,持猶太教-基督教世界觀的科學家卻期望世界能夠反映出聖經中永恆不變的神的特徵。他們期望世界是理性、有序、像律法一樣的,因為神是理性且「恆久不變」的。[8]這種來自猶太教-基督教世界觀的信念使現代科學得以繁榮,而異教卻阻礙了科學的發展。

但我們人類非常善於製造偶像。科學是一種禮物,而人們不再用科學(像克卜勒那樣)來「以神的方式思考神的所思所想」,而是開始利用科學來取代神。我們不再需要擔心宗教之間或宗教內部的鬥爭。科學可以在中立的基礎上「證明」真理。

然而,當人類用另一種權威(在這種情況下是科學權威)取代神的權威時,他往往會將神的屬性轉移到新的權威身上。事實上,讀《物種起源》時,我對書中的一段話印象深刻,達爾文從對鴿子趾間毛髮數量的乏味觀察,轉向了對天擇崇敬的擬人化。

那麼，自然的產物應該比人類的產物在特性上「更真實得多」；它們的適應力應該無限好……並且應該明顯帶有高超工藝的印記，這能讓我們驚訝嗎？〔天〕擇每天每時都對整個世界進行仔細審查……淘汰劣質品，保存並增加優質品……天擇只能通過每個生命，並為著每個生命的利益而行動。[9]

這是我的錯覺嗎，我怎麼覺得聽起來他在這裡談論的是神？對達爾文而言，道德品格、主權、先見之明、謙卑服務和對所有生物無條件善良的來源是天擇，而不是神。達爾文 8:28 當然告訴我們，耶穌天擇按照它的目的讓萬事皆好。進化論成了新的宗教，達爾文是它的教宗，科學家們則成為了神職人員。

科學的歷史就像所有失敗的戀愛史一樣經歷了三個階段：迷戀、幻滅和拒絕。在任何一段新的關係中，理想主義總是高漲。愛人不會做錯任何事。在現代時期，科學方法——不是耶穌——成了人類的救主。終於——我們不必再處理那些信仰的垃圾了！我們對於事物的認識有了*絕對確定性*。[10]

每個年輕的戀人都知道，總有一天迷戀會消退，你會開始看到充滿缺陷和缺點的現實。達到絕對確定性的偉大希望徹底失敗了。[11] 理論不斷變化，派別持續形成，人們互相爭鬥。科學變得和宗教一樣教條和分裂（而且仍然如此），達爾文主義演變成了社會達爾文主義——一種深度、非人化的信念，認為不同種族的人處於進化的不同階段。這種可怕的哲學為種族主義提供了所謂的「科學」理由，並讓優生學和猶太

人大屠殺期間的可怕實驗等新穎的邪惡行為得以自圓其說。[12]

大多數的戀情都因無法承受過高的期待而崩潰，導致信任破裂和心碎。可憐的年輕戀人發誓不再戀愛，堅信真愛只是個幻想，這基本上就是這裡的真理所遇到的情況。達成絕對確定性的夢想破滅了，人類進入了關係的拒絕階段。但人們不是得出已經足夠接近合理的確定性結論，而是教導追隨者什麼都不要相信的一整套思想學派出現了。他們發誓不再相信真理，認為真理不存在，它只是個幻覺。或者即使真理確實存在，我們也無法找到它。於是我們進入了後現代主義時期，它教導人們沒有絕對真理這種東西，沒有什麼是可以知道的（你能看出這裡的兩個自我推翻陳述嗎？）

自然主義的實際意涵

自然主義並不新奇，早在公元前五百年，希臘原子論者就已經提出了自然主義。否認神存在的普遍問題在於，難以解釋創造如何在沒有創造者的情況下發生。〈羅馬書〉1:20說，神透過創造向我們顯明了祂自己。受造物在呼喊著：「造物主！」為了壓制自然的聲音，人類必須想出越來越聰明的方法，才能喊得比它們更大聲。

所以，在我們研究自然主義時，必須仔細分析並評估那些被用來取代神的替代理論。你的孩子會接觸到這些理論，而我們這些熊媽媽必須能夠理性地看穿詭計的漏洞。

如果宇宙不是神創造的，那是誰或什麼創造了宇宙？

古往今來，人們曾提出許許多多的假設，試圖說明一個

非受造、自存且有足夠能力創造宇宙的神不存在。他們的解決方案則是假設有一個非受造、自存且有創造能力的東西存在。熊媽媽們，仔細聽我說：每一個關於起源的假設最終都會被歸結為：(1) 恆存的東西——它是永恆的；(2) 不需要創造者的東西——它是自存的；(3) 有足夠創造能力的東西。亞里斯多德稱之為「第一因」(first cause)。不要讓任何人告訴你，他們的第一因比你的更「科學」。我們誰也無法重現宇宙的開端，所以我們都必須憑著信仰接受各自的「第一因」。以下是一些你的孩子可能會問到的假設：

1) **物質世界一直都存在**——卡爾・薩根（Carl Sagan）的電視節目《宇宙》(*Cosmos*) 一開始就說了一句臭名昭著的話：「宇宙是昔在、今在、永在的一切」。這聽起來很像〈希伯來書〉13:8 說的：「耶穌基督昨日、今日、一直到永遠，是一樣的。」[13] 應該要像的。薩根基本上只是拿掉了「耶穌」，將之換成了「宇宙」而已。在愛德溫・哈伯（Edwin Hubble）以前，對永恆宇宙的信念一直都繞過了神的問題。[14] 如果宇宙從未被創造，那就不需要有個創造者了。真是天才！然而……這仍然是一個基於信仰的假設，無法證明。從科學角度來說，這可稱不上是進步。

2) **根據多重宇宙理論，有無限多個宇宙**——為什麼會有人提出這麼荒謬的假設？因為在過去的一個世紀中，科學家們發現我們的世界為生命的存在進行了極為精細的微調。質子與電子的電荷比、萬有引力常數、水的沸騰溫度等，必須同時存在大約 140 個科學常數才能使生命成為可能。[15]

要說這些常數僅靠機會發生，基本上就像是說地球在第一次下注就贏得了宇宙樂透一樣。然而⋯⋯如果你購買無限多的樂透彩券，贏得宇宙樂透就會容易得多。這就是多重宇宙的想法。它利用了為生命進行微調的「機率」概念，於是「因為有無限多個宇宙，而我們剛好就處在那個擁有所有正確常數的幸運宇宙中，萬歲！」多重宇宙假設如此流行，我們不得不對此作出防衛，這實在令我痛心。尤有甚者，幾年前我的姊妹打電話給我，說她八歲的外甥在問她這個問題，所以，別以為你要等到孩子上大學才會碰到這個問題。

多重宇宙理論仍然有很大成分屬於猜測，接近於神學而非嚴格的科學。即使多重宇宙假設是對的，也不能解決問題。它只是把問題向後移了一步，並且成倍增加。如果有無限多個宇宙，那它們都從哪裡來？我開玩笑說，答案是有一個「多重宇宙生成器」。猜猜它有什麼特性？它是永恆、非受造的，並且顯然能夠重複不斷地創造。誰能跟我解釋一下，拜託，這個假設怎麼會比相信神更簡單、更不需要信仰？

3) **自然法則能夠創造** —— 蕾貝佳・瓦勒瑞斯（Rebekah Valerius）和我做了一整集的 podcast 討論這個題目〈你要受多少教育才能識別胡說八道？〉（How Educated Do You Have to Be to Identify Nonsense?）。這題目來自已故的史蒂芬・霍金（Stephen Hawking，他是位聰明但無神論的物理學家）與同樣聰明（而且是基督徒）的約翰・倫諾克斯（John Lennox，牛津大學數學教授）之間的一場對話。

霍金聲稱：「因為重力法則存在，宇宙能夠並且將會無中生有地將自己創造出來。」這讓倫諾克斯回應道：「即使是由世界著名的科學家〔說出來〕，無稽之談還是無稽之談。」[16]

問題是，自然法則描述事物，但它們並不創造事物。二加二永遠不會把四美元放進任何人的口袋。自然法則只能作用於已存在的物質上。事實上，重力的定義是拉動兩個物體在一起的力，它取決於物體的質量和直徑。無的直徑就是無，沒有預先存在的物質就沒有重力。

4）關於宇宙起源的各種理論——光、量子粒子、量子真空，以及可能還有很多其他名稱裡帶有「量子」一詞的東西，因為這聽起來既聰明又神祕。但不要被耍了——每一個假設都在說同樣的事情：＿＿＿＿是永恆的、自存，並且有能力創造的。填充這個空白、最符合邏輯的答案不是一個*什麼*，而是一個*誰*。心靈創造。我們會在本章的「咆哮」一節，更深入地討論這個問題。

好吧，我們跳過宇宙好了。生命是從哪裡來的？

當我教高中生物細胞單元時，每年都會被問到同樣的問題。根據細胞理論，所有細胞都來自於先前存在的細胞。你的孩子們從幼稚園開始就會學到這一點。每年我都會被問到：「第一個細胞是從哪裡來的？」這是一個很好的問題！

幾個世紀以來，自然發生（*spontaneous generation*，即生命源自非生命）的信念被認為是「科學共識」（而且，我們都知道，所謂的科學共識從來不會錯——看看地心說吧！）

例如，人們普遍觀察到蛆會出現在腐肉上。於是人們得出結論，腐肉（非生命物質）能創造生命（蛆）！人們為這個信念進行了如此長時間而熱烈的辯護，實在令人尷尬極了。十九世紀中葉，法國科學家路易・巴斯德（Louis Pasteur）進行實驗，徹底消滅了自然發生說這一巨獸（感謝路易・巴斯德消滅了自然發生說，你的信仰讓你能夠在科學中找出真相！）

然而，像任何好的異端邪說一樣，自然發生背後的思想不斷捲土重來。它們只是被重新包裝成「核糖核酸（RNA）世界」之類的東西。遺憾的是，我們在這本書中沒有足夠的篇幅逐一探討所有出現的替代理論。我們只能簡單地說，每一次有關於核苷酸（nucleotides）自發形成的小小發現（核苷酸是生命的生物基礎）時，這些理論都沒有獲得真正的支持。我們為向前邁進幾英寸而歡呼喝采，但生命與非生命之間的鴻溝猶如大峽谷般巨大。[17] 自然過程的能力是有限的。自然主義者宣稱他們堅信，有一天我們會發現生命起源的自然原因，但這種希望的基礎是信仰，而不是觀察。

像熊媽媽一樣咆哮！

識別訊息

自然主義不只在課堂上講授它的謊言，它也在逐漸滲透進我們的教會。以下是你會看到的自然主義最常見（也是最重要）的兩種包裝方式。它很少會以這些術語陳述，但深入了解一下，你會發現核心觀點無所不在。

1）**科學最終可以解釋所有的超自然現象**——從科學節目（如《宇宙》）到兒童節目，我們都經常聽到這個主題。如果你小時候看過《史酷比》（*Scooby-Doo*），你就會記得，幾乎每一集，這夥人都在調查某種超自然事件。但所有《史酷比》粉絲都知道，謎團總是透過揭露某個戴著面具的神祕人物而揭曉。同樣地，無神論者們的慣用伎倆就是問：「你能說出一件原本我們認為是自然的事情，結果卻被證明是超自然的嗎？」基督徒無法反駁這一點，因為自然主義者直接拒絕任何訴諸超自然解釋的證據。

2）**自然就是存在的一切**——靈魂、思想、善惡、情感，甚至熊媽媽的本能都可以用自然主義術語來解釋：愛只是大腦中的催產素；人是基因的奴隸；我們不能責怪他們按照自然的方式行事。[18]自然主義術語幾乎總是，同時也是演化術語。性吸引力只是我們的演化衝動選擇最佳配偶來傳遞基因的結果。思想只是大腦中的神經衝動（嗯，那我們為什麼要相信它們呢？）

提出洞察

我們需要了解為什麼人們會被自然主義吸引，自然主義帶來了哪些好處，以及謊言是從哪裡悄悄滲透進來的。

很久以前，人們用超自然現象來解釋一切。雷聲、閃電、農作物收成，這些都被認為是神明的作為；如果某件事出了問題，那麼再獻祭一個處女吧，希望事情會平息。感謝神，我們已經超越了那個時代！

其次，聖經本身將創造提升為對於神的見證。〈詩篇〉

19:1-6 描述了自然無言地揭示知識。一些神學家提到神的兩種啟示：普遍啟示（自然）和特殊啟示（聖經）。神的屬性「從所造之物中清晰可見。」[19]

第三，我們不能低估自然的解釋能力。像〈腓立比書〉4:8（談論我們的思想生活）這樣的經文，常被認為是良好的生活原則，但不是解決嚴重問題的具體方法。如今，感謝神經科學和表觀遺傳學研究，我們意識到，思想確實會對我們的基因（及腦化學）和我們以健康方式應對壓力的能力產生實際的生理影響。我們的壓力反應既是心理的，也是生理的。擾亂生理，心理也會崩潰。患有臨床性焦慮症或憂鬱症之類疾病的人，不再需要抱著那些非患者所說的「想開點就沒事了」的心態而生活。他們可以尋求心理、情感、精神以及生理的解決方案！

最後，針對教會經常簡化的、對於進化論的「駁斥」，我要提出批評。在我的「進化與遺傳學」研究生課程中，我學到了進化的力量遠比我最初學到的還要強大。但我也了解到教授並未對觀察與假設或推測作出區分。結論：進化比我原來認為的要強大，但它仍不足以解釋從簡單生命到複雜生命（甚至從無生命到生命）的飛躍性進展。要做到這一點，你必須引入哲學——即自然能夠自行完成這一切。大多數高中和大學生物學學生無法理解這一區別。他們只知道「我的教會在進化論上撒了謊」。我們不要給敵人留下這樣的把柄，好嗎？

那麼，自然主義中存在著哪些謊言呢？

#謊言一：科學與基督教是對立的

錯。自然主義和基督教才是對立的。科學和基督教處得很好。宇宙是由可測試、可靠和可控制並利用的自然法則所支配，這個信念原本就是個基督教觀念，基礎是基督教的神的性格和屬性。如果有人聲稱科學和基督教無法相容，問問他們所謂的「科學」是什麼意思。如果他們給你一個自然主義的定義，問問他們是做了什麼實驗得出這個定義的。

#謊言二：科學利用事實，宗教利用信仰

錯。只要正確地定義信仰，我們就會理解，科學和基督教都是事實和信仰的混合。科學更依賴於可重複的觀察，但最終仍建立在一種解釋所有資料的哲學之上。針對相同的資料，兩位科學家可以因為起始哲學不同而得出不同的結論。有人可能說基督教更依賴於信仰，但所有的歷史科學也是如此。你無法像化學那樣讓歷史重複。值得慶幸的是，基督教建立在關於基督生活、死亡和復活的可驗證、可支持的事實之上。由此，我們不僅相信基督所說的是真的，更可以（或應該）將這種信仰建立在證據之上。盲目信仰很容易失去。以證據為基礎的信仰則更難放棄。

#謊言三：非心智可以產生訊息

訊息的傳遞必須要有一個發送者、一個接收者，以及一個約定的溝通工具。我們所觀察到的唯一能夠產生訊息的東西是心智。對於這本書的讀者來說，訊息是華語。華語不會自行產生華語。它需要一個在華語之外的心智（即一個人）。

電腦並沒有創造電腦語言。是電腦之外的心智創造了它（同樣是人）。智慧設計論（Intelligent Design）的擁護者認為，去氧核糖核酸（簡稱DNA）內沒有任何東西可以產生DNA，產生DNA的是DNA之外的心智。自然主義的問題在於它沒有給予DNA之外的心智一個解釋範疇（外星人除外），所以它只是在自欺欺人。[20]

> 在科學和基督教中都很重要的一個價值觀是謙遜的精神，這不應和妥協的精神混為一談。

主張更健全的態度

我希望身為熊媽媽的你要記住的主要觀點是，科學和基督教是朋友，這一點可以從科學史中看出來。哥白尼、克卜勒、波耳和伽利略——所有這些對科學革命做出重大貢獻的人——都有堅定的信仰。根據《諾貝爾獎百年》（*100 Years of Nobel Prizes*）一書的統計，65%以上的獲獎者與基督教教派有關係。[21] 無神論天文學家和物理學家羅伯特・賈斯楚（Robert Jastrow）在他的書《神與天文學家》（*God and the Astronomers*）一書中這樣概述了神與科學的關係：

> 對於那些依靠相信理性的力量而活的科學家來說，這個故事就像是個惡夢。他們翻閱了無知的山峰，即將征服最高的山峰；當他們爬過最後一塊岩石時，迎接他們的是一群已經在那裡坐了許多個世紀的神學家。[22]

此外，在〈護教女性〉（Women in Apologetics）這份信仰宣言中，我們說：「如果正確地理解，神的話語（聖經）和神的世界（自然）……永遠不會相互矛盾。」承認有時它們似乎矛盾並不是在反基督教。在科學和基督教中都很重要的一個價值觀是謙遜的精神，這不應和妥協的精神混為一談。如果它們似乎是矛盾的，這意味著我們對普遍啟示（自然）或神聖啟示（聖經）沒有正確的理解。

透過討論、門徒訓練和禱告強化印象

1）讓你的孩子畫一幅畫。畫完後問他們：「這幅畫是怎麼來的？是你畫的，還是蠟筆畫的？」答案是兩者都有！自然就像蠟筆，而神就像畫家。無論如何長篇大論地解釋蠟筆的屬性，也說明不了這幅畫是如何出現在紙上的。這需要心智的參與。同樣地，對於科學和神，再如何長篇大論地解釋事物如何運作，也說明不了它們是從哪裡產生的（參見熊媽媽部落格上的〈解釋科學與神〉（Explaining the Science vs. God）一文）。

2）與你的孩子談論信仰的正確定義。強調信仰就是將我們的信任寄託在已經證明值得信賴的人或事物上。將這一點帶回到護教和耶穌的主題，說明神如何在歷史上差遣耶穌以肉身來到世上，為我們的罪死而復活，許多見證人都在復活後看到了耶穌。向你的孩子解釋，我們身為基督徒可以放心地知道，我們的信仰是建立在真實發生過的事情上。閱讀〈哥林多前書〉十五章，說明根據保羅的觀點，復活的證據如何能作為我們信仰的基礎。

PAWS禱告策略
讚美神
主啊，我承認祢是超自然的。祢在自然之外，祢超越自然。自然不是存在的全部，創造自然需要一個心智；而祢就是那個心智，宇宙背後的智慧。祢在創造中和祢的話語中都留下了祢創造的手印。

認罪
主啊，我承認科學不是我的救主，自然也不是我的救主。原諒我有時沒有把祢的話語當作我的最終權威和真理來源。

感恩敬拜
主啊，我為基督教在科學中所扮演的角色而感謝祢。感謝祢透過創造顯明了祢自己，透過科學讓我們可以「以神的方式思考神的所思所想」。我們宣告科學與信仰是朋友！祢創造了一個精密調節的宇宙，每個常數和方程式都在述說祢的名。感謝祢不僅賜予我肉體，還賜予我一顆靈魂。

祈求
願我和我的孩子們能宣告自然在呼喊著「造物主」，祂的名字是伊羅欣（Elohim）。主啊，賜給我的孩子們洞察力，不要被那些聽起來聰明而神祕的東西所迷惑。給他們求知的心和智慧，讓他們能夠區分真理與臆測。保護我們的學校和教會不受這些謊言的影響。對於那些對祢的真理視而不見，從一開始就否定超自然的人，請引導他們進行誠實的探究，追

隨證據的指引——直奔祢而去。幫助我的孩子們理解科學乃是自然神學的一部分，好叫他們更多地認識祢。

奉我造物主的名，阿們。

問題討論

一、**破冰問題**：自然界中有哪些事物總是讓你嘖嘖稱奇？
二、**討論主題**：科學是神的恩賜，但人們卻用它來取代神。人們嘗試用哪些方式，好讓科學取代上帝？
三、**自我評估**：人對科學發現容易有過高或過低的評價。你傾向於哪種？為什麼？什麼是健康的科學觀？
四、**腦力激盪**：這個問題比照難，但請再次查看前現代、現代和後現代思維模式之間的差異。深入地了解文化。你能識別出文化中的哪些部分是依據前現代規則運作的嗎？哪些是現代的？哪些是後現代的？你如何判斷？（如果這個問題太難，可以等到讀完第十章再討論。）如果這個概念仍然有些模糊，不妨利用一下外部的資源。
五、**練習當個熊媽媽**：和你的孩子到大自然散步。盡可能地找出自然中的美麗事物。讓研究上帝的創造成為你日常生活的一部分。向孩子強調，科學是研究神創造物的手段，但它永遠無法解釋神創造的目的。

第七章

如果有一絲一毫證據，我會相信上帝

懷疑主義 Skepticism

希拉蕊・摩根・費雷爾 & 蕾貝佳・瓦勒瑞斯
Hillary Morgan Ferrer & Rebekah Valerius

2012 年，巴特・葉爾曼（Bart Ehrman）博士和丹尼爾・華勒斯（Daniel Wallace）博士在達拉斯的南衛理公會大學進行一場辯論，主題是「原版新約聖經佚失了嗎？」（Is the Original New Testament Lost?）他們探討了新約聖經文獻的證據，並討論是否能確信現在的聖經反映了使徒的原始著作。

巧合的是，我們達拉斯的整個辯護學小組當時都在場，只是彼此還不相識。我們意識到這點是因為我的朋友賈斯汀在這場辯論的問答時間曾提出一個問題。而我們每個人都記得他的問題，這時我們才開始面面相覷，說：「等等……你也在場？我也在場！我們都在場嗎？太酷了吧！」

多年後，我發現這場辯論發行了 DVD，令人驚訝的是，賈斯汀的問題和葉爾曼的回答都沒被收錄進去。但除了他的問題之外，每個問答都出現在 DVD 中，所以我要與你分享的是，只有當時在場的人才會知道的獨家消息（蕾貝佳和我懷

疑葉爾曼因為這個回答受到了很大的抨擊，所以不希望這段話留傳後世）。

華勒斯展示了一個又一個他稱之為「豐富得令人難堪」的證據，這些證據讓所有其他古代文獻的手稿相形見絀。葉爾曼卻一次又一次酸溜溜地回答，「但我們怎麼能確定呢？」（還記得我們在第六章討論的絕對確定性嗎？）

葉爾曼是個新約學者及歷史學家。他一開始是信仰的堅定捍衛者，信仰立場偏向基要主義的（fundamentalist）光譜一端。他擁有惠頓學院（Wheaton College）和慕迪聖經學院（Moody Bible Institute）學位，但直到在普林斯頓神學院（Princeton Seminary）時，他對聖經無誤的信仰才受到了挑戰。在他看來，支持新約聖經文獻的歷史證據在絕對確定性的標準顯得不堪一擊。幻滅之後，葉爾曼最終離開了信仰。他從一個基要派基督徒搖身一變成了基要派懷疑主義者，這是許多當代無神論者走過的路。

儘管 DVD 中刪除了這個問題，但華勒斯在他的書《為聖經辯護》（*A Defense of the Bible*）中提到了這次交流：

> 在問答時間裡，一個當地的牧師賈斯汀·巴斯（Justin Bass）問葉爾曼，需要什麼證據才能讓他相信〈馬可福音／馬爾谷福音〉的文字是確定無疑的。葉爾曼回答說，需要十份在〈馬可福音〉原稿完成後一周內複製的手稿……葉爾曼後來在網路上的《經文鑑別清單》（*TC List*）上承認，他在回答巴斯的問題時有誇張之嫌，儘管巴斯〔明顯〕要問的是，最少需要多少證據才能讓葉爾曼信服。[1]

你無法理解葉爾曼的回答究竟有多荒謬，除非你研究過古代文獻（我的意思是，誰不會在打嗝和練習足球中間的空檔，順便研究一下古代文獻呢？）所以讓我從這個角度幫你釐清一下：首先，葉爾曼要求的證據根本不存在於任何古代文學作品中。[2] 一個都沒有。其次，歷史學家透過比照兩件事來確定真實性：發現的手稿數量，以及原稿和複本之間的時間差。如果你把至今現存的古代文獻堆疊起來，一個一般古典作家的作品大約有四英尺高。而如果你堆疊的是已找到的新約聖經手稿，則會高達 5,280 英尺。相當大的差距！這相當於約 24,000 份的古代新約文獻。排第二位的是《伊里亞德》（Iliad），有 1,900 份，而第三名則是希羅多德（Herodatus）的《歷史》（History），只有 106 份。[3] 當談到原始手稿和已知最早複本之間的時間差時，新約聖經的時間差以年或十年計算。其他所有古代文學則是以數百年計算。而葉爾曼要求的是幾個星期。如果你認為新約聖經不可靠，那你就必須否定所有古代文獻。對一位專業的古代文學歷史學家而言，這應該是葉爾曼的回答要面對的一個問題。

> 如果你認為新約聖經不可靠，
> 那你就必須否定所有古代文獻。

我真希望當時能問他：「葉爾曼先生，如果你的可靠性標準排除了所有古代文獻，那麼你的標準是否太嚴苛了點？」根據他設定的標準，從那一刻起，他唯一能做的演講只能是走上講台說：「我們不能確定古代世界的任何事情。謝謝各位的

光臨，請給服務生小費！」從本質上講，葉爾曼確實回答了賈斯汀的問題。他的回答基本上證實了，無論有多少證據都無法說服他，因為對於激進的懷疑主義來說，證據不是真正的問題所在。

懷疑主義簡史

如我們在前一章討論到的，自然主義讓人們對科學的能力產生一種不自然的信心。任何研究過思想史的人都知道，社會很少會逐漸地改變其觀念。我們往往會從光譜的一端擺向另一個極端，而這給我們帶來一組完全不同的問題必須去解決。現代主義者說：「如果我們不能絕對確定一切，那麼，天哪，我們就要懷疑一切。」（我敢肯定他們當時吐了吐舌頭。但我不知道他們是對著什麼吐舌頭。也許是對科學？）在哲學史上的這個時刻，趨勢是我們可以絕對確定的事情就是，我們不能絕對確定任何事物。

進入休謨（Hume）

〔如果〕我們手中拿著任何一本書；例如神學或形而上學的書；讓我們問一下：它的內容包含有關數量或數字的抽象推理嗎？沒有。那是否包含有關事實和存在的實驗推理呢？也沒有。那麼把它丟進火堆吧：因為它的內容只能是詭辯和幻想。[4]

用普通人的話來說，休謨基本上要說的是，如果你不能測量它、計算它、實驗它，或證明它的真偽，那麼它就只

是些華麗的辭藻而已,當不得真。對此,我們可能會反問:「您剛才是否用了一堆華麗的辭藻告訴我們那些華麗的辭藻所說的事情不能被證明是真實的?您是否*絕對確定*呢?」諷刺的是,他可能會說是的。我們稍後會再回到休謨。現在,我們將介紹另一個你可能已經聽說過的「主義」——無神論(atheism),因為它是懷疑主義的近親。持激進懷疑主義是我們現代無神論者的一個特徵,而討論的最佳起點就是解釋為什麼激進懷疑主義是如此陰險狡猾。

懷疑主義的影響

如我們在咆哮那一小節將看到的,健康的懷疑主義本身並不壞。正如同樣是熊媽媽的希拉蕊・蕭特在她的「遊樂場護教學」部落格中所說的:

> 我也希望我那在教會長大、認真禱告的幼稚園孩子是個懷疑主義者!為什麼?因為成為一個懷疑主義者,意味著他會質疑人們告訴他的東西。這很重要,因為我不會一直是那個向他展示觀點的人。一個懂得如何*發現*真理的孩子,他的信仰會比只是接受別人*告訴*他真理的孩子持久得多。[5]

在這一章中,我們不是在談論健康的懷疑主義,而是一種幾近於憤世嫉俗的極端的超懷疑主義。這種懷疑主義拒絕合理證據,並要求超出可能懷疑的證據(就像葉爾曼所要求的那樣)。絕對確定性只能在數學和邏輯中實現,其他所有事物

都存在著不確定的空間。如果人們想要懷疑基督教的理由，他們會找到的。你永遠都可以在自己和神之間再插入一個問題。這就是為什麼問「我為什麼要問這個問題？」如此重要。有時，懷疑你的懷疑是你所能做的最理性的事。

回到剛才那段休謨的引言，問問自己：「聖經中有多少內容是無法測量、計算或進行物理實驗的？」即使不是全部，可能也很多。該如何回應？我們是否會說：「喔不──聖經不是真的，因為我不能在化學實驗室裡對它進行檢驗！」

咦？等一等⋯⋯我們不是這樣檢驗歷史文件的。沒有任何歷史文件能像在物理或化學中那樣「證明」其真實性。那為什麼有些人對待聖經的態度，就好像它是唯一需要這種程度「證明」的歷史文件呢？

這就是超懷疑主義，那些向你的孩子推銷超懷疑主義的超懷疑主義者，常常聽起來很酷，像理性的聲音，在孩子耳邊低語著葉爾曼在那場會議上所說同樣的話：「你怎麼能*確定*呢？」

葉爾曼這種（絕對不是神的）悄悄話影響了哪個重要的神學領域？奇蹟。如果你想要對某樣事物有絕對的確定性，奇蹟是首先需要排除的東西。奇蹟無法重複，對於那些已經對自然主義深信不移的人來說（這種主義認為一切都因自然原因而發生），奇蹟是無法理解的。一旦否定了奇蹟，你就否定了基督的復活，而整個福音就依賴於這個奇蹟。抱歉了，沒有耶穌的復活，就沒有基督教。

你可以讀所有你想讀的護教學書籍。每個問題都回答得完美無缺。但如果我們的孩子接受了激進懷疑主義的這個瞞

天大謊，我們的所有回答都不會被認為是有效的。對於決心懷疑的人來說，沒有答案能讓他們滿意。這是我們從新無神論者身上學到的不幸教訓。

舊無神論者與新無神論者的差異（及了解這當中差異的重要性）

為了我們的討論，我們將 2001 年前的無神論者稱為舊無神論者，而 2001 年 9 月 11 日之後的無神論者稱為新無神論者。他們的論點有巨大的差異，差異的關鍵在於（1）無神論的定義，以及（2）無神論者多願意承認沒有神的生活毫無意義。舊無神論者對此毫不掩飾，因此我尊重他們的誠實。正如無神論哲學家伯特蘭·羅素（Bertrand Russell）在他的文章〈自由人的崇拜〉（A Free Man's Worship，提示：用英國腔朗讀這篇文章的效果最好）中說的：

> 科學為我們信仰所呈現給我們的世界是……無〔目〕標的……人是原因的產物……他的起源、成長、希望和恐懼、愛和信仰，都不過是原子偶然組合的結果……註定要在太陽系的浩瀚死亡中滅絕……〔沒〕有任何拒絕它們的哲學能夠屹立不搖……〔只〕有在**頑強絕望的基礎上**，**才能安全地建立起靈魂的居所**[6]（強調體為我所加）。

我打賭羅素在派對上一定很有趣。這種絕望是舊無神論者的特徵。然而，九一一事件後，一種新的無神論者出現了。隨著人們尋找答案來理解穆斯林極端主義者展示的激進

宗教，將舊觀念以新方式呈現給公眾的暢銷書如雨後春筍般大量出現在書店中。其中最著名的書是由理查・道金斯（Richard Dawkins）、丹尼爾・丹尼特（Daniel Dennett）、山姆・哈里斯（Sam Harris）和克里斯多福・希鈞斯（Christopher Hitchens）所寫，他們被稱為「非天啟四騎士」。

道金斯是生物學家，他不僅為新觀眾重新解釋了自然主義，還對宗教表達了極大的蔑視——這讓他一舉成名。他的使命是要將人們從對幼稚的神的幻想中解放，幫助他們「離開哭泣的嬰兒期，最終長大成人」。[7]

丹尼特和哈里斯都是哲學家，雖然我在談到哈里斯時用到哲學家這個詞比照勉強。我永遠不會忘記我丈夫（約翰・費雷爾〔John Ferrer〕）讀完哈里斯的《給基督教國度的一封信》（Letter to a Christian Nation）後，氣得把它扔到地上，大聲宣布：「我能為無神論辯護得比這本書更好！」（這是真的。我見過他這樣做，然後他又反駁了自己的所有論點）。

然後還有希鈞斯。那個可愛的醉鬼，即使在侮辱你時也能讓你笑出來。他的說話方式掩蓋了哲學上犯的許多錯誤。他善於和受眾進行情感的連結，這幫助吸引了一批新的不信神群體並提供了素材，讓這些人能夠自信滿滿地在網路上用超有才的迷因和人爭論。四騎士中的一人甚至創造迷因這個詞，這是否顯示新無神論論證的深度？（咳咳⋯⋯道金斯。）

但我們需要嚴肅點，因為新無神論者並不可笑。雖然我們可以嘲笑他們的觀點和方法，他們也是按照神的形象被創造出來的人，他們的靈魂具有無限的價值。更別說他們在當代網路文化中的影響力不容小覷——你的孩子在為學校作業、

計畫主題以及他們腦海中浮現的幾乎任何問題作研究時，正是浸淫在這種文化中。

舊無神論者那種粗暴的誠實已是過去式。接替他們位子的新無神論者創造出一種、甚至無法辯論的無神論。沒錯，我是認真的。對他們而言，這種無神論真的是無法辯論的。

如何不跟新無神論者辯論

每一場辯論中都有正方和反方。我不是在說朋友之間、在臉書上你來我往。我指的是正式辯論，一般由正方雙方指派的一名代表（通常是教授或該領域內有影響力的人士）、一位主持人、一所大學校園，以及一群觀眾組成——通常是一個擠滿了急於試試新觀念合不合身的大二學生的場地。舊無神論者的正方立場（即他們試圖證明的論點）是神不存在。與舊無神論者的辯論會像下面這樣。

正方（無神論者）	反方（基督徒）
神不存在	神存在

這裡沒什麼問題，有對立的觀點就有辯論的可能了。

然後新無神論者出現了，他們將無神論定義為「不信神」。讓我們來看這場辯論的正反方理論上應該是怎樣的。

正方（新無神論者）	反方（基督徒）
我缺乏對神的信仰	我不缺乏對神的信仰

如你所見，在這種情況下，「我缺乏對神的信仰」的反面並不是「神存在」。這些並不是對立的陳述。「我缺乏對神的信仰」的對立面是「你不缺乏對神的信仰」。誰可能去主張另一個人沒有對神的信仰呢？！這種立場根本說不通。當前的基督徒辯士們還沒有完全跟上這種新無神論者的定義。因此不幸的是，我現在經常目睹的基督徒與新無神論者之間的辯論是這樣的：

正方（新無神論者）	反方（基督徒）
我缺乏對神的信仰	神存在

注意，這是兩個不同的辯論！他們的路徑永遠不會有交集，這兩個人將永遠在對話中擦肩而過。這就像是辯論中的西西弗斯（西西弗斯是那個被詛咒永遠要推石頭上山，而石頭總是滾回來的傢伙）。

對於這場辯論的重新框架可能是無神論者故意為之，也可能不是。（令人痛心的是）大多數基督徒沒有注意到這一點。每當我聽到這樣不會有結果的辯論發生時，我都想拍拍自己的額頭。今日小提示：如果一個人沒有提出一個有反對立場的陳述，*不要跟那個人辯論*。不要給他或她另一個反對立場。那個人只會不斷重複說：「我不是說沒有神。我只是說我缺乏對神的信仰」。而基督徒則會不斷給那個人提供關於神的證據，*直到讓人厭煩*。

還記得小時候玩的捉人遊戲嗎？大家會決定哪裡是「基地」——一個人可以站在那裡而不被抓到的地方。通常「基地」

是一塊石頭或門廊之類的東西。根據新無神論者的新定義，他們基本上就是在說：「我的鞋底就是基地！」這樣一來，無論站哪裡，他們都很安全，舉證的責任是在對方身上。

這不是一個誠實的立場。沒有人會寫書或接受辯論邀請，來為他們「缺乏信仰」的東西辯護。為什麼我們要和他們玩這個遊戲？他們讓自己變得無懈可擊，而我們卻一次又一次上當。我們心中的那個鮑伯‧紐哈特（Bob Newhart，美國著名喜劇演員）在召喚：「別鬧了！」[8]

像熊媽媽一樣咆哮！

識別訊息

我相信你現在可以明白懷疑主義與新無神論之間的親密關係了。在「咆哮」這一小節裡，我們將討論不健康的懷疑主義的**影響**，以及新無神論者所傳播的**訊息**。同時，我們將盡量引用他們自己的話語來說明問題。這些不是我們假設他們在傳播的訊息，而是他們公開傳播的內容。

1) **如果你不能確定你知道的一切，那你就不能確定你知道的任何事情**——或者，正如希鈞斯所言：「我們不能說……沒有神和沒有來世。我們只能說沒有令人信服的證據。」[9] 他所謂「令人信服的」，意思是無可爭辯的。
2) **宗教是虐待兒童**——只需用 Google 搜索這句話，就能看看出現了多少網站。在我們熊媽媽 podcast 第二十一集中，我們討論了一位進步的兒童牧師如何解釋她為什麼不

使用「耶穌為你/你的罪而死」這句話。她說:「雖然我知道這句話不會對每個孩子造成心理上的傷害,但即使只傷害了一個孩子,這句話也不值得使用。」[10](如果你不知道什麼是進步基督教,請參見第十五章)。或者,正如道金斯所言:「我認為可以合理地主張,這種根深蒂固的信仰對孩子造成的心理創傷,可能比輕微的身體虐待帶來的暫時尷尬更為持久。」[11](他在這裡說的「根深蒂固的信仰」指的是有關地獄的教義)。蕾貝佳在她的文章〈教孩子地獄的存在是虐待嗎?〉(Is It Abusive to Teach Children About Hell?)中回應了他的指控。她寫道:「可以說,我們的心思比過去任何時候都更關注世上的事情;我們可能會讓心理保持健康,卻失去我們不朽的靈魂。」[12]如果地獄是真實的地方(如聖經所述),那麼讓孩子了解它絕對不是虐待。你不必過度描述,為了讓他們接受救贖而恐嚇他們,只需根據聖經的描述,讓他們知道沒有神的永生會是多麼痛苦。

3)**人不僅等同於神,而且比神更好**——根據我小時候接受到的教育,撒旦的原罪是他傲慢地想要與神等同。我們現代文化中的罪,尤其是那些對神懷有敵意的人,不在於是他們想要跟神一樣,甚至不是他們認為自己跟神一樣好。而是他們認為自己比神*更好*——更有同情心、更有愛心。他們公開詆毀神,視神為戰犯或道德怪物。我們現在的誘惑不是把自己抬高到祂的地位,而是把祂拉低到我們以下,並以輕蔑的眼光俯視祂。

4）**相信神是某種願望實現，類似於相信聖誕老人** ── 理查・道金斯的話說明了這一點，他說：「神學傾向的人，往往無法區分什麼是真實的，什麼是他們想要的真實。」[13] 道金斯責備人們在不再相信聖誕老人後，卻還不放棄對神的信仰。[14] 但資深護教學者約翰・費雷爾博士在他的文章〈拒絕林布蘭的神〉（*Rejecting a Rembrandt*）中指出：「這類無神論者提到聖誕老人的速度之快，暴露了他們無神信仰的膚淺程度。」[15]

道金斯顯然認為基督教就是從一個榮耀活到另一個榮耀。問問那些失去孩子的人，看看他們是否僅僅因為「這很容易」而相信基督。有時候我們相信某些事情是因為我們認為它們是真實的。但如果我們沒有檢視過證據（重點來了），我們就無法做到這一點。

5）**宗教阻止人們提問** ── 正如道金斯說：「我反對宗教，因為它教我們滿足於不理解世界。」[16] 正如希鈞斯說：「沒有證據就能支持的主張，沒有證據就能不予理會。」[17] 等等……我同意這一點。加油，希鈞斯！基督徒應該提出他們信仰的證據！正如護教學者法蘭克・圖瑞克在他的 podcast「CrossExamined.com」的介紹中所說：「〔人們〕不認為基督教是真的，他們被說服放棄它。你知道為什麼他們被說服放棄嗎？因為從來沒有人說服他們相信它！」他說的有道理，希鈞斯也同意。

提出洞察

如前所述,健康的懷疑主義是件好事,應該受到鼓勵。這整本書的前提就是我們希望孩子們能有足夠的懷疑,能夠看穿包裹在部分真相中的謊言。我對健康的懷疑主義再怎麼稱讚也不為過。

不健康的懷疑主義是要求了解一切。我們在聖經和這個世界中都會遇到無法理解的事情,原因很多。有些可能是因為它們超出了我們的理解能力。這在討論邪惡問題時尤其如此。我們並不是無所不知。我們永遠無法完全了解神的心意和祂為何允許某些事情發生。有時祂可能會隱瞞一些訊息,直到我們先學會某個特定的教訓。再者,如果神一口氣向我們揭示了所有的訊息,我們可能會不堪重負而崩潰。然而,這絕不是讓我們停止尋找答案的藉口,而是在邀請我們更深入地探尋。

我(希拉蕊)最近在姐姐蕾絲莉(Leslie)身上就經歷了這種情況。她比我大兩歲。在我和蕾貝佳寫這本書的過程中,經常因為蕾絲莉因末期癌症只剩幾個月的生命而心煩意亂。面對自己即將離開丈夫和兩個幼子離去的事實,她在尋找答案。

她去世前的幾週,我們躺在床上,我抱著她,她大聲哭泣,詢問神為什麼不回應她祈求痊癒的禱告。她的禱告是那麼美麗、真實、誠實、純潔。我肯定我說了些什麼,但是記不起來了。幾天後,她在她 YouTube 頻道上發布一支新影片,描述了施洗約翰坐在監獄裡,他的門徒來告訴他,神為其他人所行的所有驚人奇蹟,但神沒有為他做什麼時,約翰

的感受。蕾絲莉也有同樣的感受。在聖經關於這個事情的記載中，最令蕾絲莉感到困擾是最後一句話。〈馬太福音〉11:6 說：「凡不因我跌倒的就有福了！」為什麼人們會因為耶穌而跌倒？

在她的影片中，蕾絲莉提醒我們，當神為他人但不是為我們做了神奇的事時，我們很容易就會遠離神。前一天我們在巨大的困惑中蜷縮在一起，那時蕾絲莉的所有問題仍然存在。然而，她的觀點已經改變了。她得到了答案。這些答案不是她想要的，她也不完全理解它們，但她明白了這一點：神的恩典是夠用的。與其建議妳去看注腳，我鼓勵妳觀看蕾絲莉的影片：https://youtube/keR-ZYJobD8。

主張更健全的態度

許多教會裡的人（及教會外的人）都不知道基督教有個見不得人的小祕密，那就是基督教鼓勵懷疑精神！我們希望孩子們在有人試圖灌輸他們一個想法時能夠懷疑。在世界所有宗教中，基督教是唯一一個擁有可檢驗的主張，並邀請人們進行理性探究的宗教（其他宗教認為質疑它們的教義就是褻瀆）。〈帖撒羅尼迦前書／得撒洛尼前書〉5:21說我們應該「凡事察驗」。記住，〈使徒行傳〉十七章中，庇哩亞人因為考查保羅的言論而被稱為「賢」（noble）。健康的懷疑精神也被稱為批判性思維。

我們的孩子需要看到我們的信仰是經得起質疑的。他們需要看到當我們大人有問題時，我們不會輕易放棄，或把問題悶在心裡。我可以保證，我的侄子路克和喬親眼目睹了我

姐姐的掙扎並從中學到很多。她的榜樣將陪伴他們一生之久。

〈歌羅西書〉2:8 指示我們「要謹慎,恐怕有人用他的理學和虛空的妄言把你們擄去。」一個熊媽媽就是這樣做的——不僅為自己,也為他的小熊們。有些事情我們現在無法理解嗎?這是當然的(順帶一提,這就是為什麼我們在天堂不會感到無聊的原因之一!)但是當我們太快地將問題歸咎於「神的神祕性」時,我們可能會讓自己變得懶怠於思考。

在我們告訴孩子「只有神知道」或「如果我們什麼都知道,就不需要信心了」之前,讓我們先確定他們的問題沒有一個好的答案。答案甚至不需要是萬無一失的。我們在這本書中討論的這些「主義」不可能總是有顛撲不破的答案。我們要做的是,教給孩子們一些技巧,以便檢驗人們告訴他們的事情,並啟發他們的批判性思維。

透過討論、門徒訓練和禱告強化印象

富勒青年研究所(Fuller Youth Institute)發現,當父母將懷疑表達出來時,會幫助孩子們知道懷疑並不是壞事,因為它可以刺激我們去尋找答案。正如我們在「熊媽媽」部落格所說:「有問題是好事。當沒有回答或回答得不好的問題夠多時,就會導致懷疑。懷疑,如果任其持續強化,就會變成不信,這是非常難以扭轉的。」

1)鼓勵你的孩子提出問題!就像我們可以確定數學和邏輯一樣,還有其他一些事情也是我們可以絕對確定的(休謨,你有在做筆記嗎?)你的孩子會提出一些讓你嚇一跳的問題(我記得有一次有個六年級生問我撒旦教和諾斯替主

義的區別。這想法是打哪來的？）即使你不能馬上回答問題，也要隨機應變地回應，讓你的孩子看到你並不害怕棘手的問題。可以舉辦披薩之夜、一起上網搜尋答案。一起把這變成一件有趣的事情。

2）向你的孩子提出你已經知道答案的問題，但不要太快分享答案。讓他們在思考問題時，稍微掙扎一下。我保證你會希望這個過程發生在你在場時，而不是在街頭認識論者（street epistemologist）身邊（如果你沒聽過街頭認識論者，上網搜尋一下）。

買一本娜塔莎·克蘭恩（Natasha Crain）的書，把書中的問題寫在小紙條上，放進容器裡。每週家庭晚餐時，抽出一個問題作為話題的開端，全家一起討論（當然了，把她的書放在手邊，以便隨時查閱答案！）

我們不需要害怕新無神論者。太陽底下沒有新鮮事。也不需要害怕難對付的問題。我們有一位無限的神，祂的答案更難對付。別忘了，熊媽媽，在這段旅程中，你並不孤單。

PAWS禱告策略
讚美神

主啊，祢是無所不知的神。祢無所不知、無所不見。祢是讓我們確信與祢關係的神。透過祢的話語、祢的方式和祢的價值，我們能夠知道祢是唯一的真神，毫無懷疑。祢值得信賴，祢堅守承諾。祢賜給我們希望，祢使我們清明。

認罪

　　主啊，請原諒我的傲慢、自大和自我誇耀，當我要求確定性並覺得自己有權得到所有的答案時，當我認為懷疑是最高的價值時，或者當我貶低我唯一可以確定的事——基督和祂被釘十字架時，請原諒我。主啊，我知道拯救我們的不是我們的問題，而是祢的答案。

感恩敬拜

　　天父，我感謝祢讓我的信仰能夠經得起質疑，感謝祢給了我合理且充分的證據。祢的真理是可檢驗的，也是可知的。感謝祢，基督教信仰是對所盼望之事的確據、未見之事的證據。感謝祢賜予我們證據，也賜予我們信心。

祈求

　　神啊，幫助我訓練我的孩子，讓他們能像庇哩亞人一樣。給我能力教導他們如何孜孜不倦地探索，對已知感到滿足，但永不怠於求知。賜予他們健康的懷疑精神，不要讓他們對盲目的信仰感到滿足。讓我們承認並接受我們的侷限性，因為祢是神，而我們不是。讓我的孩子們在懷疑中困頓掙扎，幫助我成為他們的支持者。願我永遠不會因為這樣做更容易而給他們過於簡單的答案。

　　奉耶穌的名祈求，阿們。

問題討論

一、**破冰問題**：如果可以問上帝一個問題，你會問什麼？為什麼？

二、**討論主題**：有健康的懷疑主義，也有不健康的懷疑主義，說說它們有什麼區別。為什麼我們應該鼓勵孩子們擁有健康的懷疑精神？當懷疑變得不健康時，如何判斷？

三、**自我評估**：人們常常陷入兩種陷阱：要不是用「只有神知道──有信心就夠了」來回答所有問題，要不就是對每個答案都回應「但是……？」換句話說，有些人只要碰上棘手的問題，就放棄尋求答案；而另一些人則無論答案有多好，永遠不滿意。在一張紙上畫一條水平線，一端寫上「盲目信仰」，另一端寫上「永不滿足」。你認為自己會落在哪個位置？為什麼？

四、**腦力激盪**：將你孩子們問過但你不知道如何回答的問題列成清單。如果你是小組的一員，和組員一起完成這份清單。把它放在一個方便隨時取用或補充內容的地方，例如手機或包包裡。

五、**練習當個熊媽媽**：問問你的孩子們，他們有什麼問題想問神。如果他們想不出來，那就選一個你的小組列在總清單上的問題。舉辦一個家庭之夜，一起研究答案（當然，別挑那種你無法回答的問題，像是「耶穌得過頭蝨嗎？」──這是一個我們熊媽媽的孩子最近實際提出過的問題）。

第八章

真相是,真相不存在

後現代主義 Postmodernism

蕾貝佳・瓦勒瑞斯 & 希拉蕊・摩根・費雷爾
Rebekah Valerius & Hillary Morgan Ferrer

經過一天操持家務、接送孩子參加活動、上班以及基本上是忙得不可開交之後,你幾乎沒剩下什麼精力來搞清楚哪支牙刷是你的(抱歉,親愛的!),更別提搞懂某種不知道從什麼樣的腦袋裡跑出來的抽象哲學了。但我們真的希望你能明白,思想可以多麼的強大(且狡猾),甚至在睡覺時,這些思想也正在形塑我們的世界。

我們這些熊媽媽都注意到,和我們年輕的時候相比,孩子們的問題已經發生了很大的變化。以前的孩子們會問:「摩西分開紅海後,走在乾地上是什麼感覺?」但當艾莉莎和她的女兒迪倫讀〈出埃及記/出谷紀〉時,迪倫的第一個問題是:「媽媽,這些奇蹟真的發生過嗎?」

我們的孩子比我們聰明十倍嗎?也許吧,但智力可能不是問題的關鍵。恰恰相反,當今的哲學已經改變,我們各自的文化影響著我們提出什麼問題以及為什麼提出這些問題。正如G. K. 切斯特頓(G. K. Chesterton)所觀察到的,人們通常有「兩種情況:要不擁有一套完整而有意識的哲學,要不

就是無意識地接受一些破碎、不完整且經常受到質疑的哲學碎片。」[1]他接著指出，正是這些殘缺不全的思想碎片，在未經批判地吸收後，造成了最大的傷害。

當我們還是孩子時，人們仍普遍認為道德和真理存在，而且是人們可以認識的。我們從未想過要質疑《聖經》中的超自然事件（至少在孩提時不會）。但隨著後現代主義的興起，連孩子問的問題也在改變，我們可能會認為這只是一個奇怪的階段。事實並非如此，這些問題很重要；除非我們學會用下一代能夠理解的方式來回答這些問題，否則孩子們就不會再問問題了。相信我，你不希望他們停止問問題的（即使你可能覺得你希望他們停止提問）。他們停止提問通常意味著以下三種情況之一：（1）他們完全脫離了你；（2）他們已經決定了一個方向，而他們知道你不會喜歡；（3）他們對你失去了信心，寧可拿問題去問別人或無所不知的 Google 搜尋引擎。

每個人都有自己的哲學，無論我們是否意識到這點；即使說「我沒有哲學」也是一種哲學。換句話說，我們都根據某些假設、根據對世界運作方式的基本信念來生活：是否有神？善與惡是否真實存在？真理是什麼？是否有來世？

這些是人生的終極問題，我們應該確保我們的答案根植於真理，而不是在文化潮流中隨波逐流。我們如何回答這些問題，將決定我們的生活建立在什麼樣的基礎上。不幸的是，在我們的後現代文化中，這些問題全都懸而未決。

還記得耶穌教導的關於聰明和愚昧建築師的寓言嗎（馬太福音7:24-26）？聰明的人把他的房子建在耶穌教誨的磐石上，當風暴來臨時，他的房子依然堅立；而愚昧的人忽視耶

穌的教誨，把房子建在沙土上。你在本書學到的許多哲學，就像這個寓言中的沙子一樣，構成了不穩定的基礎。

後現代主義就是這類哲學之一，而我們的世界正拼命想要在這上面建造房子。問題是什麼？問題是，它甚至連沙子都不想用——後現代主義將房子建造在稀薄的空氣上。後現代主義者根本不相信基礎，甚至是沙土的基礎。事實上，越是堅實或根本的信念，他們就越是抱持懷疑的態度。他們想通過所謂的**解構主義**來拆解這些信念。當他們完成後，就沒有任何東西可以支撐他們所建造的世界了，牆壁迅速崩塌成一堆混亂的碎片。當你閱讀時，請記住這個畫面。

熊媽媽們需要知道關於後現代主義的哪些重要資訊？如果你打算送孩子上大學，尤其是如果他們主修人文學科（如歷史、英語或哲學），那麼他們從一開始就會接受後現代主義假設的薰陶。一些科學界人士自豪地宣稱人文學科已死；對此我們大聲反對：人文學科並沒有死，只是病得很重而已，而後現代主義就是這個病。

後現代主義簡史

記得我們在自然主義那一章中提到過，前現代主義者將神（或諸神）視為意義和知識的終極來源；這並不意味著他們忽視常識或觀察，他們只是不具備理解季節、風暴或其他「神的行為」的科學能力而已。古代文化將自然現象理解為神靈的擬人化。如果下雨，代表宙斯高興。如果有閃電？糟糕，他生氣了。科學革命之後，人類意識到他其實有能力理解自然，甚至能為自己的目的利用自然。但他走得更遠——他在

運用科學發現宇宙法則的過程中，變得狂妄自大，並假設同樣的過程可以用來發現非物質的真理。目的、意義、倫理、道德──人類大膽地宣稱可以通過邏輯和科學方法來發現這些奧祕。神／諸神／宙斯，不需要了！當然，人們有正當理由對宗教持懷疑態度。正如南茜・皮爾西在她的書《全然真理》中指出的：

> 在十六世紀的宗教戰爭中，基督徒因宗教分歧而彼此爭鬥及殺戮──這些激烈的衝突讓許多人得出結論，宗教中的普遍真理是無法知曉的。通往合一的道路不在於宗教，在於科學。[2]

現代主義者深信，透過將他們的常識、邏輯、理性和科學匯集在一起，將會自然而然地出現一個關於真理、道德和意義的客觀標準。他們成功了嗎？劇透一下：連邊都沒摸到。正如我們在自然主義那一章中提到的，事實證明，科學和宗教一樣教條且危險。分裂是不可避免的。問問任何一個媽媽，連要讓全家人一致同意晚餐吃什麼都談何容易，現代主義者怎麼可能認為，人們會在生命意義這樣重要的問題上，有志一同呢？

於是後現代主義出現了。由於對現代主義的失敗感到幻滅，後現代主義者像所有失意的年輕戀人一樣，開始列舉他們前任情人的缺點，從不一致性開始。一方面，現代主義者對唯物自然主義──認為只有透過能用五感來研究的東西，才能發現真理的信念──有著毫不懷疑的信心。但他們也堅

定地相信，人類的理性——這是一個無法用五感來研究的東西——是可靠的。還記得第六章中提到的「大腦說，我的大腦是值得信賴的」嗎？讓我們思考一下：現代主義者否認任何超越的源頭創造了我們的心智。心智、大腦，對他們來說都是一樣的，他們說，那只是一堆神經衝動的集合。那些最適合生存的神經衝動就是⋯⋯呃⋯⋯生存。現在我們卻信任這些神經衝動來告訴我們生命的意義？*為什麼*？這完全沒有道理！如果純粹的唯物進化論是真的，那我的大腦進化的目的是為了讓我生存下來，而不是為了告訴我真理。

後現代主義者曾處在一個十字路口，他們可以質疑自然主義的教條（但這樣做就會讓神的腳重新踏入門內），也可以否認絕對真理是存在或可知的。不幸的是，他們選擇了拒絕真理的觀念，而不是質疑自然主義的教條（這真是傷敵一千，自損八百！）

後現代主義確實曾經（而且至今仍然）讓人感到某種解放。經歷了那麼多關於真理的戰鬥，社會把*真理*當成了霸凌者，而不是那些理應掌握真理的人。這讓我想到《綠野仙蹤》裡的一幕，所有人都在唱「叮咚，女巫死了」，只是這首歌更像是在唱「叮咚，真理死了！」

事實上，真理已經成為權力和壓迫的同義詞。這就是心理學家所說的「條件反射」。像巴夫洛夫（Pavlov）的狗聽到鈴聲就流口水一樣，當人們聽到*真理*一詞時，就會感到毛骨悚然。它聽起來像是另一種霸凌技巧。

像解放的未成年人一樣，後現代主義者驕傲地向神、科學和權威宣告：「你們不能再告訴我們該怎麼做了！」但我們

都知道,沒有結構提供的安全保障,人們會更難駕馭現實生活。規則可以用來壓迫人,但也可以用來建立秩序。

後現代主義者在努力防止*錯誤*思想滲入社會的同時,也讓*正確*的思想無法扎根。後現代主義者欣喜地宣稱,沒有人可以說婚外性行為、墮胎或同性戀是客觀上不道德的。然而,他們沒有意識到,他們也讓社會無法說無緣無故的謀殺、酷刑和性奴役是客觀上錯誤的。如果沒有客觀的、絕對的對與錯,就沒有人可以批評或譴責任何道德選擇了;不管多麼邪惡。你甚至不能稱之為邪惡!

那會是什麼樣的社會?哲學家斯蒂芬・希克斯(Stephen Hicks)認為,在這種情況下,「沒有任何東西可以引導或約束我們的思想和感情。因此我們可以想做什麼就做什麼,想說什麼就說什麼。」[3] 是的,就是這樣的社會。

後現代主義與真理

從上述簡要的歷史中可以看出,後現代主義與真理密不可分:真理存在嗎?如果存在,人們如何認識它?(如果需要,請參考自然主義簡史的圖表)。在探討這個問題時,讓我們來談談客觀真理和主觀真理之間的差異。

客觀真理也稱為*絕對真理*。絕對真理是對所有人、在所有時間和所有情況下都是真實的陳述或信念。它們的基礎是外在於我們的意見、情感或偏好的一個客體(思考一下「以客體為基礎=客觀真理」)。例如,我和蕾貝佳現在正在看我那紫紅色的電腦機殼。紫紅色不是由我們的顏色感知決定的,是由電腦機殼發出的光的波長決定的[4]。這波長不會因為我們

的顏色感知而改變。我們喜歡與否是主觀的，而顏色是客觀的。大多數人都能直覺地理解這點，這也是為什麼那件令人產生顏色錯覺的洋裝引起了如此大轟動的原因。它擾亂了我們對客觀性的感受。

另一方面，主觀真理則是以一個人——即主體為基礎。我可以聲稱海龜聖代是世界上最棒的聖代，但那是基於我的味蕾——我的個人口味（我，主體）。主觀真理通常會用一個可爭議的形容詞來修飾，比如「最棒的」。就我個人而言，我甚至不喜歡把這類陳述歸入真理的範疇，因為說它們是意見會更準確一點。

直到最近，我們的後現代文化都認為所有的真理陳述都是主觀的。我們不能說「墮胎是錯的」。相反的，我們只能說「對我來說墮胎是錯的」。然而，這兩種說法之間有著天壤之別。

朋友，當你和孩子談論重要問題時，你必須理解這個差異。當你告訴他們「基督教是真理」時，他們的後現代心態可能會默默地在這句話的最後加上「對你來說」。當你說某件事是正確、對或錯的時，他們可能會暫時同意。你甚至會看到他們認真地點頭同意。但如果你不及早掌握這個後現代主義的東西，你可能會得到一個完全尊重你所有「觀點」的青少年或年輕人。那些東西對你來說是真理，他們尊重；但對他們來說不是。如果他們不加批判地吸收了後現代主義的謊言，他們就會在進入成年初期時，試著找到「他們的真理」基礎，同時完全尊重你的真理（直到你試圖聲稱你的真理也應該是他們的真理為止——那時候你會遭遇到他們的反彈）。

對於那些孩子在成長期間一直都很聽話的家長來說，這可能會是個震撼。他們以為自己幫孩子在真理上建立基礎，卻完全沒有意識到，隨著後現代主義的興起，他們的孩子日後會將這種活動重新詮釋成如發展心理學家所說的「平行遊戲」，也就是你玩你的，我玩我的。他們把你所有的教導重新詮釋為你在向他們展示你的基礎和你的真理——而不是那個真理。後現代主義原則就是這樣的陰險狡猾；它們就像病毒一樣，可以潛伏多年。我們甚至可能不知道孩子已經受到感染，直到為時已晚。這就是為什麼我們需要及早揭露這些謊言，告訴人們後現代心態導致的是混亂，而不是自由。

後現代主義與大學

在前現代時期，大學的成立是為了教導學生關於世界的客觀真理。還記得我在自然主義那一章中說過，我們現在處於後後現代時期嗎？如今的學校正在宣揚一個新的真理：客觀真理只是權力的遊戲。包容、多樣性、自主和公平是最高的美德，所有其他美德必須向它們屈服。根據哲學家斯蒂芬·希克斯的看法，「後現代教授主要的角色現在是教導學生辨識政治壓迫，特別是來自他們自己西方文化的壓迫，那裡的主要壓迫者是男性、白人和富人；他們以殘酷的方式利用權力，犧牲女性、少數族裔和窮人」[5]（我們會在女性主義那章討論這種方法的後果）。

所以當你的孩子結束大學的第一學期回家，驕傲地宣稱你的基督教信仰不過是白人盎格魯-撒克遜裔新教徒男性用來控制女性和少數族群的社會建構時，你可以感謝後現代主義[6]。

在很多方面，我們的教育系統是分裂的，一邊是仍保持現代主義的科學和商學院，另一邊則是傾向後現代主義的人文學科。坦白說：即使在我們自己的頭腦中，也會不自覺地在這兩種真理觀之間來回切換。我們毫不質疑地接受任何以「科學研究顯示」開頭的文章，但卻以「這節經文對你意味著什麼？」的問題來開始我們的聖經研究。即使是教會，也沒能逃離後現代主義的謊言。

像熊媽媽一樣咆哮！

識別訊息

1) **解構任何「真理宣稱」以揭露偏見**——真理宣稱不一定是真的。正如這句話的措辭，它只不過是某人宣稱為真的東西。人們很容易被那些實際上不為真的真理宣稱所迷惑。後現代處理這類宣稱的方法是對真理陳述進行解構，從作出這個陳述的人開始。試圖駁斥真理宣稱的後現代主義者進行解構的方式是，找出真理宣稱者的所謂隱藏偏見。這樣做是為了表明這個真理其實只是「那個人的真理版本」。

2) **使用「我覺得」而不是「我認為」**——有時這是必要的，但後現代主義者要求*所有的真理陳述*都以這樣的方式開始。想一想：有多少次你聽到別人說，「這是你的感覺？」我們不能說，「你向我吐口水時表現得很不尊重」，不能；我們必須說，「當你吐我口水時，我覺得不被尊重」。這是個極端的例子，但應該能說明問題，因為我真的認為（而不是覺得），在這個文化中，故意向別人吐口水是種客觀

上不尊重人的行為。這不只是我的意見而已。

3) **沒有人可以確定**——後現代主義的主要論點是，因為我們每個人的觀點都略有不同，所以我們不能信任任何一個觀點。誰知道誰的觀點最接近現實呢？是美國的白人中產階級新教徒嗎？還是秘魯的古代印加太陽崇拜者？這讓我想起了小時候我和我妹妹偶爾會搶玩具，然後媽媽會把玩具拿走的情景。後現代主義把我們都當成了調皮的小學生，無法好好一起玩真理的玩具。所有人都在為誰的真理最真而爭吵，於是後現代主義出現了，說「因為你們無法好好一起玩你們的真理宣稱玩具，所以沒有人能夠玩這些玩具了。沒有人能夠聲稱知道真理。好了，現在你們可以和睦相處了。」

4) **你必須自己找出答案**——根據後現代主義的看法，生命的意義最終歸結為一件事，就像電影《城市鄉巴佬》(*City Slickers*) 中的灰髮牛仔捲毛說的，每個人都必須自己找出答案。這當然對很多年輕人來說很有吸引力，因為感覺就像是一場偉大的冒險。在他們這輩子的大部分時間裡，一直都是別人在告訴他們該做什麼和不該做什麼（參見第一章的第一段），而現在有一個夢幻般的哲學告訴他們，「一切都由你決定。你可以自己決定！」誰不想聽到這種話呢？真理就是我們想要實現的一切？這是多麼動聽的哲學啊！

提出洞察

到目前為止，我們主要強調的是後現代主義的負面方面。在討論這些謊言之前，讓我們先對後現代主義帶來的一些好處表示讚賞。

首先，後現代思想影響了教會，讓教會擺脫了一些現代主義的負面影響。現代主義者認為，只要人們運用他們的推理能力，所有人就會以相同的方式看待事物。這必然會產生一個極其單調乏味的教會，這樣的教會會否認我們個人的感知和觀點。

其次，後現代主義者對人類理性的能力設定了實際的限制，理性可以用來論證或質疑神的存在；但光靠理性不能描繪出神和救恩的完整圖像。

最後，後現代主義向我們展示了神所喜愛的豐富多樣性，特別是在敬拜中。當我（希拉蕊）在達拉斯（Dallas）的村莊教會（Village Church）時，我們每年都會舉行一次全校性的敬拜活動。我們會借用附近一家大型教會的建築，然後我們在達拉斯、普蘭諾（Plano）、沃思堡（Fort Worth）、丹頓（Denton）和花山村莊教會（Flower Mound Village Church）的所有校區都會聚在一起，度過一個多元化的讚美之夜。我記得有一個坐在我旁邊的男人，看起來就像不想待在那裡。他年紀較大，體型相當龐大。晚會進行的過程中，他一直坐著，我不知道沒有幫助的話，他自己能否站起來。敬拜隊表演了他們的當代音樂，然後是藍草音樂，接著是城市口語詩歌，最後是傳統聖詩。當傳統讚美詩樂隊起身時，我旁邊那位胖胖的鄰居立刻站了起來，舉起雙手，全身心投

入地唱起了那些讚美詩。那是最棒的時刻之一。我立刻懺悔了我那些論斷人的想法，並感謝主給我這個難得的機會，與這樣美好的靈魂一起敬拜。

我在當代音樂演奏時在座位上跳舞，樓下有一群人則在藍草音樂演奏時跳得十分起勁，而我旁邊這位身材魁梧的年長男性則在讚美詩演奏時傾訴他的心聲。那天我學到了何其寶貴的一課！我們都在敬拜同一位耶穌。我們都同意這些歌曲的歌詞，我們一起訴說那古老的信條，但我們與神關係的方式卻是獨一無二。沒有這種多樣性，我們在基督裡的兄弟姊妹會失去很多東西，這就是後現代主義的可貴之處。比起之前的運動，後現代主義可能為藝術家、舞者和不遵循常規的人鋪平了道路，讓他們能在我們天父的餐桌上共進晚餐，並向我們展示了更豐富的敬拜樣貌。

但回到現實，我們還是不得不說點掃興的話。我們對後現代主義能說的好話，大概就這麼多了。後現代主義帶來的破壞，再怎麼強調也不為過。像大多數哲學的修正一樣，它朝相反方向擺動的太遠了。後現代主義將哪些謊言偷渡進我們的思考方式裡呢？

謊言一：我們的感知決定現實

真理的基本定義是「與現實相符的事物」。換句話說，真理就是如實陳述。所以，如果我們的感知決定現實，而真理是與現實相符的事物，那麼我們其實就是在說我們的感知決定真理（這就是「如果 A=B 而 B=C，那麼 A=C」的情況之一）。想想這意味著什麼。所有的是非判斷都基於人們的主觀

經驗。過去無心佛洛伊德式口誤現在變成了微歧視。如果你走近一個覺得自己是男孩的女孩，並用「她」來指稱這個人，你可能會被控仇恨犯罪（至少在加拿大是這樣，我們也不遠了。這種思維方式在美國也越來越普遍）。沒有人是安全的。沒有誤解的空間。最終，這就是後現代主義給我們的世界。

謊言二：所有的真理宣稱都是權力遊戲

扣帽子（poisoning the well）就是透過指出某人的所謂缺陷，來攻擊那個人的品格，這個缺陷如此嚴重，以至於沒有人會再相信那個人說的其他話。例如，如果某個你非常信任的人說，「小心老鮑，他很會操控人心，他總是有自己的打算」。你之後是不是會很難相信老鮑說的任何話呢？把這個例子運用到現實世界，如果一個老師或教授讓你真的相信「所有的真理宣稱都是權力遊戲」呢？那麼，當牧師說耶穌是「道路、真理和生命」時，你會有什麼直覺反應？想想看吧。對於後現代主義者來說，這些話語都是具有威脅性的。但基督教終究是關乎真理的信仰：包括耶穌的生命、死和復活的真理，以及祂所教導的道德真理。如果一切都被簡化為權力遊戲，那麼我們就失去了判斷是非的基礎。

謊言三：所有真理都是主觀的

這是後現代主義思想的主要論點：即使有真理這種東西存在，也沒有辦法確定（有個有趣的實驗：當人們說「所有真理都是主觀的」時，問他們，「那這個真理是主觀的嗎？」如果他們說是，那他們的說法就是錯的。如果他們說不是，他

們的說法還是錯的。我們的目標不是贏得辯論,但如果我們能阻止壞思想的傳播,我會把這當成一個勝利)。

主張更健全的態度

不要絕望!我知道這一章可能讓你覺得下一代沒有希望了,但希望還是有的。當我們在教育孩子時,可以指出這些謊言的前後不一來反駁這些謊言。記得我們在第六章學到的自我推翻陳述嗎?幸運的是,大多數後現代思想都是自我推翻的陳述,這並不難證明,即使對象是孩子們。艾莉莎有個精彩的故事,是關於她與女兒迪倫的一次對話:

> 有一天,迪倫因為我讓她遵守某些規則而生我的氣。她宣布:「等我長大後,我**沒有任何規則**。」我告訴她,如果她想改變或取消規則,那沒問題,但她會允許大家互相殘殺嗎?她說,「嗯,好吧。那是**唯一**的規則。」然後我說,「那妳會讓人們無緣無故互相毆打嗎?」她說,「好吧,但只有這兩條規則。」然後我又說,「那偷東西呢?妳也會允許嗎?」她惱怒地回答,「好吧,但只有這三條規則!」這樣的對話進行了幾分鐘,最後她基本上同意了我希望她遵守的所有規則。然後我指出:「看來妳定的規則和現在的規則也差不多嘛。也許規則是好事?」她只好同意。

大多數後現代主義的宣稱都可以用來推翻自己:真理宣稱都是權力遊戲。你是在**宣稱**這是**真理**嗎?你從這樣的陳述中

得到了什麼樣的權力？（其實還不少呢）。你是在說所有真理都是主觀的，而這是客觀真理？感知決定現實，還是那只是你的感知？

幫助我們的孩子理解絕對真理和主觀真理之間的區別，是避免他們落入後現代主義陷阱的關鍵。耶穌的生命、死和復活是絕對的宣稱，因為它們的依據是真實的歷史事件。你孩子最喜歡的顏色、冰淇淋口味或選擇的職業是主觀的，因為它們依據的是你孩子的喜好。

當談到非絕對性的事（如偏好的穿著、習俗、敬拜方式），問問你的孩子，為什麼神創造了近兩百種不同品種的玫瑰花。也許神比我們以為的更喜歡多樣性？我們可以用各式各樣的方式讚美主，而不必把古老的信條和教義當成陳腔濫調，束之高閣。核心真理和次要真理之間是有區別的，我們必須知道兩者的區別。

透過討論、門徒訓練和禱告強化印象

1）**在文化中找例子**——我（蕾貝佳）向孩子展示後現代主義後果的一個方式是，在文化中找例子——例如，後現代藝術家往往沉溺於無意義，將他們的藝術與任何刻意的意義分離。如果藝術品要求觀者提出問題，並弄清它對他們的意義，那很有可能你正在看的是後現代藝術。有空可以在 Pinterest 上找些後現代建築的例子看看。那些建築可能有各種狂野的地上構造，象徵著荒謬、反叛和不敬——這些都是後現代主義的常見主題。向孩子們指出，為了保持屹立不倒，這些所謂的「後現代」建築和其他建築一樣，

需要有傳統的地基。我們也能在流行文化中找到很多後現代主義假設的例子，尤其是在兒童節目裡。「活出你的真理！」和「跟隨你的心！」就是典型的後現代主義訊息。

2) **教孩子們識別這些訊息**——教孩子們識別這些訊息，理解它們的本質，並以批判且富有同情心的眼光看待它們，因為傳播這些訊息的人自己也是糊裡糊塗。這些訊息聽起來很有力量，因為它們允許主體（他們自己）創造意義。問問他們：誰有權決定哪個意義是正確的？相較於宣稱所有答案都是正確的，無論它們有什麼區別或是否彼此矛盾，找出一個想法、一個詞、一個概念或一個信仰的*真實意義*，難道不是更有趣（也更有用）嗎？

3) **幫助孩子們明白，真理不是權力遊戲、威脅或仇恨犯罪**——就根本而言，真理是一個人。耶穌說：「我就是道路、真理、生命；若不藉着我，沒有人能到父那裏去」（約翰福音14:6）。祂也說：「你們必曉得真理，真理必叫你們得以自由」（約翰福音8:32）。這是該與世界分享的好消息。

4) **辨別客觀真理和主觀真理的區別**——當你與孩子們一起讀聖經時，你的第一個問題應該是「作者想對他的聽眾說什麼？」而不是「這段經文對*你*意味著什麼？」是的，神的話語是活的、有生命力的，它在今天也對我們說話。然而，我們理解聖經的首要目標應該是，要知道它對最初寫給的那些人意味著什麼。先讓你的孩子們理解並重視這個訊息，然後再進行應用。

PAWS禱告策略
讚美神
　　主啊，我讚美祢，因為所有真理都以祢的話語為準繩。在我缺乏智慧時，祢賜予我智慧。祢是磐石，在祢之上，我的思想得以堅立。祢是堅固的根基，而不是變動的流沙。

認罪
　　主啊，原諒我們屈服於後現代主義的謊言。原諒那些人，他們拆毀了祢精心建構的完美傑作。對於那些拒絕權威美好以及建立秩序規則的智慧之人，賜給他們一顆悔改的心。原諒那些不敬拜偉大的「我是」（I AM）的人，因為他們崇拜主觀性的偶像，說「我是」（I am）我自己真理的主體。拯救我們脫離我們感知的欺騙。

感恩敬拜
　　感謝祢，因為絕對真理在任何時候、對所有人、在所有情況下都是真實的，而不僅僅是「對你是真實的」或「對我是真實的」。感謝祢，因為真、善、美和道德是真實的，而且是我們可知的。我們慶賀祢的教會因後現代主義帶來的好處而更加豐富，後現代主義認識到我們在敬拜方式上可以有多樣化的表現。

祈求
　　求祢幫助我教導孩子們，真理不是負擔或暴政，而是解放與指引。讓祢的真理成為我們無法拆毀的堅固基礎。賜我勇氣和智慧，教導孩子們用頭腦思考，用心感受，永遠不要

混淆兩者。幫助我們辨別真理和真理宣稱之間的區別，不要害怕堅持真理並「如實陳述」。我們為那些傳授後現代主義世界觀並將一切與政治壓迫連繫起來的人禱告，尤其是大學教授，求祢釋放他們，脫離心思的虛妄及悟性的昏昧，不要因心裡剛硬無知而與祢隔絕（以弗所書／厄弗所書4:17-18）。

奉主我們的旌旗耶和華尼西之名祈求，祢勝過了錯誤的意識形態。阿們。

問題討論

一、**破冰問題**：廣告的歷史顯示，我們的文化從客觀宣稱（現代主義）向情感宣稱（後現代主義）墮落了。你見過最荒謬的廣告或商業宣傳有哪些？思考一下後現代主義的假設，你認為廣告公司為什麼用這種方式做廣告？這如何反映了我們的文化？你可以從這個例子開始：「隨你喜歡，馬上到手」（漢堡王）。

二、**討論主題**：真理是真實的且可知。討論客觀和主觀宣稱之間的區別。你認為後現代主義者為什麼得出真理不可知的結論？

三、**自我評估**：你多常在讀聖經時問：「這對我意味著什麼？」，而不是先研究這段經文對當時的人意味著什麼？為什麼先知道訊息的原意很重要？

四、**腦力激盪**：有哪些文化被認為是主觀的真理（即個人偏好問題），而聖經卻說它們是客觀的真理？列出你能想到的所有例子。

五、練習當個熊媽媽：與孩子談談客觀真理和主觀真理之間的區別。在你一週的生活，密切觀察廣告或媒體中的真理宣稱。問問孩子們：「這是主觀宣稱還是客觀宣稱？你是怎麼知道的？」

第九章

你說我錯，你就錯了！

道德相對主義 Moral Relativism

希拉蕊・摩根・費雷爾 & 蕾貝佳・瓦勒瑞斯
Hillary Morgan Ferrer & Rebekah Valerius

　　我（希拉蕊）喜歡和我的侄子們玩紙牌遊戲。有個我在高中時學會的遊戲，顯然孩子們現在還在玩。只不過當我的侄子們教我怎麼玩時，遊戲的規則比我青少年時多了很多。遊戲的目標是拿到所有的牌。方法之一是贏得小局，另一種是當看到對牌時，拍打牌堆，這樣就可以拿走整堆紙牌。從我年輕開始，拍打規則已經新增了很多花樣。不只是對牌，現在還可以拍打各種難記的牌組。

　　我侄子們對待遊戲規則的方式和我們現代社會對待道德的方式可說是完美類比。每個男孩都有自己喜歡的規則──就是他們最容易記住的那些。因此，他們自然都試著說服我們能按照讓他們擁有競爭優勢的規則來玩。為什麼不呢？如果你可以制定規則，你就可以取消規則。

　　這基本上就是現在社會對待道德的方式。人們不再將道德視為深層真理的反映，而是視為能隨意修訂的文化規範──就像紙牌遊戲的規則一樣。一如紙牌遊戲，社會中的每個人都在爭奪一套他們認為我們其他人也應該遵守的規則。

在解釋道德相對主義之前，我們先解釋一下什麼是相對主義。相對一詞的意思是「相對於某物」。相對主義的諷刺之處在於，要使某物成為相對，就必須有某個絕對的東西。例如，去達拉斯的方向是相對的，取決於你從哪裡出發，但它們都基於一個絕對的事實：達拉斯永遠不會在休斯頓以南，而且它位於德州，不是加州。人們通常認為爭論的焦點是相對真理還是絕對真理，實則不然；爭論的焦點其實在於我們從哪個絕對真理出發。身為基督徒，我們相信一切都是相對於神的道德律。C・S・魯益師（C. S. Lewis）在《我如何思考基督教》（*Mere Christianity*）中說道：

> 我反對上帝的理由是，宇宙似乎是如此殘酷不公。但我怎麼會有這種公正與不公的觀念呢？一個人如果對直線沒有一些概念，他不會說一條線是彎曲的。當我在說宇宙不公時，我是拿什麼和它作比照呢？[1]

我們的世界試圖告訴我們的孩子，所有的道德都是相對於個人而言；但這就像試圖找到一個移動的目標。你只能漫無目的地徘徊，希望能撞上它。認為所有的道德都是相對於個人而言，實際上就是說，不存在絕對的道德——不存在對所有人而言，無論何時、何地，都是對的或錯的事物。

道德相對主義與後現代主義

道德相對主義是後現代主義邏輯下的產物。若絕對真理不可知，我們所能做的只是「活出我們的真理」，那麼當我

們的真理不可避免地發生衝突時，就必須找到一種方法來和平共處（因為它們必然會衝突！）。道德相對主義的解決方案是什麼？包容。記得我們在自然主義一章中提到的自我推翻陳述嗎？道德相對主義最終是自我推翻的，因為一方面，它要求每個人都相互包容；另一方面，它非常不包容那些被視為不包容的人。正如我們章節標題說的：「你說我錯，你就錯了！」（對此我們可以回應：「不，你說我錯，因為我說你錯，你就錯了！」）這變成了孩子之間互不相讓的意氣之爭，但是在一個全新層次上的意氣之爭；因為我們處理的是這樣做的成年人，而他們非常確信自己是對的。

如果這聽起來不合理，那是因為它確實不合邏輯。所以為什麼人們看不出這種不合理呢？簡單的答案：他們沒有運用他們的邏輯推理能力。情緒現在是道德真理的主要仲裁者，一個人情緒的強度決定了事情的對錯程度。如果你在 Facebook 上與道德相對主義者辯論，並試圖進行討論，你可能會看到他或她進入**驚嘆號模式**。**驚嘆號模式就像大吼大叫，如果他們之前的推理沒有說服你，也許當你看到他們在說的每句話後面都打上驚嘆號來表達他們的認真程度時，你就會屈服了。**

情感和理性應該攜手並進。從前，心理諮商的重點是幫助一個人的情感符合現實。現在，人們更關心的是如何塑造現實，使其符合情感或紓解不良情緒。即使是科學也必須對情緒俯首稱臣（那不是人類的嬰兒，只是一個胚胎，甚至 DNA 也無法告訴你一個人的性別）。正如我們在語言偷換那一章中說過的，情感是很好的追隨者，但卻是糟糕的領導

者。我們的社會目前正在進行一個巨大的實驗，看看如果你一直讓情感掌權時會發生什麼。結果不太樂觀——更多內容見第十章。

道德相對主義入侵了我們的文化，因為人們拒絕了任何現實世界中客觀的道德基礎。道德律之所以稱為道德律是有原因的。就像重力定律一樣，它不是我們的偏好，也不是我們的意見。在提姆・凱勒（Tim Keller）的書《我為什麼相信？》（The Reason for God）中指出，古人相信「如果你違反了這種形上學秩序，後果就像是你把手伸進火裡違反了物理現實一樣嚴重。」[2]（形上學秩序就是道德律）。

奧斯卡・王爾德（Oscar Wilde）的書《格雷的畫像》（The Portrait of Dorian Grey）中生動地描繪了這點。一個富有的社交名流命人畫了自己的肖像，然後希望這幅肖像代替他變老。書中詳細描述了格雷沉迷的各種道德墮落行為，每次行為後，都在書中描述了畫像發生的物理變化——這些變化是打破讀者直覺知道的道德律後的視覺後果。最後，格雷對畫像的變化深惡痛絕，再也無法忍受它的醜陋，於是將畫像撕成碎片。

當我們違反道德律時，我們的靈魂會改變。我們無法像在《格雷的畫像》中那樣看到這種變化。違反屬靈的律會有屬靈的後果。難怪我們這個道德相對主義的社會會流行憂鬱症、焦慮症和恐慌症？我並不是說這兩者間存在著對應的相關性，比如你犯了罪（sin），然後憂鬱症就會立刻出現；而是要說，我們的社會正在到處點燃屬靈之火，然後不解為什麼我們的世界會陷入火海。我們不僅承受自己罪的屬靈後果，

還會受到他人罪的影響。問問任何一個在酗酒的父母身邊長大的人或性虐待的受害者，你就會清楚地看到違反道德律的後果——承受後果的不只是違反者的靈魂。有一種學派稱為「道德倫理現實主義」，非常強調某些「價值」的客觀性，他們甚至將道德律稱為「道德事實」而不是道德價值。因為價值觀可能因人而異，但事實對所有人、在任何時候都是真實的。

道德相對主義的正確和錯誤認知

道德相對主義是我們社會目前面臨的一個大問題。沒有人知道什麼是對的，或由誰來決定什麼是對的。為人父母，我們面臨的最大挑戰之一是，想為我們的孩子提供簡單的答案。我們都喜歡簡單的答案，老實說。

獲得簡單答案的最簡單（但最無效）方法就是，將問題過度簡化。不幸的是，道德問題不允許我們這樣做。通常的情況是，我們給出陳腔濫調、斷章取義的經文，或我暱稱為「保險槓智慧小語」的東西。我們冷冷地說：「聖經是這麼說的，我相信，那就這樣了」，就不再深入思考。雖然這對一些人可能有效（通常是那些已接受神和基督教的人），但這種「推理」採取了一種前現代心態，而我們處於後現代時代了，訴諸權威無助於說服人們接受真理。我們可以嘗試這樣做，可能也會有人聽進去；但我們不會被理解，也無法使人信服。

聖經對我們理解真理至關重要，但它更像是一本使用手冊，而不是單一工具。我們不應該拿出聖經就開始敲敲打打；我們應該將它當作我們互動的指引，聖經告訴我們如何使用神賜予我們的多種工具。

價值、真理、道德原則和聖靈的果實，就像是工具箱裡的工具。感謝耶穌，賜給了我們這麼多的工具！想像一下，只用一把錘子或一個扳手來修理汽車引擎會有什麼結果（那也是一件事，對吧？）每樣工具都能單獨解決許多問題，但若只有一樣工具，我們得到的可能是弊大於利。我們需要很多不同的工具，需要使用手冊（聖經）來告訴我們如何使用它們。

　　不幸的是，我們的社會已經拋棄了工具箱裡的許多工具。道德事實、客觀真理、神，甚至使用手冊（聖經）都被丟到一邊了。人們選擇了丟棄工具箱，只留下自己最喜歡的一兩個工具。一個人重視同情心，試圖用同情心解決所有問題，並優先解決需要同情心的問題。另一個人看重寬容，試圖只用寬容來解決所有問題。還有一個人只用聖經，忽視憐憫和關係，動不動就丟下真理炸彈，任由碎片隨意掉落，還向受害者宣告，「神的話語絕不落空！」這些工具都有其適用的時機和場合，但通常一起使用它們才會獲得最好的結果。沒有一條規則能取代聖經和聖靈的指引和工具，也沒有一種簡單的方法能判斷道德是非。真理不變，但人會變，而我們處理他們的方法至關重要。我們都需要謙卑和辨別的能力。

道德相對主義簡史

　　道德相對主義是後現代主義邏輯推演的結果（雖然我們應該澄清，道德相對主義一直存在，因為人們總是試圖為自己的罪辯護）。就我們的目的而言，我們將只關注最近這一波的道德相對主義。我們不是要反覆嘮叨前現代／現代／後現代的事，但社會確實受到了這些思想的形塑。前現代主

義者用理性、啟示和權威來確定真理,而現代主義者認為只要人類的理性就夠了。然而,他們的假設是基於這樣一種觀念:通過使用我們集體的人類理性,我們都會得出相同的結論——也就是 2 + 2 = 4,所以無緣無故的拳頭＋臉＝壞,對嗎?一切都是數學。

後現代主義者質疑現代主義的矛盾結論,即(1)人類可以建構自己的真理;(2)這個真理是客觀的,對所有人都具有約束力。後現代主義者說:「等等,每個人都有不同意見。要不是沒有客觀真理,要不就是我們一直都搞錯了。」(原罪又來了!)換句話說,要不是我們的錯,要不就是真理的錯。然後他們投票把真理趕出了小島。

有部分後現代主義者是受到自然主義承諾的驅使而拒絕真理。正如(無神論)生物學家理察・陸文頓(Richard Lewontin)著名的總結:

> 我們願意接受違背常識的科學主張,這是理解科學與超自然之間真正鬥爭的關鍵。我們站在科學的一邊,儘管它的一些構想顯然荒謬……儘管科學界對未經證實但人人公認的故事持容忍態度,因為我們有一個先前的承諾,一個對唯物主義的承諾……〔唯物主義〕是絕對的,因為我們不能允許神的腳踏進這扇門[3](記住,在第六章中,唯物主義幾乎可以與自然主義互相代換)。

神的形象被納入我們的道德認知中。一個人可以整天說:「我們不能評判別人的真理」,但當你問這是否適用於一個為

了樂趣而折磨嬰兒的假設社會，或他是否認為性奴是一項可靠的商業投資時，他就會明顯的不安起來。撇開精神病患者不談，我們都知道有些事情是錯的——對所有人、在任何時候、任何文化中都是如此。道德律寫在我們的心上（羅馬書2:15）。

人性中有某些部分，一旦被移除，就會創造出一個真空。無論用什麼來填補這個空隙，最終都會變成一個怪物，因為我們被某些原本不該統治我們的東西統治了。現代人拒絕了上帝，這創造出一個崇拜的真空，然後理性和科學試圖填補這個空隙。當後現代人拒絕客觀真理時，情感就成了下一個候選人。

道德相對主義說，「對你來說是真的東西，對我來說可能不是真的。沒有人可以告訴我什麼是真的。我們大家一起手牽手唱《快樂天堂》吧。沒有人是錯的——有什麼不值得慶祝的呢？」然而，這種因人而異的結論，只是一種新的客觀標準：沒有人可以說別人是錯的。如果你這麼做，就違反了道德相對主義的基本準則，你將為此受到公開羞辱。正如喬納森·梅里特（Jonathan Merritt）在《大西洋月刊》（*The Atlantic*）中所說的：

〔一種〕「羞辱文化」現在取代了〔道德相對主義〕……一旦違反，就會在社交媒體上遭到無情的道德撻伐……這個系統並不是保守派會期望的價值觀回歸……它的核心並不是性別角色、家庭價值、對建制的尊重和宗教敬虔，而是圍繞著寬容和包容等價值觀而運行（這一新規

範創造了一個自相矛盾的時刻，除了不寬容的人，所有人都被寬容；除了排他的事情，所有事情都被包容）。[4]

熊媽媽們，說得清楚一點，身為基督徒，我們都是不寬容和排他俱樂部的一員；基督教對罪不寬容，耶穌對主權的聲稱是排他的。想想你在國中和高中時因為多少事情而受到人們的羞辱，錯的髮型、錯的衣服、錯的資料夾。如果這還不夠，我們的孩子現在因為錯誤的信仰而受到霸凌！我們不能低估融入社會的巨大壓力。為了在初中的叢林中生存下來，我們基督徒的孩子經常將他們的公開信仰與他們私下的信仰分離開來。然而，靈魂無法長期忍受一個破裂的世界觀。它試圖將它修補起來，但如果它從來都不知道它是如何組合起來的，就無法正確地修補它。結果？基本上就是創造出一個宗教的科學怪人。孩子們創造出一種新的信仰、新的基督教，並以一種新的方式將其組合在一起，這樣他們就能在公開場合持有被要求的寬容價值觀（對罪的寬容、對所有信仰的包容），同時仍擁抱傳統信仰中的所有*基督教詞語*。如果你想知道這在實踐中是什麼樣子的，請參見艾莉莎的章節〈新靈性運動〉（第十二章）和〈進步基督教〉（第十五章）。

像熊媽媽一樣咆哮！

識別訊息

我們不難辨識出文化中的道德相對主義。以下是一些你的孩子可能會聽到或讀到的幾種說法。

1) **對你來說是真的，對我來說不一定是真的**——「真的」這個詞被劫持了。人們仍想要真理，但他們不想把它定義為真理。如果對我來說，你的說法不是真的，這是真的，那怎麼辦？誰的真理贏了？
2) **只有我才能決定我的真理**——這是極端的個人主義。我們變成了流浪的孤星，而不是生活在社群中。
3) **做出自己的選擇（個人自主性）是最重要的**——如果有任何事情妨礙我做想做的事，就詆毀它，或將它去除人性。它顯然正在向我開戰，或是以某種方式壓迫我。
4) **不要把你的真理強加給我**——根據後現代主義，所有的真理宣稱都是控制他人的壓迫性企圖。宣稱某事是真正的真理，就像真的是真的一樣，說的好是輕微的侵犯，說的不好則是強制性壓迫。
5) **愛就是愛**——道德相對主義在性、性別和一切相關事物的領域中，表現得最為明顯。避孕、離婚、同居、墮胎、同性婚姻和性別認同——整個領域就是一片混亂（你完全不知道，對吧？）在這裡，即使是基督徒也感覺到需要找到一些迴旋餘地。

提出洞察

為什麼道德相對主義如此有吸引力，它企圖解決什麼問題？乍看下，答案應該是顯而易見的：沒有人想讓別人告訴自己該做什麼。但讓我們更深入探究，為什麼被權威人物告訴自己該做什麼這件事，成了社會拼命掙扎、想要擺脫的一種壓迫？

首先，我們必須承認基督徒濫用了多少次道德權威，把我們個人的信念變成了*絕對*的道德標準。例如，《不再約會》(*I Kissed Dating Goodbye*) 這本書在我（希拉蕊）高中最後一年出版。我看到基督教社群中的一些人，將約會視為不可饒恕的罪過。有個人——約書亞·哈里斯（Joshua Harris）——決定不再約會，全國的青少年團契卻把這變成了福音真理。多年後，哈里斯為這本書道歉，因為他看到它對許多年輕人造成的影響（我個人只想給他一個擁抱，告訴他這不是他的錯，是基督徒把他的書變成了《聖經》第六十七卷）。

〈羅馬書〉第十四章清楚表明，基督徒的信念是一個光譜。當人們否認正當的基督徒自由時，他們正走在危險的道路上。過度基要主義和道德相對主義都犯了走上極端的錯誤，永遠會對彼此作出反應。一些道德相對主義者確實有崇高的意圖，並試圖在內部分歧中重新建立和平，解決衝突；或者他們只是對於聖經被當作錘子使用感到筋疲力盡。這些動機不一定是壞的。問題在於道德相對主義的*解決方案*。

我們需要承認道德相對主義中的哪些謊言？

#謊言一：完全的道德相對主義是可能的

錯。這在*邏輯*上根本是不可能的。這是一個自我推翻陳述。說沒有什麼是真的，就是宣稱自己知道關於真理的真相。要讓道德相對主義成立，就不能有人擁有強烈的信念；除非你認為你的信念*確實*是真的，否則你可以相信任何你想要相信的事物。如果是這樣，那麼道德相對主義對你而言，就會產生問題，因為真理本身即是排他的。它排除謬誤。

#謊言二：每個人都接受道德相對主義就能結束所有衝突

錯。我們只是改變了受壓迫的對象而已。當人們的「真理」最終產生衝突（這必然會發生）時，那麼最會吵鬧的一方就會贏得爭論，通常是用霸凌的方式，迫使其他人保持沉默。身為父母，你常常能讓你的孩子們在一件事情上意見一致嗎？然而，我們卻認為我們能讓全世界意見一致？如果在小規模上都行不通了，那麼在大規模上也不會行得通的。

#謊言三：真理和同情是截然對立的

很少有道德相對主義者會這樣直接了當地說出來，但他們極力暗示了這一點，這被稱為「虛假二分法」。的確，人們通常會傾向於真理或同情（邁爾斯－布里格斯性格類型指標〔Myers-Briggs Type Indicator，簡稱MBTI〕稱這種二分類型為「思考者」和「感受者」）。但是，知道嗎？思考者也能感受，感受者也能思考。我們可以做到兩者兼顧。不要接受這種謊言，以為你非得在真理和同情之間做出選擇不可。認為自己必須在兩者之間作選擇的人，往往會變成我兒時牧師所稱的「有同情的妥協者」和「可怕的真理告知者」這兩種類型的人。我們的目標應該是真理和愛兼具。

#謊言四：表達同情者自動占據道德（相對主義）制高點

這個謊言很難辨別。通常寬容的同情語言聽起來與基督的心意如此接近，以至於我們無法完全記得（或清楚說明）為什麼某些罪是錯的。正如我之前說過的，通往地獄的路是

由善意鋪成的。在放錯對象的同情中，這點體現得最為明顯。同情很少會顧及長遠，它只想讓現在變得更好，它看不到預期之外的後果。放錯位置的同情可能告訴我們不要管教孩子，因為這會讓他們感到痛苦。任何看過《巧克力冒險工廠》(*Charlie and the Chocolate Factory*)的都知道，這種教養方式最終會養出什麼樣的小鬼。我（希拉蕊）的丈夫經常說，人類遭受的某些最嚴重的暴行，是以同情的名義施行的。

主張更健全的態度

那麼我們如何防止孩子陷入道德相對主義的陷阱？

1) **強調沒有人是完全的道德相對主義者**——一旦道德相對主義者的錢包被偷了，他不會認為，哦，好吧，這些小偷只是活出他們的真理……用我的錢，他也不會怪罪於小偷的成長背景或經濟因素（雖然他的辯護律師可能會）。大多數人在自己的舒適被破壞時，都會成為客觀主義者。同樣的，如果你聽到你的孩子說：「我不會那樣做，但我也不會叫別人不要那樣做」，請確定他們在說什麼，以及這是否是一個聖經曾經提到過的、正當的道德事實，這是否屬於基督徒自由的範疇（或者他們是否在指非基督徒，我們不應該告訴非基督徒他們該做什麼）。

2) **承認道德事實**——人們會告訴你的孩子兩個謊言：（1）所有宗教都是完全不同的，或者（2）所有宗教基本上都是一樣的（多元主義——參見第十一章）。但這兩個說法都是錯誤的。大多數宗教在其基本教義上雖然有所不同，但都承認類似的道德事實，例如謀殺、撒謊、怯懦和偷竊是錯

的，利他主義、愛、誠實和憐憫是好的。更多這方面的訊息，請參閱C‧S‧魯益師的《人之廢》(*Abolition of Man*)一書附錄，其中比照了不同時代和文化的法典。

3) **承認違背道德律的後果**——如果你有一個充滿同情心的孩子，你當為此感到高興！多麼美好的靈魂啊。然而，充滿同情心的孩子容易去做或說最不會造成他人立即痛苦的事情；這種本能可能會讓他們肯定不該肯定的事。我們需要強調，神不是一個以造成別人痛苦為樂的宇宙存有；祂創造道德律不是為了壓制自由和傷害人們。身為我們靈魂的設計者，祂知道什麼會傷害我們。真正的同情心會鼓勵人們接近對靈魂有益的事物。當然，我們的言行將成為基督的馨香或定罪的惡臭。要成為馨香，而不要成為硫磺。

4) **強調正當的基督徒存在自由和灰色的地帶**——認為世界是非黑即白的孩子，發現灰色地帶存在時，會感到憤恨和受欺騙。很多時候，他們最後會決定將灰色地帶詮釋為更接近黑色而不是白色，然後轉而投向所謂的黑暗面。我無法告訴你我們（約翰、蕾貝佳和我）遇過多少無神論者是在一個過度基要主義的環境中長大的，這就是他們的情況。

5) **對基督徒名人要有辨別力**——我們有時一看到某位名人的簡介中有「基督徒」這三個字，大腦就會停止思考。這是不智的行為。當前最大的問題之一是，有多少高知名度的基督徒人物決定撇棄聖經的指導，擁抱同情和寬容的工具，尤其是在性取向、性別和基督教主張的排他性上。為什麼名人容易這樣做？因為他們意識到衝突會減少他們的觀眾。此外，沒有人願意傷害別人，當文化告訴我們，我

們正在用我們的基督教真理「傷害別人」時，我們往往會停止說話。我們內在的同情心讓我們想要減輕痛苦，即使這會導致我們在教義上妥協。

6）**基督徒有自由並不意味著絕對的事物不存在**——為什麼我們總是在極端之間、在律法主義和無律法之間搖擺？為什麼我們總是把事情搞成全有或全無？這是一種懶惰。我們*既*有基督徒自由，*也*有基督徒的絕對；這不是非此即彼。如果道德根植於神，那麼我們可以肯定它既是絕對的，同時又是複雜的。基督徒的生活有律法和準則，就如山路有護欄一樣——一個冒險世界在等著我們，但也有一些保障措施幫助引導成長和探索，防止我們滾下山去。

透過討論、門徒訓練和禱告強化印象

1）年幼孩子們的思考仍處於非黑即白的階段，我們還在試圖教他們分辨對錯。請注意，不僅要為孩子制定規則，還要告訴他們規則背後的*原因*。幫助他們了解規則是為了我們的好處、出於愛或為了計劃安排而制定的。幫助他們認識違反規則的自然後果（比如告訴他們要穿鞋，結果他們不聽話，腳受傷了！）這將讓他們在年紀大一點時，更容易理解道德後果（而不只是了解物理後果而已）。

2）隨著孩子的成長，他們會遇到有時是對的，有時是錯的事情。例如保守祕密的問題。一般來說，我們的孩子應該信守承諾，不把祕密說出去。但如果保守祕密會對某人造成傷害，或涉及了需要成人知道的事情，

情況就不同了。一旦你的孩子能夠理解道德兩難的概念，請跟他們討論如何應對這些情況，並以適合孩子年齡的方式給予指導。

3）當你與孩子談論行為的後果時，以適合孩子年齡的方式，誠實地談論你自己曾犯的罪（sin）。你的罪如何影響了你的靈魂？你的罪如何影響了他人？向你的孩子強調這個概念：道德律的基礎是道德事實，違反道德律會帶來道德後果（就像違反重力定律會有物理後果一樣）。

以下內容適用於年長的孩子，在你認為適當時機和場合時可以選擇這樣做。

4）和孩子們談談神賜予我們的各種工具。一個好的起點是〈加拉太書／迦拉達書〉第五章談到的聖靈的果子，以及關於屬靈恩賜的經文（羅馬書12:6-8；哥林多前書12:8-10；彼得前書4:11）。設想一個道德的兩難，並討論這些工具在解決這一兩難的重要性，例如墮胎問題，我們面臨著單親母親的流行現象；與一個在恐懼中掙扎的年輕母親談話時，我們需要同情心。她需要我們的服事來減輕她的負擔，她需要知道關於墮胎如何損害她靈魂的真相。如果她已經做出了錯誤的決定，她需要恩典。

5）注意媒體對抗議活動的頭條報導（這些報導應該不難找到）。幫助你的小熊們辨別抗議活動傳達的信息、抗議者堅持的價值觀，以及抗議活動所涉及的正當關

切,以此來練習本章的咆哮步驟。有哪些謊言正在悄悄潛入?聖經如何更好地詮釋抗議者所珍視的價值觀?你的孩子可以做些什麼來幫助解決問題?

例如,我們有一些關於同性戀者受到殘暴對待和被當成次等人類的真實故事。這是神希望我們對待他們的方式嗎?承認他們所經歷的痛苦。抗議者如何看待自己正在「捍衛被壓迫者的目標」?聖經對性取向和婚姻有什麼說法(馬太福音19:1-4)?聖經對愛有什麼說法(約翰一書4:8;羅馬書5:8;哥林多前書13)?我們對這場運動的責任是什麼?(提示:我們的呼召不是去審判教會外的人,而是教會內的人〔哥林多前書5:12-13〕。我們還被呼召去斷定什麼是真理——見〈約翰福音〉7:24和〈帖撒羅尼迦前書〉5:21。對孩子來說,正確的論斷是一個難以理解的概念,因為他們從別人那裡聽到的全是「不要論斷」)。

與孩子們談談我們如何在擁抱聖經真理的同時,以最好的方式愛人。看看耶穌是如何對待由於人類的墮落、軟弱和受誘惑而犯的罪,例如井邊的婦人和犯姦淫被人抓住的婦人。將這些例子與耶穌如何對待驕傲和悖逆的罪(如法利賽人)進行比照。耶穌如何在不縱容罪的同時,展現同情?

PAWS禱告策略
讚美神

祢是道德律法的制定者。祢賦予我們權利,因此也只有祢才能剝奪它們。祢是我們的造物主,祢確實賦予了我們不可剝奪的權利。祢創造了道德秩序,消弭了混亂無序。祢是整個宇宙的神,因此也有跨越時空、普世適用的規則。而我們是誰,竟認為可以忽視或無視這些規則?祢是神,祢定義了善。

認罪

原諒我,原諒我們,讓情感的力量或個人偏好成為我們的神,拒絕承認道德乃是根植於現實。我們感到羞愧,因為我們讓真理從我們的宗教、政治和享樂的道德結構中分裂出來。我承認我經常更看重取悅人而不是取悅神,在寬容的幌子下立場搖擺,而不是堅立於磐石上。原諒我們崇尚虛假的同情心勝於真理,因此助長了他人的罪。這一切不是「都是相對的」。我們是客觀上的罪人,我們需要一位救主。

感恩敬拜

我感謝祢,違反屬靈的律有屬靈的後果,這些後果就是對我的訓斥。我感謝祢,祢的聖經是我們道德結構的設計師,我們是按著神的形象造的。我們感激祢將我們應該遵守而不是忽視的那些律,種在我們的心裡。

祈求

告訴我，我在哪些方面採用了道德相對主義的立場。幫助我向那些在真理方面思想混亂的人展現出同情心。幫助祢的教會，透過我們在對話中以富有同情心的方式傳達真理，來修復道德的結構。願我們堅定地不寬容罪，擁抱耶穌的獨一主張，並同時將這個訊息傳達給每一個人。不要讓我們被混淆真理的同情語言所左右。主啊，這很難。我們需要祢的幫助。讓我們在一個對生命如饑似渴的世界裡，成為基督的馨香。願我們在誠實地稱呼罪為罪時，不僅注意我們的方法，也注意我們傳達的訊息。

奉我們的磐石耶穌的名，阿們。

問題討論

一、**破冰問題**：分享一件你做過的事情，沒有人必須因為這件事懲罰你，但你因為違反道德律帶來的道德後果，最終承擔了自己行為的後果。

二、**討論主題**：道德事實存在，違反這些道德律會帶來屬靈的（有時是身體的）後果。有哪些事情在你成長的過程中被公認是錯的，但現在社會卻接受了？你看到社會道德發生了什麼變化？這些變化對我們的文化產生了什麼影響？

三、**自我評估**：有沒有一些道德是你大多數時候堅持，但是當遵守它們變得不是那麼方便時，你就放棄了？這可能是一個非常私人的問題，所以只分享你覺得適合分享的

部分。你認為自己為什麼改變了對這個問題的看法？違背你所知道的真理是否帶來了任何屬靈、身體或情感上的後果？

四、**腦力激盪**：神制定規則的三個主要原因是（1）保護我們，（2）創造有秩序的社會，（3）給予我們真正的自由。選擇幾個聖經與我們的文化對其看法截然不同的領域，思考一下，當人們忽視聖經原則時，會帶來哪些個人和社會的後果（心理、身體、情感、經濟上的後果等）？遵守這些原則，如何讓我們獲得自由？違反這些原則，又如何給我們帶來綑綁？

五、**練習當個熊媽媽**：選擇討論過的一個道德原則，例如撒謊；與孩子們一起設想一個虛構的世界，在這個世界裡，撒謊是可以接受的。人們會受到什麼樣的影響？接受撒謊的社會，在哪些方面會變得混亂？說明後果不一定是指爸爸媽媽的懲罰，有些後果是自然發生的，因為我們違背了神的道德律。向孩子強調，神制定這個法則──即不要撒謊──是為了保護我們、讓我們遠離謊言，並創造一個有序社會，好讓我們在其中茁壯成長。

第十章

跟隨你的心
——它從不說謊！

情感主義 Emotionalism

提亞希・坎農 & 希拉蕊・摩根・費雷爾 & 希拉蕊・蕭特
Teasi Cannon & Hillary Morgan Ferrer & Hillary Short

你曾經回想起小時候做過的事，然後尷尬得想找個地洞鑽進去？我（提亞希）就是這樣，尤其是當我回想起我在讀中學的時候。你看，我是個戲劇性的小孩——不是那種愛演戲的戲劇性，而是情感豐富。你常常會看到我站在房間的鏡子前，聽著悲傷的音樂，故意讓自己哭，因為我喜歡看著一顆顆淚珠順著臉頰流下來的感覺（放心，我在二十歲出頭就不再這樣做了）。在很長一段時間裡，最有效的催淚曲是《火爆浪子》（Grease）電影原聲帶裡的〈無悔的奉獻〉（Hopelessly Devoted）。我會不斷重播這首歌，凝視著自己悲傷的雙眼，思考自己多麼孤獨，幻想有一天能擺脫平凡乏味的普通中產階級生活。

信不信由你，我喜歡悲傷的感覺。但我也喜歡快樂的感覺。我只是喜歡感覺，喜歡思考感覺，喜歡談論感覺。我一直對感覺的領域，或者說我們在本章討論的情感（emotions）

領域感到自在。我相信這不是什麼錯。情感是神的恩賜，祂用各種情感來觸動和教導我們。但我十分確信，祂從未打算讓情感來引導我們，正如在情感主義的討論中將要說明的。我曾聽人說過：「情感就像小孩子，它們很有趣，但你永遠不會讓它們掌權。」

情感與激情（Passions）的區別

我（Hillary's）的丈夫曾說過，控制情感對每個人來說是不同的。對一些人來說，這就像與熊搏鬥；而對另一些人來說，就像把老鼠趕進籠子。情感可以是強大的小野獸，對於科學、神的啟示、權威，甚至是邏輯推理等尋求真理的各種方法，情感都能不受影響。然而，正如我們將看到的，只要是由聖經、理性和現實所啟發，情感也可以成為發現真理的寶貴工具。像我們的身體一樣，我們的情感也需要通過紀律來塑造——否則它們會很難看。要理解規訓情感意味著什麼，首先需要理解情感和激情之間的區別。

據我們所知，人體內有許多物質和非物質的對應之處。例如，大腦和心靈之間有什麼區別？自然主義者認為它們本質上是一樣的。基督徒承認身體和靈魂的存在，並能夠區分這兩者。大腦是我們思想的物質部分，而心靈則是發出指令的非物質部分。和孩子們玩個遊戲，你們都擺個姿勢或做個表情，你們會在歡聲笑語中度過一段快樂時光。問他們：「是什麼讓你擺出這個姿勢或做出這個表情？」他們可能不知道。在我們體內有某種神祕的東西，能使我們立即想出點子並執行它們。唯物主義者會說是大腦中的化學物質產生了關於表

情或姿勢的想法,但這是過度推論了。如果我們只是聽從大腦中化學物質使喚的奴隸,那麼我們不需要對自己的思想或行為負責任。

但根據神的話語,我們不僅僅是化學物質而已,我們有意志的存在,可以做出好的決定、壞的決定或滑稽的表情(如果我們願意的話)。大腦中的化學物質可能會幫助或妨礙我們做出好的決定,但我們仍然有能力做出選擇。關於自我或我的觀念,某些東西是無法化約為化學物質或神經元的。科學家才剛開始要理解大腦(物質)和心靈(非物質)之間的區別,還有很多要學習的。

現在,回到情感對應的部分,我們的感覺也有物質和非物質的組成部分。在《不是激情的奴隸:情感與選擇》(*Not Passion's Slave: Emotions and Choice*)一書中,羅伯特·所羅門(Robert Solomon)區分了激情和情感。激情是我們感覺中的化學(物質)部分,我們幾乎無法控制。這些是我們感覺的原始、物質部分,如恐懼、亢奮或憤怒。另一方面,所羅門將情感等同為一種判斷。情感可以迅速改變,不論身體發生了什麼變化。讓我們說明一下這點。

假設你是一個易怒的青少年,正在等媽媽來接你放學。十分鐘過去了、半小時過去了,然後是整整一小時。這時你可能已經氣到不行了。突然一輛車疾駛而來,是你爸爸。他說:「快上車。媽媽出車禍了,我們要去醫院。」我敢打賭你對媽媽的憤怒會立刻消失。為什麼?因為你的憤怒情感是基於你的判斷,你認為她把你忘了(她怎麼可以!)但隨著你從爸爸那裡得到的新資訊,你的情感判斷改變了,現在你擔心

媽媽了。你可能會感到驚慌，在這種情況下，這種反應可以理解。一開始你因為你認為的事實（媽媽忘了我）而生氣，但一旦你發現事實真相，你的情感立刻改變了。充分知情下的情感可以加強你對真理的把握。

當情感受到聖經、理性和現實的規訓時，它們就成為強大的強化工具。當我意識到不公正的存在時，我可能會感到憤怒，並受到激勵去採取行動。當我作為熊媽媽看到真理受到損害時，我會非常憤慨，這可能會促使我寫一本書來幫助其他熊媽媽識破謊言（眨眨眼！）當看一部關於兒童被賣為性奴隸的紀錄片時，我會感到同情，並受到激勵，捐款給致力於終止人口販賣的組織。當我經歷一次震撼人心的敬拜服事時，我會不能自已地滿溢出對於神以及祂為我所做的一切的愛。在這每一種情況下，情感都不僅指引我走向真理，也指引我行動。神創造我們的方式何等奇妙，但罪扭曲了我們，使我們不再按照製造者的規格發揮功能。

情感主義簡史

情感主義基本上指的是用情感取代神賦予我們的理性能力。某件事是對還是錯？我不確定。等一下，讓我看看我對它是什麼感覺⋯⋯心啊，你要引導我去哪裡？

我們在之前的章節中已經詳細地說明了通往情感主義的歷史進程，但讓我們在這裡再回顧一下其中的一些內容。記住，自然主義認為唯一可知的是我們可以透過五感經驗到的東西——換句話說，就是物質世界。問題是，自然主義沒有將我們生活中那些無法否認其真實性並用五感定義或經驗的

方面──比如愛、道德，甚至是神──歸入一個範疇。唯物的自然主義將這些充其量只是歸為有用的虛構，在最糟的情況下，甚至是專橫的霸凌。現代人期望科學能為他們提供無可辯駁的答案，解答生活中的所有疑問。當這沒有發生時，激進的懷疑主義興起，並為後現代主義鋪平了道路。

當後現代主義登上舞台時，幻想破滅的大眾說：「如果不能知道一切，那我們就什麼都不能知道」。現代主義者不再將權威和神的啟示作為知識來源。後現代主義者更進一步，他們拋棄了人類理性，聲稱所有的真理最終都是主觀的──是文化和社會塑造的感知產物。就這一點，我們懷疑，當他們意識到自己剛剛拋棄了所有尋求真理的方法時，他們會突然大喊「喔喔，糟糕了」──也許他們忽略了一些東西？

請想一下這個例子：我（Hillary F.）愛吃巧克力，偶爾會買一包巧克力，慢慢吃完它。當巧克力吃完時，我會感到難過。有時候即使知道巧克力已經吃完了，還是會檢查袋子，以免出現裡面還有一顆的情形。偶爾還真的會有！發現袋子裡還有最後一顆 M&M 的那種喜悅真是難以言喻！我猜這就是人類在拋棄所有尋找真理方法後的感受。人們回到工具箱看看，是否還剩下什麼工具可以幫助他們找到真理，結果發現有耶──是情感。喔耶！

一如我們上文討論的，情感可以成為加強真理的寶貴工具，但有個絕對必要的前提，我一點也不介意再次重申：我們的情感必須受到聖經、理性和現實的紀律約束。沒有這些紀律約束，誰知道我們的情感會產生什麼樣的「真理」？〈耶利米書／耶肋米亞〉17:9 說：「人心比萬物都詭詐，壞到極

處，誰能識透呢？」即使我竭力用真理來控制和指導我的情感，還是會有非理性的感覺。我可能會感到無價值（這不是真的），我可能會感到不被愛（這不是真的），我可能會感到自己是孤獨一人（這不是真的！）。

使用情感來判斷真理的問題在於，情感必須首先符合*真理*，才能告訴我們有用的訊息。指南針要能夠正常工作，必須先被磁化，否則就不會指向正北。用真理來約束我們的情感，就像是將我們的情感指南針進行磁化。我們可以跟隨情感，但*前提是*要確保情感指南針指向正確的方向。

今天，有太多的人用情感判斷真理，卻懶得先將他們的情感指南針進行磁化。他們說：「我們往北走吧！」然後就朝著各種不同的方向走去，試圖說服其他所有人跟隨他們。他們不是約束自己的情感，使其符合現實，而是試圖讓現實順應他們的情感。當他們害怕時，就*以為*自己身處危境，而不是先感知真實的危險，然後才感到害怕；如此，情感主義會把感覺當作事實。但除非聖經、理性和現實對這些感覺進行事實查核，否則我們很難確定那些充滿情感的意見，真的是事實。當人們已經接受了後現代主義，他們甚至不相信他們能夠認識客觀真理。一個人的感覺可以和另一個人的感覺一樣「真實」——也就是說，沒有人了解事實，我們都在錯誤的迷宮中迷失了。只有在你不需要很快抵達某個地方的時候，你的感覺才能成為可靠的指南。

朋友，這不是個健康的態度。情感主義完全把現實排除在外。這裡是更多的例子：地獄讓你不舒服？別擔心，我們把它變成一個隱喻。絕對不要用 DNA 或身體部位來決定孩子

的性別，先讓他們告訴你，他們「有什麼感覺」。聽起來很熟悉嗎？這些都是從情感開始，對現實做出結論；而不是從現實開始，約束情感，讓情感服從現實。情感現在決定了真理和現實（對於所有未成年少女的母親來說，這是一個可怕的想法！）

像熊媽媽一樣咆哮！

識別訊息

這一章的「咆哮」一節會和之前的章節稍有不同，因為情感主義有兩個方面：內建的假設和它的包裝方式。了解這兩個方面對於識別情感主義的訊息十分重要。

情感主義的假設

今天的後現代社會已經拋棄了判斷我們情感真實性的所有真正有用的標準。為了讓我們更容易識別情感主義，讓我們看看它的一些內建假設。

1) **我不能選擇或控制我的情感**——這部分對也部分錯。我們無法控制激情，即我們身體對情境的生理反應。然而，我們可能是第一代普遍接受「情感無法控制」這一觀念的人。所有文明社會都建立在這一假設上：人可以也應該控制自己，包括控制他們的情感。文明有賴於此。我們期望成年人與孩子有不同的行為，因為孩子還在學習如何控制情感。我們甚至對那些在這方面有困難的人有臨床診斷（例如雙極性情感疾患、強迫症等）。

2）**負面情緒是有害的**——這個說法只有部分正確。像言語虐待或憂鬱症這類事情不會帶來什麼好處,但負面情緒是生活的一部分。當你試圖消除一個人生活中的負面情緒時,事情會變得很奇怪。認為負面情緒有害的信念,導致了最近的兩個現象:(1)極度強調自尊的重要性(這不全是壞事);(2)取消許多兒童活動中的競爭。為了防止孩子把輸了比賽或遊戲解讀為拒絕,乾脆取消競爭。每個人都有獎盃!每個人都是特別的!不幸的是,雖然我們孩子的自尊可能提高了,他們的自制力卻一落千丈。許多人失去了處理競爭、挫折、拒絕和負面情緒的能力。這就產生了「玻璃心世代」——那些人生活的平衡感如同玻璃般脆弱。

3）**我們必須改變現實來保護情感**——這是前兩個假設的邏輯結論。如果(1)我們無法改變情感,並且(2)負面情緒是有害的,那麼我們*必須*(3)改變造成負面情緒的任何事物,這樣我們才能有健康的生活。這是前兩個假設不可避免的結論。

我甚至無法解釋這個假設已經以多少方式滲透到社會裡。我們在教育系統中看到這一點(不讓表現不佳的學生留級),在司法系統中看到這一點(例如史丹福大學強姦案,法官不想「毀了強姦犯的生活」),在政治系統中看到這一點(大學停課、取消考試,發放小狗和黏土幫助學生應對 2016 年的選舉結果),我甚至不用提到這對性和性別議題造成的影響。現在加拿大正在制定公共政策,規定人們必須根據其他人對某些詞語的感覺來使用這些詞語。我們在談論的可不只是那些理應避免使用的詞語。我們現

在已經到了社會對於使用「男」和「女」字（男性和女性）表示不滿的地步。

情感主義的包裝方式

現在我們了解了情感主義的基本假設，接下來讓我們看看情感主義是如何包裝的。

1) **觸發警告**——觸發警告是提前提醒人們某些主題或詞語可能會引起某人不適的聲明。這個詞最初是針對創傷受害者的警告，讓他們知道即將到來的討論可能會引起閃回、驚恐或焦慮。現在這個詞更廣泛地用來指任何可能引起不適感的內容——這全都是基於負面情緒有害並必須不惜一切代價避免的假設（旁注：我〔Hillary F.〕很喜歡皮克斯電影《腦筋急轉彎》（*Inside Out*）中，當樂樂這個角色意識到悲傷有多麼重要以及負面情緒有多麼珍貴時，所傳達的訊息）。

2) **跟隨你的心**——你聽過多少次這句話？每當我和我丈夫需要找路的時候，我們喜歡拿出這個小金句：「我該往哪走？」、「我不知道，跟著你的心走吧」。根據這個時代的智慧，我們的心是真理的晴雨表，擋路的是我們討厭的腦袋！如果我們能夠關掉腦袋，就能清楚地聽見我們的心在說什麼，那麼路就會很清楚了（在網上搜尋「後悔的刺青」，你會找到很多證據證明「跟隨你的心」並不是做決定的最佳方式）。

3) **我被冒犯了**——我們越來越常看到，我們的世界被是否冒犯某人所主宰（除了基督徒以外——沒有人在意我們是

不是被冒犯)。人們不僅會為自己被冒犯而發聲，還會預測什麼會冒犯別人，並為那個人發聲。幾年前，我們當地的一家銀行從大廳移走了一棵聖誕樹，因為有顧客聲稱它會冒犯人。我要說的是，如果你住在美國，而你又無法忍受看到聖誕樹，那麼從十一月到一月初就不要出門了。朋友，別冒這個險！

提出洞察

我（提亞希）在這一章一開始提到，情感是神的恩賜。情感是真實、重要和不可消失的，這是我們不能拋棄的真理，但我們也不應低估它們強化真理的作用。

要理解情感的真正目的，我聽過最好的類比之一是，將我們的情感比作車內的警示燈。這些燈是用來提醒你有事情發生，需要進行更深入的檢查。當「檢查引擎」燈亮起時，車主有幾個選擇。她可以用膠帶遮住它（否認），她可以砸碎它（對現實發火）；或她可以把車送到修車廠，找出引擎蓋底下發生什麼事的真相。顯然，第三個選擇需要時間，依賴專家的意見，而且可能費用高昂，這就是為什麼很多人拖延不願面對事實的原因。

有時情緒能讓我們察覺我們遺忘的深層現實。在〈我本來是無神論者，直到我讀了《魔戒》〉（*I was an Atheist Until I Read Lord of the Rings*）這篇文章，作者費德里克・海德曼（Fredric Heidemann）描述他如何在無神論家庭中成長，導致他在理智層面上拒絕了神（人類的理性和情感一樣可能被濫用）。直到他讀了托爾金的經典小說後，他才發現自己內心有

種渴望無法用自然主義的假設來解釋。

在我狹隘的科學主義框架內，我無法理解托爾金的傑作為何如此深刻。一個虛構的奇幻世界怎麼能揭示任何「真理」……我為何會對會說話的樹和被腐化的幽靈、這等荒謬的事物產生共鳴？為何這個在重重困難下戰勝邪惡的故事讓我如此著迷？為何它會讓我對艱難困苦的美好冒險充滿渴望？為何這個故事會讓犧牲變得如此吸引人？《魔戒》向我展示了一個似乎比我所生活的世界更「真實」的世界……《魔戒》中充滿美麗的掙扎和自我犧牲的榮耀，觸動了我的靈魂，使我內心充滿了難以割捨的渴望。我嘗試在我的自然主義、無神論世界觀中解釋這些問題，卻無功而返。[1]

情感不僅能讓我們察覺問題，也能幫助我們看見美好的事物。我覺得有趣的是，〈加拉太書〉5:22-23 中描述的聖靈果實，包括了愛、喜樂和和平這些充滿情感的詞語，這些感覺是聖靈在我們個人生活中作工的指標。情感可以推動我們從事有價值的事業。

當我們肯定情感在生活中的地位時，重要的是讓自己有能力辨別情感主義所鼓吹的謊言。

#謊言一：如果我感覺到了，那就是真的

再次強調，青少女的媽媽們經常看到這個謊言，可能是每天。我們需要提醒孩子們，是的，情感可以引導我們找到

真理，但不總是如此。舉個例子，一些世界著名的藝術家和音樂家曾在無價值感中痛苦掙扎，甚至因此而自殺。他們讓自己的感覺決定了他們對自身價值的看法；可悲的是，儘管很多人認為他們和他們的技能具有很大的價值，他們卻依然按照這些感覺採取行動。

有時候我們的感覺會欺騙我們，有時候它們則準確地反映了現實。但我們怎麼知道其中的區別呢？重要的是我們要訴諸於一個外在的標準，幫助我們正確地評估自己的感覺。我們真的一無是處嗎？還是只是現在有這種感覺？

我（Hillary F.）和我丈夫有個笑話，我稱為我的「無價值感時刻」，我猜這與我的生理節奏有關。每天晚上到了一定的時間，我就會感到非常疲倦，這種感覺通常會被我的大腦解讀為一種無價值感。現在我已經學會了預期這種感覺的出現，但我花了很長時間（約翰也給了我很多次的鼓勵）才意識到，我不會整天都被成就感蒙蔽，而通常在晚上九點到十二點時才發現自己徹底失敗。我的身體裡發生了其他的事情，與其相信感覺，我們更傾向於把它當作笑話。

謊言二：我的感覺是你的責任

我們早前談到了今天普遍存在的「我被冒犯了」現象。人們接受了這個謊言，即因為他們無法控制自己的感覺，所以外界必須順應他們的感覺——理想情況下要避免任何可能的負面情緒。我們在幼稚園學到的第一課之一就是，所有人都不可能一直擁有自己想要的東西。我們必須輪流、我們必須分享、我們必須遵守規則，而這些規則通常不是我們制定

的。當人類幼兒該睡午覺時，我們就不能像蝴蝶一樣在教室裡飛來飛去。在這個沒有兩個人思想或感覺完全一樣的世界裡，我們能預期觀念會產生衝突、碰撞，並帶來糟糕的感覺。

謊言二不允許我們當個笨蛋，說「你的負面情緒是你的事！太糟了，真可憐」。是的，你的行動可能給他人帶來負面情緒。但天啊，我們不能把這個世界安排得讓任何人都不會有負面情緒！可悲的是，北美的立法者正在做這種春秋大夢，並試圖將政治正確的這一方面刻進法律。他們試圖這樣做應該讓我們感到害怕，因為如果這種趨勢繼續下去，會對基督徒產生深遠的影響。

#謊言三：忍受情感上的傷害就是忍受不公

這是當前流行的一種敘事方式，它包含了我們被劫持的詞語之一：不公正。我們將在女性主義一章中探討這個謊言，但現在讓我們弄清楚一件事：除了強制或創傷性的虐待之外，沒有人能強迫你產生任何感覺。他們能影響你的感覺嗎？當然可以，但我們真的需要在不當笨蛋和學著厚臉皮之間找到一個甜蜜點。在這兩者之間的某個點，才是對社會的合理期望。

主張更健全的態度

那麼，我們如何在肯定情感所有好處的同時，不陷入上述的謊言中呢？我在一些地方讀到過，我們每天大約做出 35,000 個有意識的決定。我第一個舉手承認，當中至少有一些決定是基於情感做出的。我很感激神和我的家人在我沒有

做出最佳決定時給予的寬容（我丈夫在天堂肯定會有特別的「忍受提亞希獎勵」等著他！）

當越來越有意識地察覺到自己容易感情用事時，我們就會走上改變的道路。我們朝著正確方向邁出的最重要第一步就是，要意識到真理和真理宣稱之間的區別。正如我們在前幾章所說的，真理就是與現實相符的任何事物。而真理宣稱則是某人*聲稱*符合現實的事物，無論實際上是否如此，無論你對它的感受如何。這是可檢驗的。除非真理宣稱確實與現實相符，否則它就沒有資格成為真理。我們常常會對那些只需稍加思考就能在邏輯上駁斥的宣稱作出情緒化的反應。

聖經教導我們要對這種情況有辨別力。在〈哥林多後書〉10:5 中，我們被告知要「將人所有的心意奪回」。正如我們提到過的，情感是一種判斷，通常可以表達為一種宣稱。例如，「我的老師討厭我」、「這段關係感覺很對」、「髒盤子讓我生氣」。通常當某人感到生氣時，他可以指出他認為是原因的某件事物——這是一種思想和情感的判斷。我們的情感和思想可以這樣相互作用。當我們審視自己的情感時，我們也在審視自己的思想。

這可能聽起來有點奇怪，但我喜歡把自己的思想和感覺想像成像小時候抓昆蟲一樣，放進一個罐子裡；然後盯著那個思想看，轉動罐子，這是種什麼樣的思想或感覺？它符合基督的教導嗎？我從某個受歡迎的基督徒教師那裡聽到的某個宣稱可以在聖經中找到，或它至少符合《聖經》的教導嗎？這個思想或感覺符合現實，還是僅僅是我的感知？

最近我看到一個基督教組織的推文說，「神就要帶走你

流過的每一滴眼淚,並將它們變成百倍的祝福」。有幾個人按讚了這個說法(這是網路上說「阿們!」的方式)。雖然這個信息對我來說非常有吸引力,特別是因為當時我正在經歷人生中的困難時期,但我還是把這個思想捕捉下來,問自己:「他們怎麼知道的?這個推文是對全世界每個人說的。他們是在說即使是在中東戰亂地區的人,今天也能這樣宣稱嗎?他們有聖經的權威來作這個宣告嗎?」

雖然我肯定寫及發送這條推文的動機是無辜的,但這個真理宣稱並不真實。它可能讓人感覺良好,但它是否符合他們在生活中面對的現實?每天有多少這樣的宣稱被灌輸給我們?我們必須把那些錯誤宣稱放進罐子裡,蓋緊蓋子,仔細檢視它們。

當說到我們的孩子時,以下是一些需要傳達給他們的重要信息:

1)**我們對自己的情感有一定的控制力**——因為聖經告訴我們可以將心意奪回,並教導我們如何更新心意(羅馬書12:2);可以肯定,我們有可能改變思想和感受。這裡有一個小測試:想想漢堡。你在腦海中想到漢堡了嗎?現在想想熱狗。我讓你轉換腦海中的形象時,你能夠做到嗎?那麼我有個好消息告訴你:你能夠改變自己的思想(但你現在可能餓了⋯⋯)。因為我們的情感源於我們的思想和信念,當改變自己的思想時,就能大幅轉變自己的情感。我們可以藉由更新心意來改變自己;這意味著,即使經歷著無法控制的激情(如憤怒),我們也能控制自己的行動。我們越是向孩子們灌輸「他們是無助的情感奴隸」的文

化口號，他們的情感就會越加成為他們的無情暴君。相信我，這不是你想傳給孩子們的遺產。

2）**當情感與真理一致時，讚美情感** —— 我們不想養成畏懼情感的小機器人，幫助孩子們約束他們的情感是至關重要的。未經訓練的情感就像未經訓練的狗一樣，會四處亂跑、隨地大小便，更糟的時候甚至會無端攻擊人。然而，訓練有素的狗可以衝進燃燒的建築物，把人拖到安全地帶。訓練有素和未經訓練的情感產生的影響同樣巨大。

　　沉醉於對他人的愛。在禮拜中深深汲飲讚美之泉。當看到真正的不公義時，感到憤怒。熱情地保護那些需要保護的人，慷慨地給予需要幫助的人。讓你的情感增強神所說的善、惡、可恥、可嘉、美好的事物，但不要讓你的情感決定什麼是善、惡、可恥、可嘉或美好。

透過討論、門徒訓練和禱告強化印象

1）**教導孩子認識情感** —— 當我（Hillary S.）發現自己必須搞定一個意志堅定的學步孩童時，我在一位了不起的育兒教練的建議下，買了一套「感覺學習卡」（feelings flashcards）。我和丈夫會在睡前和兒子一起閱讀這些卡片，就像在讀故事一樣。每張卡片正面是一種情緒，背面是相反的情緒。「興奮」翻過來可以讀到「失望」和它的說明。重要的是，要在心情平靜的時候閱讀這些卡片，並在感覺爆炸時，簡單地告訴我們的兒子他正感受到的情緒（例如，「你現在非常生氣，你非常非常生氣」），以加強學習效果。最後他學會了足夠的「感覺詞彙」，可以告

訴我「我很挫折！」而不是生氣地抓住我的耳環。購買或製作感覺學習卡是為小朋友打好情感基礎的好方法。

2）**教導孩子識別情感**——隨著孩子長大，他們需要學會識別自己的感覺。我們常常假設孩子們知道自己內心的情感狀態，但事實上可能並非如此。這就是為什麼你必須為他們示範情感識別的原因，讓他們聽到你審視並說出自己的情感，無論是正面的還是負面的，並教他們也這樣做。問他們「那件事讓你有什麼感覺？」是個很好的方法，既可以表達同情和關注，也創造出一個可以聆聽更多故事細節的空間。

3）**教孩子學會做出正確的決定**——在孩子能夠描述和識別自己的情感後，他們就準備好學習如何正確地將情感整合到決策過程中。感覺絕不應該是唯一的決策因素，但也不應該被排除在決策之外。邁爾斯-布里格斯性格類型指標使用 Z 模型來進行決策，利用人們處理訊息的四個主要方面。對準備好進入這個階段的孩子來說，Z 模型是一個很好的教學工具。下圖顯示這四個部分的過程：（1）查看事實；（2）利用事實形成對問題的大局觀；（3）識別可能的行動方案及其結果；（4）評估每個結果對其他所有人的影響，而不僅僅是對自己的影響。然後，選擇最佳的行動方案。

當你的孩子完成 Z 模型的四個部分後，讓他們重新評估情感。一般情況下，深植於真理的新視角會使那種情感更清晰，將憤怒轉化為同情、孤獨轉化為安全，或將恐懼轉化為勇氣。當然，有時這個過程也會確認負面的情感，

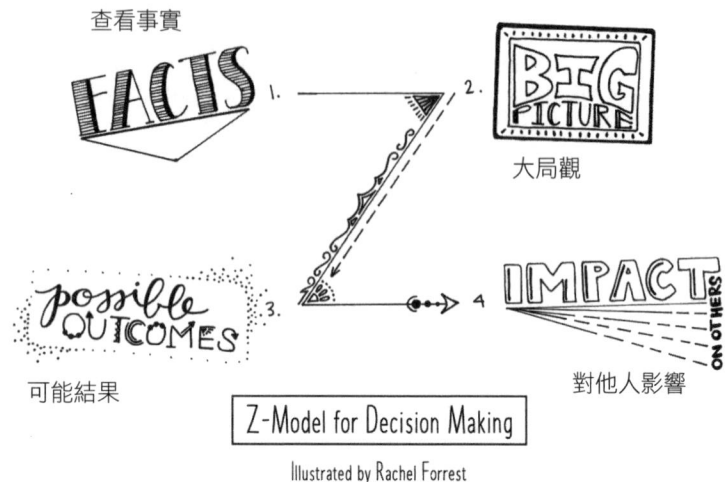

查看事實 FACTS 1.
BIG PICTURE 2.
大局觀
possible OUTCOMES 3.
IMPACT ON OTHERS 4.
可能結果
對他人影響

Z-Model for Decision Making
Illustrated by Rachel Forrest

決策 Z 模型
插圖 by 瑞秋・懷茲（Rechel Forrest）

如憤慨；但正如本章所述，負面情感可以引發促進積極改變的行動。無論是哪一種情況，這個過程都是結合情感與謹慎思考的好方法。而我的朋友，這就是身而為人的意義所在。

PAWS 禱告策略
讚美神

主啊，祢是我思想、意志和情感的創造者；祢是我的理性和智慧。雖然我的感覺起伏不定，祢永恆不變，祢是我靈魂的愛人；對我自我中心的情感，祢恆久忍耐；對我罪惡的行為，祢耐心以待。祢以作為紀律之神的智慧，慈愛地糾正

我。就像祢為地上諸海設立界限一樣，祢可以為我心思的習慣設立界限，救我脫離情感主義的滾滾浪潮，不叫它沖垮我天賦的理性。

認罪

原諒我沒有意識到我的心是多麼容易受到欺騙，讓情感凌駕於理性之上。原諒我讓感覺而不是祢的話語來決定真理。原諒我把感覺當成了偶像，期待別人順從它們。

感恩敬拜

感謝祢，主啊，我的情感是祢的恩賜，祢幫助我用聖經、理性和現實來約束它們。感謝祢賜給我平衡心靈和思想的能力，並用它們作為行動的催化劑。感謝祢賜給我基督的心思，而不是謬誤的認知，讓我能根據現實和祢的話語來評估真理的宣稱。

祈求

幫助我認識到激情和情感之間的區別，並根據祢的旨意使用它們。賜給我準確分析自己思想和情感的能力，揭露那些偽裝成真理的宣稱。主啊，磁化我的情感指南針，讓它指向客觀真理。幫助我教導我的孩子，以祢的話語作為指南針，走出文化謊言的陷阱。願他們在我的示範下學會適當控制情感，正確駕馭負面情感，以及處理現實問題。

奉耶穌，我思想的牧者之名，阿們。

問題討論

一、**破冰問題**：描述當你「跟隨你的心」，結果卻做了一件蠢事的時刻。誠實點——每個人至少都有一個這樣的故事。

二、**討論主題**：只要用經文、理性和真理來約束情感，情感就會有所幫助。我們的社會如何混淆了事實和情感？根據你在本章學到的，激情和情感之間有什麼區別？你能想起自己曾經對某件事產生強烈感受，但因為接受到新訊息而改變了情感的時刻嗎？這件事如何說明情感可以是種判斷？（或至少是對錯誤判斷的反應？）

三、**自我評估**：你經常讓情感主導你的決定嗎？你的孩子見過你因一時衝動而做出感情用事的決定嗎？事後你是否後悔那些感情用事的決定，為什麼？更新你的心意（羅馬書12:2）如何幫助聖化你的情感？

四、**腦力激盪**：你為什麼是基督徒（回答時，不要漏掉聖靈在你得救中扮演的角色）？拿一張紙，在中間劃條線，一邊寫上「情感原因」，另一邊寫上「事實原因」。你的原因中有多少屬於事實範疇？有多少屬於情感範疇？如果你成為基督徒的主要原因是情感，敵人可能如何進來偷走你的根基？你可以用哪些方法將事實原因整合到你的信仰根基中？情感會改變，事實不會。尤其是根據〈希伯來書〉11:1，將不變的事實納入信仰中，如何使你的信仰更堅固？

五、**練習當個熊媽媽**：下次你面對強烈不愉快的情感時，不要讓它控制你。將那個情感抓過來，問自己，「這個情感做出了什麼判斷？那個判斷是真的嗎？」

第十一章

只是崇拜一些東西而已

多元主義 Pluralism

凱瑟琳・S・布斯
Cathryn S. Buse

我最近從美國太空總署工程師轉行到一所小型基督教高中當老師,教授 AP 微積分和護教學。這轉變聽起來確實很奇怪!我在微積分方面很有經驗,但教學和在工作環境中使用微積分是兩回事。

想像以下情境:有一天我們在課堂檢討作業時,發現似乎每位學生對同一道題目都得出了不同答案。所有學生對自己答案的態度都是誠懇的。大部分的學生都努力解題,並對自己的答案感到滿意。有些學生沒有仔細思考問題,但認為答案應該差不多。有幾位學生不確定,但也不知道該怎麼解答。身為老師,我決定給所有學生滿分,並告訴他們,只要他們態度誠懇或真的努力過了,他們的答案就是對的。我還給那些沒有努力但對自己答案感到滿意的學生滿分。

這會讓我成為一個好的數學老師嗎?當然不會!為什麼?因為無論他們得出多少個誠懇的答案,正確的答案仍然只有一個(這也是我喜歡數學的原因之一)。

這和本章主題的多元主義有什麼關係呢?根據定義,

多元主義是指一個具有族群、種族、宗教、社會和意識形態多樣性的社會。但就這裡的目的而言，我們討論的是宗教多元主義，這種觀念認為所有宗教都是通往神的合法途徑。這不只是指許多人有不同的宗教觀念，而且他們都提出真理主張（即使是彼此互相矛盾），並聲稱它們同樣有效。我們是如何作出這種裁定的呢？

宗教多元主義簡史

當最早的移民來到美國時，他們是為了尋找一個可以自由崇拜的地方（想想新教徒），正是宗教自由成為美國社會和第一修正案的基石。美國政府不能禁止你信奉你想要信奉的任何宗教，只要你不以某種方式強加於他人。也就是說，你可能不被允許信奉一種將年輕處女獻祭給火山神的宗教，除此之外，你可以隨心所欲地崇拜。

在美國建國初期，基督教世界觀是主要的宗教信仰。人們在崇拜誰的問題上有普遍的共識，因此沒有真正的衝突。隨著這個國家繼續成為全世界宗教和經濟自由的燈塔，許多持有不同宗教信仰的人來到我們的土地上。今天，只有 46% 的美國人自稱是基督徒，只有 10% 的美國成人表示他們持有聖經的世界觀。[1] 我們生活在一個真正多元的社會。

不過，多元主義本身並不是問題，周圍存在著多種宗教的事實只是告訴我們，我們有大量的機會與他人分享基督教信仰！那麼問題出在哪裡呢？問題在於許多人得出一個結論，認為這些不同的信仰都同樣有效，因此必然都是真實的。但正如你從前幾章中所記得的，一種意見是誠懇的或流

行的,並不意味著它是真實的。人們常說「你的宗教對你來說是真實的;我的宗教對我來說也是」。我們的社會是如何得出這種結論的呢?

現代的世俗主義和寬容觀念讓我們在達到這一結論上起了很大的作用。世俗主義認為政教應該分離,並推動將所有宗教討論和表達從公共領域中移除,將宗教變成一種私人事務。你可以相信和信奉你喜歡的宗教,只要你不談論它。在社會對這個詞的新定義下,寬容堅持不把任何人的觀念視為低人一等(即使仍然存在糟糕的觀念)。在一個多種宗教信仰共存的社會中,帶有寬容色彩的世俗主義導致了這種錯誤的二分法:要不(1)所有宗教都是同樣有效的,要不就(2)不應討論任何宗教。沒有中間地帶。你必須肯定所有宗教,要不就不承認任何宗教。身為基督徒,當然希望我們的宗教被承認,那麼這是否意味著我們也必須接受其他宗教為真呢?我們如何處理這種困境?

像熊媽媽一樣咆哮!

識別訊息

文化告訴我們應該對所有宗教信仰的人保持寬容。只要使用正確的寬容定義,我們熊媽媽同意這點(還記得語言偷換那一章嗎?)我們應該尊重其他宗教的追隨者,給予他們尊嚴,包括給予他們選擇信仰的權利。不論我們的背景或信仰為何,都該追求彼此間的和平。聖經告訴我們,要追求與眾人和睦(希伯來書12:14),這樣不信者才會被福音的和平與

聖潔所吸引。事實上，第二大誡命是愛你的鄰舍，因此，我們應該寬容，也就是真正地尊重他人的觀點、立場和宗教。

尊重地向持不同宗教信仰的人提問，了解他們為什麼這麼相信；向他們表明儘管信奉不同的宗教，你也愛他們這個人。通過這些方式，你就能更了解如何將福音帶到他們的生活中。我們應該對那些不同信仰的人持歡迎、和平、關愛和幫助的態度。這種寬容和接納，符合聖經的立場。

我們的內心渴望與鄰舍和平相處，這是件好事；但不能因此改變我們對真理的看法。當我們說「只要你誠懇，信什麼都無所謂」時，我們就否認了真理。或者當我們稱讚另一個宗教，因為我們認為它能讓它的信徒成為好人、有道德的人，我們就否認了真理；因為聖經說，沒有基督，我們都是與完美聖潔的神分離的罪人。我們能否準確地說，通向神的所有道路都同樣有效，或者說我們都在向同一位神祈禱嗎？神會接受所有形式的崇拜嗎？我們能夠只是為了和睦相處而接受其他宗教作為通向神的有效道路嗎？你可能見過那張提倡這種「和平共存（COEXIST）」想法的保險桿貼紙，但我們不能只專注於第二大誡命——愛鄰舍——而忽略了第一大誡命！新的寬容和接納定義，並不符合聖經立場。真正的寬容不要求我們將其他宗教視為與基督教同樣真實。

在今天的文化中，問題甚至比這更深。人們告訴我們，為了追求和平，應該對福音保持沉默，以免冒犯他人。有些教會團體現在只專注於愛他人的宣教工作，而不講述福音的真理。有些牧師和教師拒絕講授聖經中的難解經文，因為他們不想讓人們感到不舒服。他們很少討論罪、審判或地獄，

因為他們擔心這些話題可能會冒犯他人,導致出席率下降。宣教的重點已經轉向利用福音來進行社會工程及促進和平,而不是分享福音以便為那些靈性上與神分離的人帶來救贖。

在多元社會和政治正確性的雙重壓力下,基督徒變得沉默,忽視了向眾人傳揚福音的誡命。這與經常被引用的「隨時傳揚福音,必要時,使用言語」的說法相悖,這句話被誤認為亞西西的聖方濟(St. Francis Assisi)所說。[2]實際上,我們確實知道他說過的是:「除非我們的行走就是我們的傳道,否則走到哪裡去傳道都是沒用的」。聖方濟是在告訴那些自稱為基督徒的人,要在生活中完全活出自己的信仰。他希望人們不僅僅宣揚福音,還要以身作則,在他人面前作基督的榜樣。他的勸誡可以更準確地概括為「實踐你所傳的」。請注意,他的重點是傳道。這是聖方濟畢生奉獻所在:用言語隨時隨地傳福音。他在教堂、公共廣場和田野裡傳道,因為他知道要讓人認識耶穌,言語是必不可少的,他也知道他的生活必須展示耶穌。

提出洞察

如果前提是不接受那些「有違對神的認識」的觀點,那麼我們要如何表現出寬容呢?[3]我們可以接受晚餐邀請,一起享受美食,同時不接受(或同意)對方關於如何最好地管教孩子的觀點。同樣地,我們也可以向鄰居和周圍的社區表現出基督徒的愛心,接受他們是值得愛和尊嚴的人,而不同意他們的信仰。正如熊媽媽的標語所說,我們愛人,但要摧毀他們的錯誤觀念。

因此，我們需要向孩子們展示我們對所有人的愛心，不僅僅是對那些我們同意的人。我們的內在價值不是基於我們的教義。我們應該愛和尊重所有人，因為他們是按神的形象所造。然而，神所說的愛和尊重他們的方式與世界堅持要我們去做的方式不同。為了保持正確的觀點，以下是一些我們需要識別的謊言。

#謊言一：真誠的相信就會讓事情成真

一個人可以真誠地相信某件事，但他也可能真誠地錯了，即使他或她全心全意地相信。我的孩子真誠地認為即使他沒吃完晚餐也應該得到一塊餅乾，但他真誠地錯了。同樣地，我的數學學生們真誠地相信答案是 19 而不是 53，但他們還是錯了。真誠的相信不會讓某件事變成真的。

同樣的原則也適用於宗教和哲學。事實上，邏輯學的一個定律是「非矛盾律」，即兩個相互矛盾的陳述不可能同時以相同的方式成立。如果我說一張桌子是長方形的，而你說同一張桌子是三角形的，按照定義，我們兩個不可能都對。同樣地，如果貝姬說沒有神，我說有一位三位一體的神；珍說有一位神，但沒有三位一體（沒有神的兒子和聖靈）；而瑪莉說有十九位神，我們都在以相互矛盾的方式定義神的本質。神不可能既是三位一體，又是十九位獨立的神。神不可能既包括父、子、聖靈（基督教的定義），同時又是一位沒有神的兒子和聖靈的神（伊斯蘭教的教導）。

如果我們用相互矛盾的方式定義神，我們就不可能信奉同一位神；儘管不同的信仰可能都是真誠的。但如果它們相

互矛盾,這意味著我們當中有一個人是對的,而其餘的人則真誠地錯了;或者我們全都錯了。唯一不可能的選項是,我們全都是對的。

無論我們多麼真誠地相信、多麼虔誠,或者我們的宗教讓我們感覺多麼良好,如果我們信仰的核心存在著根本性差異,它們就不可能都是對的。[4]當耶穌說「我就是道路、真理、生命」時,[5]他是在做一個真理的宣稱。根據真理的定義,耶穌排除了所有其他通往天堂的道路。

我們能與不同宗教信仰的人和平共處嗎?當然可以,只要我們認識到我們在教義的基本要點上彼此矛盾。我們的意見不同,這沒問題!我們不能強迫每個人都相信同樣的東西。如果我們都同意,生活會更簡單嗎?當然會,但這是不可能的。這就是為什麼我們需要學習如何在意見分歧的情況下,和睦相處。正如我們在第四章中所學到的,寬容意味著人們會有不同的觀點——否則就沒有什麼需要寬容的了。

#謊言二:崇拜誰不重要,重要的是你崇拜

並不是所有的崇拜都是平等的,僅僅崇拜某樣事物並不代表你崇拜的對象是真實的。我們對崇拜的渴望只是表明我們在做我們被創造來做的事——崇拜。重要的是我們崇拜的對象是誰。而且,崇拜不一定是宗教性質的崇拜,人們也崇拜運動隊伍、名人、愛好等等。

如果崇拜的是錯誤的對象,那麼崇拜就沒有任何價值。這就是為什麼耶穌說我們要以心靈和真誠來敬拜(約翰福音4:24)。這又回到了他給我們的最大的誡命:全心、全情、全

意愛主─你的上帝──而且只愛祂（馬太福音22:37）。沒有正確教義的崇拜就是偶像崇拜，這就像人創造一個神並決定崇拜它，而不是崇拜那唯一真神。

這有點像你把兩個孩子送到托兒所時，當你回家時，你不會隨便接走任何兩個孩子；你要接的是你的兩個孩子，即使他們讓你抓狂。你要接的兩個孩子的真實性排除了其他所有孩子。這是在不寬容、不愛和不接受其他孩子嗎？完全不是！只是因為那些孩子不是你的孩子。你不會隨便抓兩個孩子說：「好吧，至少我帶了兩個孩子回家」。同樣地，神也不會說：「他們不是在崇拜我，但至少他們在崇拜某個東西啦」。不──祂希望人們崇拜祂，而且只崇拜祂，因為是祂創造我們、愛我們，並為我們而死。當人們崇拜太陽神而不是創造太陽的神時，神並不會高興。當以色列人鑄造金牛犢並圍繞它跳舞時，他們羞辱了神。正是崇拜背後的心靈和教義，讓我們的崇拜不是在榮耀神，就是在羞辱神。

這就是只因為其他宗教的信徒真誠而虔誠地敬拜，就認可其他宗教的危險所在。看看神如何回應《舊約》中那些崇拜除祂以外任何事物或人的人們。神希望將那些異教的、虛假的宗教從祂要賜給以色列人的地上驅逐出去。因為他們包括獻祭孩童在內的異教宗教實踐，祂命令消滅迦南（客納罕）人和亞瑪力（阿瑪肋克）人。他禁止以色列人與不同宗教的信徒通婚（《新約》中的相應內容在〈哥林多後書〉6:14──「不要跟不信的人同負一軛」）。這聽起來可能很嚴厲，但神知道那些異教宗教對以色列國的影響，而人類的救世主將從這個國度誕生。

如果所有的宗教崇拜都同樣為神所喜悅、所接受，那麼神就不會指示摧毀虛假的宗教（申命記／申命紀12:29-31）。祂明確表示祂不希望以色列人涉足那些虛假的宗教，因為這樣做會讓他們接受那些教義並採納那些做法。神對崇拜虛假神祇的影響和危險是認真嚴肅的。

#謊言三：所有的道路都通向神

不僅我們崇拜誰很重要，我們信賴誰或什麼來決定我們的永恆也很重要。耶穌說：「我就是道路、真理和生命；若不藉著我，沒有人能到父那裏去」（約翰福音14:6）。這意味著人們不能通過印度教、佛教或任何其他宗教來到神面前。其他信仰體系提供真誠的崇拜，但這不意味著那個體系榮耀神或其道路通向神。崇拜必須在靈和真理中進行，這意味著唯獨崇拜神，唯獨信靠耶穌。[6]

#謊言四：真正的福音聯合所有人

錯誤。福音可能會引起分歧！當耶穌說祂帶來了地上的和平時，祂說的不是人與人之間的和平，而是人與神之間的和平。只有通過耶穌在十字架上的犧牲，罪惡、墮落的人才能與完美、聖潔的神和好。不幸的是，我們的主預言了完全相反的事情——在〈路加福音〉十二章中，祂說：「你們以為我來，是叫地上太平嗎？我告訴你們，不是，乃是叫人紛爭。」[7]然而在這句話之後不久，耶穌就命令我們與他人和睦相處。這看起來似乎是矛盾的，不是嗎？但想想祂在說什麼：福音會使人們分裂，但我們應該與他們和平共處。這就是我們

在這個多元社會中應該採取的態度。

傳講福音會在人們之間造成紛爭。畢竟，你要不是站在神這邊，要不就是反對祂。耶穌說，你要不走窄門進入天堂，要不就走大路通向滅亡（馬太福音7:13-14）。你要不愛光明，要不就愛黑暗（約翰福音3:19）。耶穌的名字會使人們分裂，世界會因為我們尊崇祂的名而恨我們。但當世界恨我們時，是因為它先恨耶穌。他們拒絕的和與之分裂的不是我們，而是耶穌。

這是否意味著我們應該保持沉默，以避免這種分裂？當然不是！我們受命要走入世界，告訴他人關於耶穌的事，以及祂為我們做了什麼。保羅在〈羅馬書〉10:14 中說：「然而，人未曾信他，怎能求他呢？未曾聽見他，怎能信他呢？沒有傳道的，怎能聽見呢？」讓他人認識耶穌的一個途徑就是，聽我們講述祂和祂的真理。我們不能保持沉默。神用祂自己的子民來尋找失喪的人。我們何等有幸能夠參與祂的計畫，透過講述真理去改變某個人的永恆命運！

主張更健全的態度

我們的周圍有多種宗教信仰體系的追隨者。我們希望與他們和平共處，但我們也希望分享福音。問題是，福音會引起分歧。我們該怎麼做？我們不是占領應許之地的以色列，因此必須以一種截然不同的方式處理宗教多元化的問題。幸運的是，我們仍可以從《舊約》中找到一些很好的範例。

但以理（達尼爾）和其他傑出的年輕猶太人一起被巴比倫人從耶路撒冷擄走囚禁。尼布甲尼撒（拿步高）王想要重新

教育這些猶太人,使他們思考和行事都像巴比倫人,並指導他們巴比倫的生活方式,包括他們的教育、法律、宗教和飲食。由於巴比倫人的飲食習慣與猶太人按〈利未記/肋未紀〉律法所規定的大相逕庭,但以理和他的三位朋友堅持按神認為的正確方式行事。他們禮貌地拒絕了王的食物,並要求吃蔬菜和喝水。他們沒有發起抗議,也沒有宣布王將會在地獄受火焚。恰恰相反,他們只是詢問是否可以遵守神的律法。

別忘了,還有成千上萬的猶太人被擄到巴比倫。他們在做什麼呢?大快朵頤地享用王的食物!他們完全採取巴比倫人的生活方式,接納了俘虜他們的人的宗教習俗。他們將帶領他們脫離埃及奴役的神換成了巴比倫人的虛假神祇。所以當王要求猶太人崇拜他的金塑像時,大多數人做了什麼?他們俯伏下拜!但沙得拉(沙得辣客)、米煞(默沙客)、亞伯尼歌(阿貝得乃哥)做了什麼?他們堅持立場,拒絕下拜。他們被異教徒包圍,但他們知道唯一真神不會接受他們這樣做。當後來的瑪代波斯帝國的大利烏(達理阿)王頒布禁止向他之外的任何人祈禱的法律時,但以理做了什麼?他打開他的窗戶,向神祈禱——就像他一直在做的那樣。他甚至沒有隱藏自己!

儘管過著流亡的生活,四周圍繞著與自己信仰相悖的人群,但以理和他的朋友們仍然持續敬拜唯一的真神。他們愛他們的鄰舍,與他們和平共處,並因被任命為王的高級顧問而得到獎賞。但他們並沒有因為同儕壓力而接受四周的人所信奉的宗教,也沒有認為「其他人信仰的不是亞伯拉罕的神,那我也可以這樣做。這種宗教肯定也同樣有效——看看有多少

人是這樣敬拜的!」不,他們知道他們的神是唯一的真神,這排除了所有其他的崇拜對象。即使所有其他人都拒絕唯一的真神,他們也不會。他們活出了對真理的信仰,最終對尼布甲尼撒王產生了重大的影響。事實上,你可以說尼布甲尼撒自己也成了信徒(參見〈但以理書〉四章)。在〈但以理書〉,我們看到信徒能在異教徒統治的完全異教的文化中敬拜神。

我們希望把孩子培養成像但以理一樣的人。無論他們將來走到哪裡,其他信仰體系的人都可能在數量上壓倒他們和其他持有聖經世界觀的人。因此,我們必須教導孩子如何像流亡者一樣生活:(1)尊重周圍的人;(2)無論其他信仰多受歡迎或基督教多不受歡迎,都不要屈服於其他信仰。這不是件容易的事!打個比方,當你所有朋友都在你面前吃巧克力蛋糕時,要堅持節食就很難了。我們身為基督徒,當周圍所有人都持不同信仰時,如何堅守我們的信仰?我相信當我們——以及我們的孩子——認識基督教的真理時,這是可能做到的。我們的孩子不會只因為父母告訴他們要這樣做就能頂住同儕壓力;他們必須自己清楚地知道基督教信仰的真實性,這樣他們才能像但以理一樣,勇敢地捍衛自己的信仰。

舉一個《新約》中的例子,讓我們來看看彼得在周遭其他人都持不同信仰時,是如何堅持基督教真理的。當他在猶太人遠多於基督徒的耶路撒冷時,他並沒有退縮而不去傳講福音。他是如何保持勇氣的呢?他和其他早期信徒請求神賜給他們勇氣,讓他們能夠講述神的道。他們說:「我們所看見所聽見的,不能不說。」[8]

我們每天都該為此禱告——求神賜給我們勇氣,說出我

們在基督耶穌裡看見和聽見的事。我們可能不會像但以理那樣被呼召到君王面前去說，不會像彼得那樣在聖殿台階上去說，甚至不會像保羅那樣在雅典的亞略巴古（阿勒約帕哥）廣場講道。但如果他們可以在君王和譏笑者面前說話，那我們一定也可以在與不信耶穌的朋友一起喝咖啡時講述真理。

是的，我們要與鄰居和睦相處，愛他們如己，不論他們是印度教徒、穆斯林還是無神論者。我們要關心他們、幫助他們，並為他們禱告。但同時，我們不能對真理保持沉默。因為當我們知道真正的救贖之道時，對他人隱瞞這個真理並不是愛。

納比爾·庫雷希（Nabeel Qureshi）這位在與基督徒朋友互動往來多年後皈依基督的前穆斯林評論說，其他信徒從未問過他是否認識耶穌。他說：「為什麼其他基督徒從沒問過我這個問題？他們真的認為我需要耶穌才能上天堂，對吧？他們是覺得可以讓我下地獄，還是根本不相信自己的信仰？」[9]我們必須愛人愛到敢說出真理，儘管它是不受歡迎的。在我們多元的社會中，莊稼多、工人卻少。要有愛心，要勇敢地堅持你的信仰！

透過討論、門徒訓練和禱告強化印象
年幼的孩子

舉一些相反的例子，解釋為什麼兩者在同一時間和同一情況下不能同時為真。將這點與其他宗教中的不同信念（例如，一個人相信有神，另一個人不相信）連結起來。解釋為什麼互相矛盾的信仰不可能都是正確的。務必讓孩子明白，不

是每個人都相信聖經中的神——這就是為什麼我們被呼召去告訴他們關於耶穌的事。討論在這樣的情況下，如何能向持不同信念、興趣和信仰的人表現出愛。

中學生和高中生

和你青少年的孩子討論，可以用哪些方式向不同信仰的人表現愛和善意。找到一些尊重他人的方式來提出問題和搭建溝通橋梁。進行一些角色扮演，教你的孩子如何在用自己的觀點反駁他人之前，先聆聽他人的觀點。每週挑選一個不同的宗教，討論該宗教的核心教義及其與基督教的不同（參考琳賽・梅登瓦爾特〔Lindsey Medenwalt〕在 mamabearapologetics.com 網站上的世界宗教部落格系列文章）。最重要的是，務必讓妳的孩子了解，為什麼基督教信仰是真理（參考我的書《教導他人捍衛基督教》〔Teaching Others to Defend Christianity〕）。

PAWS禱告策略
讚美神

耶穌，祢是至高無上的君王，萬有都在祢的統治之下。我讚美祢，因為祢是神人和解的唯一真正道路，毫無疑問、毫無疑惑。我宣告祢的話語：「我就是〔唯一〕〔通往神的〕道路、〔真正的〕真理、〔真正的〕生命；若不藉着我，沒有人能到父那裏去。」（約翰福音14:6）

認罪

原諒我們的世界重視寬容勝過真理。原諒那些稱祢為說謊者，原諒那些宣稱所有通往祢的道路都同樣有效而貶低祢犧牲的人。原諒我們因怕冒犯他人而保持沉默。

感恩敬拜

感謝祢，即使在多元主義的危險中，我們仍有機會分享，「在天下人間，沒有賜下別的名，我們可以靠着得救〔因為神沒有賜下別的救恩給世人〕」（使徒行傳4:12）。感謝祢，祢的邏輯法則幫助揭示矛盾，讓我們有能力分辨並愛一個按著祢形象所造的人，即使他或她的信仰與祢的真理不符。

祈求

主啊，我需要祢的力量來幫助我教導孩子尊重和愛我們的鄰人，即使在不舒服或不受歡迎時，尤其是當我們珍視的信念受到威脅時，仍堅持說出真理。幫助我成為孩子的榜樣，示範如何不要為了和諧或受歡迎而犧牲真理。教導我們不要將信仰的真誠與信仰的真實性混為一談。幫助我示範，即使與他人在核心信仰上有分歧，基督徒仍能愛他們。擊破那種認為分歧即是仇恨的謊言。告訴我如何教導孩子思想可以有多樣性，但真理沒有多樣性。讓我以聖靈、真理和正確的教義來敬拜祢。賜我力量來辨別並拒絕一切與對祢認識相違背的信仰，但仍肯定那個按祢形象所造的人。

奉至高無上的耶穌之名，阿們。

問題討論

一、**破冰問題**：你曾與多少不同宗教的人交往互動？你們的互動如何？

二、**討論主題**：你可以和所有人和平共處，而不必認為所有觀點都同樣真實。在熊媽媽護教學事工，我們要摧毀的是論點，而不是人。這兩者有什麼區別？你認為要怎樣才能做得好？怎樣是做得不好？

三、**自我評估**：你是否樂於和與自己不同的人交往互動──無論是種族、收入、宗教、幽默感或⋯⋯方面的不同？你對其他宗教的教導了解多少？

四、**腦力激盪**：你和其他熊媽媽可以用哪些方式操練，愛那些信仰不同的人？

五、**練習當個熊媽媽**：在你孩子的學校裡，很可能有其他媽媽與你非常不同，他們有不同的信仰。選擇一位，邀請她共進午餐。從聆聽她的談話和問問題開始。了解她這個人，了解她為什麼會有這樣的信念。相關的有用建議，請參見熊媽媽網站上希拉蕊‧蕭特的「遊樂場護教學」系列文。

第十二章

我不是宗教徒，
我是靈性人士！

新靈性運動 New Spirituality

艾莉莎‧奇爾德斯
Alisa Childers

「唵⋯⋯」有天晚上我走進客廳，發現七歲的女兒盤腿坐著，閉著眼睛，雙臂微彎，大拇指和食指捏在一起。

「呃，親愛的，妳在做什麼？」我儘量用最不經意的語氣問道。那一瞬間，我腦中浮現了我甜美、愛耶穌的女兒有一天上了大學，皈依佛教，然後跟第一個引用迪帕克‧喬普拉的憤世文青跑掉的畫面。回到現實，她才七歲，我們還有時間。

「我在學校學到的！」她天真無邪地答道，好像完全不知道自己在做什麼。因為她真的不知道。她在私立基督教學校的體育課上學到了超覺靜坐（Transcendental Meditation）。讓我們沉澱一下，接受這個事實。對某些人來說這可能令人震驚，但對其他人來說，似乎已經司空見慣——即使是在基督教學校。這有什麼大不了的？（事實上，這是一個沒有跟學校行政單位講清楚的叛逆體育老師教的，但還是⋯⋯）

這是因為過去的幾十年中，新時代（New Age）神祕主義一直充斥在我們的文化，而大多數人，包括基督徒，都沒有意識到它如何滲透到我們的飲食、說話方式，乃至看待世界的方式——在某些情況下，甚至是我們參與教會和敬拜神的方式。

對我們當中的某些人來說，只要一提到新時代，腦海裡就會自動聯想到嗑藥後的嬉皮在花田裡冥想；或者一些帶著水晶的古怪全人療法治療師，在地方上的健康食品店裡，發放維他命樣品。雖然這些形象可能顯得有些過時脫節，但新時代信念在我們的文化中卻非常受歡迎——而且它們幾乎披著基督教的外衣進行宣傳。

要了解這種新靈性運動，我們必須了解新時代神祕主義（New Age mysticism，簡稱NAM）。

新時代神祕主義簡史

新時代神祕主義的根源可以追溯到古老的密教崇拜、東方宗教以及十九世紀初的超驗主義，在動盪的六十年代，新時代神祕主義開始在美國興起。在戰爭、核威脅、性革命、第二波女權主義和民權運動的浪潮拍打下，人們開始尋求靈性的答案。

1987年，《時代》雜誌發表了一篇關於新時代神祕主義成長趨勢的文章，封面人物是莎莉・麥克琳（Shirley MacLaine）。這篇文章指出，這一運動在美國穩步增長，僅在八〇年代，班坦圖書公司（Bantam Books）出版，標題冠有新時代一詞的書籍數量就翻了十倍。[1]

但幾乎沒有人能比日間談話節目女王歐普拉·溫弗蕾更能將新時代神祕主義推向美國主流意識。在九〇年代初期，她在她的頭牌談話節目中開始討論新時代書籍，如《愛的奇蹟課程》(Return to Love)，並奠定了這本書的作者瑪莉安·威廉森（Marianne Williamson）在新時代運動中的重要地位，將她的書推上《紐約時報》(New York Times) 暢銷書榜。如果歐普拉推薦一本書，它就很可能會成為暢銷書——這種現象被稱為「歐普拉效應」。

這只是其中一個例子，但歐普拉將（通常用基督教語言傳達的）新時代思想帶入數百萬美國人的心裡和家中，她在這方面的影響無法估量。通過她多種的媒體渠道，她推廣了新時代思想領袖如迪帕克·喬普拉、艾克哈特·托勒、朗達·拜恩（Rhonda Byrne）、蓋瑞·祖卡夫（Gary Zukav）、伊莉莎白·萊瑟（Elizabeth Lesser）、麥克·A·辛格（Michael A. Singer）、馬克·尼波（Mark Nepo）和羅伯·貝爾（Rob Bell）（是的，就是那位牧師羅伯·貝爾，我們稍後會提到他）。

到了 2012 年，皮尤研究中心報告指出，三分之一的千禧年世代不屬於任何特定宗教，在這一群體中有 37% 的人自稱為「有靈性追求，但不屬於任何宗教」，58% 的人感覺「與自然和地球有深深的聯繫」。[2]再加上主流名人告訴他們「活出自己的真理」，這就是讓新時代教義在如今所謂的新靈性運動幌子下扎根的肥沃土壤。

這種新靈性運動只是老派新時代思想的現代版本。它脫下揮舞水晶球的占卜師外衣，如今重新改造成穿著緊身牛仔

褲的文青……拿著拿鐵咖啡……而且經常佩戴十字架。傳達的訊息不變，只是包裝不同罷了。

在本章中，我們將重點討論新靈性運動中四個最常見且在文化中最受歡迎的謊言，這些謊言與冥想、泛神論、人類的神性和相對主義有關。

像熊媽媽一樣咆哮！

識別訊息

新時代神祕主義通常是東方宗教思想、心理學、現代哲學、偽科學和基督教的大雜燴。讓我們仔細看看新時代神祕主義教導的一個實例。

2008 年 1 月，「歐普拉與朋友們」（Oprah & Friends）衛星電台頻道推出了一門為期一年的課程，每天都分享來自《奇蹟課程》（A Course in Miracles）一書中的課程和肯定語。這門課程的老師瑪莉安・威廉森稱它為「靈性心理治療的自學課程」[3]，旨在學習某些「原則」並將之應用於實際生活。

這門課程依據《奇蹟課程》一書，出版於 1975 年，是哥倫比亞大學教授海倫・舒曼（Helen Schucman）所記錄的一系列靈性啟示。舒曼從一個她稱之為「聲音」的實體那裡接收到這些信息，後來她確認這個實體為「耶穌基督」。[4] 如果你想知道這位所謂「耶穌」給她「口授」了什麼樣的訊息，這裡有幾個例子，它們完美地概括了新靈性運動的理念：

- 「不要犯了『緊抓老舊十字架不放』的可悲錯誤。十字架受難的唯一訊息就是，你可以戰勝十字架」。[5]

- 「耶穌基督這個名字只是個符號,它代表了一種不屬於這個世界的愛。你可以安全地使用這個符號來代替你祈禱的所有神明的名字」。[6]
- 「贖罪是他需要學習的最後一課,因為這一課教導他,他既然從未犯罪,也就無需救贖」。[7]
- 第 61 課要求讀者肯定「我是世界的光」。[8]
- 第 259 課要求讀者肯定「罪不存在」。[9]
- 第 70 課要求讀者肯定「我的救贖來自於我」。[10]

舒曼除去了基督教中所有被認為不討喜的部分,如罪、血的救贖以及與神的分離,將來自不同宗教的「智慧」拼拼湊湊;並將耶穌變成一個愛的通用符號,從而有效地宣布了,人類是自己的神、真理的源頭。

謊言一:神是一切,一切是一體

新靈性運動的核心原則之一是宇宙中的一切(包括你和我)都是由相同的物質和現實組成。換句話說,你、你的狗和外面那棵你的狗剛剛尿過的樹之間沒有分別。這種世界觀被稱為泛神論,它認為「神」是一種與宇宙同一的神性意識或能量,隨著我們變得更加「開悟」,我們就能進入這種意識。

還記得詹姆斯・卡麥隆(James Cameron)的賣座電影《阿凡達》(Avatar)嗎?這是個推廣泛神論世界觀的絕佳例子。但沒有什麼比深受喜愛的《星際大戰》(Star Wars)系列電影更能說明泛神論。

星戰迷會記得《帝國大反擊》(Empire Strikes Back)中的著名場景,其中佛陀(Buddha)……我指的是尤達(Yoda)(我

剛說了佛陀嗎？！咳咳……）在沼澤中訓練年輕的絕地武士路克・天行者（Jedi Luke Skywalker）。他教導路克透過意念的力量、使用「原力」移動無生命物體。尤達是這樣解釋原力的：「生命創造了它，使它成長。它的能量包圍著我們，並將我們連結起來。我們是光明的存有，而不是這粗糙的物質。你必須去感覺在你周圍的原力；在這裡，在你、我，在樹、岩石之間，無處不在，是的，無處不在，甚至在陸地和船之間」。[11]

有意思的是，《星際大戰》系列電影的創作者喬治・盧卡斯（George Lucas）在 1999 年接受《時代》雜誌採訪時確認，他的確有意將原力作為一個宗教符號來呈現：「我把原力放進電影中，是為了嘗試喚醒年輕人某種靈性……更多的是對神的信仰，而不是對任何宗教體系。」（聽起來很像現在 37% 的年輕人認同的「有靈性追求，但不屬於任何宗教」的口號，不是嗎？）當採訪者指出原力強烈呼應了佛教等東方體系中的神的觀念時，盧卡斯回答說：「我猜它在佛教中更具體……我想以不同的方式說明已經存在的宗教。我想把這一切表達出來」。[12]

你可能會驚訝地發現，有多少自稱基督徒思想家教授的東西與尤達教給路克的非常相似。例如，許多基督徒都知道，當密西根州的一位牧師羅伯・貝爾發表他的書《以愛得勝》（Love Wins）時引發了一場激烈的爭議。貝爾暗示可能不存在一個按照嚴格字面意義上的地獄，在一些基督徒看來，這是個對陳舊教義的革命性新看法，而另一些人則譴責為「異端邪說！」。對此，保守派神學家約翰・派普（John Piper）

在推特上發了一條著名的推文:「永別了,羅伯・貝爾。」

但貝爾對地獄的論述只是個開始而已。他接著寫了一本名為《當我們談論神時,我們在談論什麼》(*What We Talk About When We Talk About God*)的書,並在書中以新時代術語描述神,如「生命力」、「創造性能量」,和「無盡的神聖活力」。[13]雖然羅伯確實提到神的超越性,但他接著像許多新時代大師一樣,描述這種「能量」如何連接宇宙萬物:「當我們談論神時,我們談論的是一種簡單明確的肯定,即肯定萬物都有一個共同的源頭,並且無限、無盡而深刻地彼此連結」。[14]

這不是某個在印度山頂冥想進入涅槃的嬉皮大師,而是一位著名且深受喜愛的基督教牧師,他將這些思想當作基督教思想來推廣,並包裝成時尚的現代形式。有趣的是,貝爾最終與歐普拉和迪帕克・喬普拉一起進行了巡迴演講,這還真是完整的循環。

如果你認為這些觀念永遠不會進入其他堅持聖經立場的教會中,那麼請考慮這個:去年夏天,我十分高興為孩子們找到一個晚間的暑期聖經學校(在夏天中間有整整五個晚上的自由時間?我報名!),主題是《星際大戰》。在第一節課下課接孩子時,我剛好趕上了課程結束的小活動,孩子們正在學習如何理解聖靈的工作──方法是將聖靈與《星際大戰》中的原力進行比照。「這種感覺從你的肚子開始,一直上升到你的內心裡。你就是這樣知道自己被呼召了」。什麼?我丈夫轉過來向我說:「好喔,你這禮拜的自由時間沒了」。為了真理,失去晚上的自由時間只是個很小的代價。

#謊言二：恭喜，你就是神！

　　如果我們真的是一體的，那麼思想就會自然地進步發展。讓我們順著這條神祕的思路探討一下，好嗎？如果我們都是由相同的物質或現實組成的，那麼我們和神之間就沒有分離。因此，我們和神是一體——我們都具有神性。我們只需要達到「更高的意識」或更高的存在狀態，就能完全實現這一點——就像耶穌一樣！事實上，新時代圈子裡有一個術語叫做「基督意識」，描述的就是耶穌最終意識到自己的神性及與宇宙連接時所經歷到的「覺醒」。

　　這是極具欺騙性的說法，因為它的吸引力顯而易見。如果我們能認識到自己內在的神性，我們就能擺脫罪和人類的墮落等，那些過時的、討厭的小東西。換句話說，不要再把自己看作是負面的東西，比如罪人。你本來就很棒！聽起來很棒，不是嗎？

　　這些訊息不總是以明顯的方式傳遞給我們的孩子。你的孩子不會打開最新的 Netflix 節目，然後聽到他們最喜歡的角色說，「嘿，孩子們……你猜怎麼樣？你是神！」但這些訊息會以極其微妙且具說服力的形式，滲透到孩子們的媒體和娛樂中。

　　例如，2018 年，根據麥德琳・蘭歌（Madeleine L'Engle）熱門小說改編的迪士尼電影《時間的皺摺》（*A Wrinkle in Time*，諷刺的是，該片由歐普拉・溫弗蕾主演）中描繪了一個小女孩梅格（Meg）穿越宇宙拯救了她的父親的故事。她遇到三個招募她參加這項任務並給予她智慧和鼓勵的存有。在被告知她的父親被一種邪惡「能量」困住，而這種能量太強

大，他們的「光」無法對抗時，歐普拉飾演的「某太太」（Mrs. Which）建議：「妳每一步都會受到考驗。要相信妳自己。」在電影預告片中，隨著震撼人心的音樂響起，這個訊息：「戰勝黑暗的唯一方式，就是成為光明」以醒目的字樣出現在銀幕上。

注意，重點是自我。你成為光。要相信你自己。無需向外界尋求幫助或救贖。有你就足夠了。一切都已經在你的內心深處。這與上述歐普拉大師課程中的肯定語相呼應：「罪不存在，我的救贖來自於我。」（如果你是神，那這句話完全說得通！）

謊言三：一切都是相對的

今天的新靈性運動擁抱了放棄絕對真理和客觀道德的「自由」。事實上，它教導人們，你可以創造自己的現實。如果你感覺某件東西是真實的，那它就是真實的。如果你相信某件事是正確的，那它就是正確的。如果你認為某件事是真的，那它就是！當然，不需要腦外科醫生也能看出這種思維方式是一團糟——它充滿了矛盾。有趣的是，新靈性運動教導人們，矛盾是好事，邏輯不如通過冥想和個人直覺獲得的「真理」可靠。迪帕克·喬普拉引用了一位著名的印度靈性導師的話寫道：「衡量開悟的標準就是，你對自己矛盾的舒適程度。」[15]（詳情請參見第九章關於道德相對主義的部分）。

謊言四：冥想是解決一切問題的答案

除了構成新靈性運動的各種信念外，冥想等不同的練

習也已成為減輕壓力和與神連結的流行方式。支持者們吹噓科學研究證明了冥想的益處,並通常將冥想作為非宗教性質——僅僅是心理學性質——的活動來宣傳。

幾年前,歐普拉曾在《奧茲醫生秀》(*The Dr. Oz Show*)上作客,談論她發現超覺靜坐(簡稱TM)的過程。她熱情地讚揚這種練習,並對其效果讚不絕口,以至於她出錢讓她的數百名員工接受了超覺靜坐的培訓。她解釋說,員工每天兩次停下工作進行冥想,有助於改善人際關係、睡眠模式和整體工作表現。

TM在西方非常流行,名人如凱蒂・佩芮(Katy Perry)、傑瑞・史菲德(Jerry Seinfeld)、羅素・布蘭德(Russell Brand)、大衛・林區(David Lynch)和克林・伊斯威特(Clint Eastwood)都曾說冥想改善了他們的生活。

某些類型的冥想涉及完全清除腦中的雜念,但TM需要專注於一個基本上無意義的詞語(即咒語),然後讓這個詞語變形並讓它隨意發展。當修習者隨著聲音的帶動進行冥想時,有時可以達到無念狀態。TM專家鮑勃・羅斯(Bob Roth)解釋道:「TM可以讓活躍的思緒,整個頭腦沉澱下來,體驗更安靜的思維層次,然後體驗到所謂的思維源頭、統一的意識場或是超越的心靈層次」。注意,重點是放在自我上——即連接到你內在已經存在的東西。

在西方,另一種流行的冥想形式是「正念」(mindfulness)。曾經是新時代思想熱衷者、正念信徒,後來轉變為基督教教育家的瑪夏・蒙特內哥羅(Marcia Montenegro)將正念定義為「一種靜坐(雖然也有行走的冥想)技巧,觀察呼吸,僅覺察

當下時刻,學習讓思緒經過而不去理會它們」。[16]儘管正念經常呈現為一種建立在科學基礎上的世俗方法,但它深深植根於佛教的出離教義——脫離欲望,因為欲望會阻礙人們達到涅槃。

提出洞察

新靈性運動的支持者通常是尋求靈性解答的真誠探求者。他們理解無神論的空虛和自然主義的破產。儘管這些特質值得稱讚,但他們卻落入了使徒保羅在〈羅馬書〉一章中所描述的古老陷阱。

1)泛神論

基督教在大多數其他宗教中是獨特的,因為它教導人們,神是個人,並且完全有別於祂的創造。祂不是石頭、樹木或海洋;祂創造了這些東西並與它們分離。這就是所謂神的*超越性*。神也不是一種力量或能量場或某種宇宙黏膠——祂是一個人。

在〈羅馬書〉一章中,保羅解釋了泛神論的起源。他一開始就說,所有人都可以透過觀察自然界知道一些關於神的事情(很酷,不是嗎?)換句話說,我們可以看著樹木、天空和周圍的世界,知道神的存在以及祂的大能。保羅接著描述了一些人的心智變得黑暗和困惑,以至於他們開始以為自己很聰明,實際上卻是徹頭徹尾的傻子。

保羅這樣說:「他們將上帝的真實變為虛謊,去敬拜事奉受造之物,不敬奉那造物的主」(二十五節)。這就是泛神論

的簡要說明——人們不敬拜全能的創造主,而是敬拜祂所造之物。

2)人類的神性

聖經明確指出,人類是有缺陷的(這還是輕描淡寫了)。它教導我們,人心是邪惡的,我們都犯了罪,以至於我們無法靠自己接近神。在《舊約》中,先知耶利米(耶肋米亞)描述人心為「比萬物都詭詐」(耶利米書17:9),而在《新約》中,使徒保羅描述人「死在過犯罪惡之中」(以弗所書2:1)。事實上,〈馬可福音〉7:21-23 列出了所有從我們心中發出的邪惡(惡念、詭詐和凶殺,天啊!)。這與神性天差地別,這實際上使我們處於需要一個救世主的境地。

那麼「基督意識」呢?聖經描述耶穌為復活的基督——受膏者,而不是某種神愛的符號,或是你可能選擇祈禱的任何其他神的代表。耶穌不僅僅是一個達到某種開悟或神的地位的普通人。反之,祂宣稱自己以肉身降世為人之前就永遠與神同在(約翰福音8:58;17:5)。事實上,仔細閱讀福音書就會發現,耶穌展示出與神本身相同的所有屬性。祂不單是來邀請我們體驗某種頓悟,並意識到我們人類是一體的。祂來是為了拯救我們脫離我們的罪。

3)相對主義

在談論聖經說了什麼之前,我們能先談談一些常識嗎?作好心理準備,和我一起動動腦吧。

讓我們從談論真理開始。真理就是你所信或所說與現實

相符的東西。我們都希望我們對世界的信念與現實一致，對吧？（否則你很可能會被診斷出有某種疾病）。

我們都直覺地知道，兩個互相矛盾的陳述不能同時且在相同的意義上都是真的。例如，如果我拿起一個蘋果，說「這是一個蘋果」，然後又說「這不是一個蘋果」，那麼這兩個陳述中，就有一個是不正確的。顯然，這個蘋果不能同時且在相同的意義上，既是蘋果又不是蘋果。所以，如果我說它是蘋果，而你說它不是蘋果，那麼我們之中就有一個是錯的——我們之中有一個人的信念不是反映現實。這使得那個信念就定義而言不是真的。

沒有什麼你的真理或我的真理這樣的東西。「我的真理」是個神話。真理就是真理，不是誰的。想像你在協助女兒作數學作業，她隨便寫了個數字當作問題答案。當她第二天交作業，解釋她只是在「活出她的真理」時，你認為她的老師會怎麼說？

或者想像你的青少年孩子，偷偷從你的錢包拿走了一張二十元鈔票。當你質問他時，他說：「媽，我只是在活出我的真理」。這種話行不通——即使是一秒鐘也不可能。

或者想像你真誠地相信自己能飛。當你決定第一次測試你的理論，從摩天大樓跳下時，「活出你的真理」意味著什麼？天啊（如果這是你的情況，請**不要跟隨你的心**。如果有人告訴你，永遠不要放棄你的夢想，請——立刻放棄這個夢想）。

我可以繼續，但你明白我的意思了。說矛盾是件好事，這想法很不錯，但實際拿到現實中時，它根本行不通。

聖經有很多關於真理本質的說法。事實上，它教導我們真理是一個人。耶穌說：「我就是道路、*真理*、生命」（約翰福音14:6）。當祂在彼拉多（比拉多）面前受審時，祂說：「凡屬真理的人都聽我的話」，這與「活出你的真理」完全相反。我們應該活出祂的真理——祂是真理。

4）**冥想**

有些基督徒可能會說：「冥想是符合聖經的，對吧？」這個說法是對的，但要看他們指的是哪種類型的冥想。聖經中有許多經文對冥想持正面的態度——只要冥想的重點是神的話語。事實上，當《舊約》中使用冥想這個詞時，意思是深入思考、默想或反思。〈詩篇〉119:15 說：「我要默想你的訓詞。」第 148 節說：「我趁夜更未換將眼睛開，為要思想你的話語。」聖經指示我們要默想神的話語。簡單地說，這是一種對經文意義和應用的深入專注和研究。

是否有一些研究顯示冥想有所謂健康的「益處」？當然有，但我們的目標不僅是追求身體健康。靈性健康同樣重要；但目前教導的大多數冥想類型都是基於公然明顯的新時代和反聖經原則，讓你的心靈不設防地對任何思想敞開。

結論是：聖經的冥想讓你專注於自己之外的東西，專注於神的真理。因此，它會銜接你大腦的邏輯／思考區塊。而新時代冥想則迫使你向內觀察，脫離你大腦的邏輯／思考區塊——據說這樣做會讓你與萬物的「一體性」連結。

主張更健全的態度

本章的主要目的是幫助你認識新靈性運動的核心教導最終導致了完全的自我依賴和自我崇拜。你是否聽過「有你就足夠了」這句口號？其實這與聖經告訴我們的恰恰相反。光是有你絕絕對對不夠。你一個人是如此的不夠，以至於甚至無法計算你到底有多不夠。

這其實是個好消息！事實上，這是基督教的全部重點所在：我們都是罪人，迫切地需要救主。我們可以盡情努力、盡情嘗試、盡情冥想、盡情以自己為中心，但做這些事情永遠不會讓我們變好。除了基督，沒有任何東西能拯救、救贖、潔淨我們，或使我們變得有價值。這就是為什麼新靈性運動是個騙局的原因。它想讓你相信你已經很好了，但只要快速瀏覽一下人類行為的歷史，就會得出完全不同的結論。[17]

正是這種認識，促使新時代思想的熱愛者瑪麗·波普林（Mary Poplin）獻身於基督。她寫道：

> 我記得我曾在加州一家餐廳見過一位受歡迎的新時代老師，當時她是全場的焦點，臉上充滿了光彩和愛。但這位女士之後與一位她不小心在倒車時撞到的車主發生了爭執。在她憤怒的尖叫中，那人平靜而堅定地告訴她：「這才是妳真正的樣子」。當我聽到這話時，我知道自己其實就和她一樣：我們都假裝自己是個好人，內心卻充滿怨恨。[18]

瑪麗逐漸理解了基督教一直以來的教導。無論我們多麼

努力，多麼頻繁地冥想，多麼努力實踐某些原則，我們永遠無法讓自己變好。我們的心極其病態，只有耶穌的寶血才能使它潔淨，使它完整。

透過討論、門徒訓練和禱告強化印象

仇敵的主要策略之一就是，將新靈性運動正常化，降低孩子的警覺性。看著他們喜歡的卡通人物「活出她的真理」或「跟隨她的心」，這似乎非常正面、有好處。以迪士尼少兒頻道電視受歡迎的電視節目《米奇妙妙車隊》（Mickey and the Roadster Racers）中的一集「高飛大師」（Guru Goofy）為例。根據這集的簡介：「高飛試圖教唐老鴨正念，好讓唐老鴨冷靜下來比賽。」嘿，如果高飛在練習正念，那正念一定無害，甚至對緩解焦慮有幫助，對吧？

認出「高飛大師」中的新靈性運動教義相對容易，但當這些理念被更精心地偽裝起來時，我們該如何學會辨識？說三次：練習、練習、練習。留意在電視、廣告、電影、應用程式、線上遊戲、社交媒體和廣告看板上新靈性運動所傳遞的信息。把這當作一個遊戲，讓它成為一個與你的孩子一起進行的有趣活動。教他們像偵探一樣尋找線索。

當他們聽到像「跟隨你的心」這樣的短語時，問他們一些實際問題，比如「如果有人的心告訴他去做壞事，那怎麼辦？」和「關於我們的心，聖經說了什麼？」加入一些幽默也有幫助。只需俯下身輕聲說：「如果我的心要我在繁忙的街道中央打個盹，那會怎樣？」或者「如果我生你爸爸的氣，我的心告訴我踢他一腳，那怎麼辦？」

如果電視廣告傳遞了「你就足夠了」的訊息，你可以說：「嘿，你能徒手舉起那輛車嗎？不能？你的意思是，只有你其實不夠對嗎？」或者在聽到「你要找的答案在你心裡」時，你可以這樣回應：「真的嗎？連如何修理壞掉洗碗機的答案都在嗎？」你的孩子可能會翻白眼，但這類問題會訓練他們在與文化接觸互動時，進行批判性思考。

當孩子看到我們冷靜無懼地與新靈性運動互動，甚至帶點幽默時，他們就會知道，我們是幫助他們處理所聽到訊息的安全所在，這將為你們在未來歲月裡開啟溝通的管道。

PAWS禱告策略
讚美神
神啊，我讚美祢是永世的磐石，亙古常在。祢是真理之聲，穿透所有時間與永恆。唯有祢是世界的光。祢超越一切之上，祢是有別於祢所造之物的造物主。祢透過祢的造物，向我們顯明祢自己；它的「輝煌啟示我們」，使我們認識祢的本性（羅馬書1:20）。

認罪
主啊，無論是無知或有意識地，當我們行走在違背祢真理的道路上時，原諒祢的教會。原諒人們「將不能朽壞之上帝的榮耀變為偶像，彷彿必朽壞的人和飛禽、走獸、昆蟲的樣式」（羅馬書1:23），並「去敬拜事奉受造之物，不敬奉那造物的主」（羅馬書1:25）。

感恩敬拜

感謝祢，因為我無法拯救自己。絕對真理和客觀道德之所以存在，是因為它們根植於祢的本性。作為祢的孩子，我透過禱告和祢的話語與神連結。我不需要「脫離」任何東西，因為我已經連結到神的家中；我不需要斷絕欲望，反之，我心中的欲望是祢所給。

祈求

主啊，請打開我家人的眼睛，看到在我們孩子的學校裡、甚至是基督教學校裡所教導的各種新靈性運動思想。賜給我們可看的眼睛、可聽的耳朵、有辨別能力的頭腦，認出那些經過偽裝的語言、信仰和實踐，並讓我們順服地揭露那些微妙而誘惑人心的欺騙。願我勇敢地告訴我的孩子們，我們所需要的唯一光照來自祢的聖經，由祢這世界之光所撰寫。願我們唯一的冥想是經文、其意義及應用。請除去我們對使用邏輯和思維頭腦的恐懼。請保護我們的孩子，不要被新靈性運動教導的正常化影響而失去警覺。賜給我技巧和毅力，訓練我的孩子批判性地思考他們所聽到的東西，賜給他們一雙慧眼，看穿那些偽裝成真理的謊言。

以三位一體的神、造物主以羅欣之名祈求，阿們。

問題討論

一、**破冰問題**：你或任何你認識的人玩過通靈板、塔羅牌或他們的星盤嗎？你認為這些東西為什麼對人們，包括孩

子們，這麼有吸引力？

二、**討論主題**：新時代的原則雖然經過重新包裝，但它們的危險性一如既往。在新靈性的四大主題中，哪一個是你在流行文化中最常見的？

三、**自我評估**：新靈性運動的某些方面聽起來很有吸引力。如果你誠實面對自己，哪些部分吸引了你？你覺得為什麼？是否有某個聖經真理被扭曲了？你覺得為什麼你（及一般人）會被這種扭曲的版本所吸引？

四、**腦力激盪**：文化透過哪些方式把耶穌當作一個通樣圖章，把任何東西都變成基督教信息？你是否曾經接受過新時代的原則，並將它們與你的基督教信念混合在一起？你是否在任何流行的基督教書籍中看到過這種情況？當這種情況發生時，你應該如何應對？

五、**練習當個熊媽媽**：新靈性運動的一個問題是，它試圖在聖經中添加內容──水晶、冥想、咒語等。向你的孩子們強調，如果我們需要水晶（或其他任何東西），神早就告訴我們了。

第十三章

共產主義失敗是因為沒有人正確地實踐它

馬克思主義 Marxism

希拉蕊・摩根・費雷爾
Hillary Morgan Ferrer

馬克思主義？像是共產主義中的馬克思主義？在一本給媽媽看的書裡？是的，我一開始也是這麼想的。從未想過要在這本書中談論馬克思主義，直到我意識到，如果不這樣做會是一種疏忽。馬克思主義實在無處不在。

直到最近我還一直認為，共產主義難道不是過去的事了嗎？蘇聯？柏林圍牆？我們難道沒有從馬克思主義的錯誤和邪惡中學到教訓嗎？委內瑞拉難道現在不正在汲取這個教訓嗎？劇透：不，顯然我們還沒學到這個教訓。

我外甥曾有一段時間喜歡從沙發背上跳下來。一連幾個禮拜，我姐姐和她丈夫一直告訴他：「你會受傷的」。結果他真的受傷了，嘴唇縫了幾針。姐姐問他：「你學到了什麼？」

「不要從沙發上跳下來。」他回答。

「那從其他地方跳下來呢？」她問，「那樣可以嗎？」

「可以，那沒問題。」

你看看，這就是小孩子的邏輯！

顯然，很多人對馬克思主義政策也抱持這樣的態度——這包括社會主義和共產主義。和任何馬克思主義者聊，指出過去和現在所有失敗的共產主義政權，他們就會說：「那些國家都沒有正確地實踐它。只要我們做對了，它就會成功」。某些方面來說，他們是對的。當你讀馬克思主義文獻時，你會注意到，它完全忽視了原罪和人性。只要沒有這兩個小小的因素作用，馬克思主義理論上是可行的。祝你好運。

那些不了解歷史的人注定要重蹈覆轍，朋友，好意提醒：我們正在重蹈覆轍。不相信嗎？只需看看 2018 年 5 月號的《Teen Vogue》雜誌，你會看到一篇關於卡爾‧馬克思（Karl Marx）及其思想的專題文章，以溢美之詞對他的思想大加讚賞。[1] 文章結尾還有一篇關於資本主義的文章連結，幫助你十幾歲的女兒理解資本主義哲學（「貪婪是好的」）和個別資本家（擁有大量資本的富人……受益於這個系統）。[2] 這是在《Teen Vogue》！在我那個時代，我們從雜誌上了解最新的唇彩顏色，對著讀者投稿、最尷尬的時刻捧腹大笑。

總之，如果你還沒注意到馬克思主義，你應該開始留心。

你的孩子在學校學習的歷史並不是你我學過的歷史。新教徒尋求宗教自由的故事被換成了屠殺印第安人的可怕故事、征服美洲，以及建國之父們普遍種族歧視的例子。我不是說這些事情不是真的，但這裡有一個目的：美國是壞的。美國是資本主義國家。因此，資本主義是壞的。

為何在一本給媽媽看的書裡談論失敗的經濟政策？

為了避免任何人的誤解，我想現在就說明，聖經不是支持資本主義的，美國也不是神選之國。我並不是要在這裡發表關於政黨的聲明。我的目標反而是揭露那些通過馬克思主義偷偷滲透進我們孩子頭腦中的謊言。以社會主義和共產主義為形式的馬克思主義思想聽起來可能完全合理，甚至是由福音驅動的。但不要搞錯了：它們最終的目標是解散所有的階層制（hierarchy）。是的，這包括家庭單位、宗教和道德。馬克思在《共產黨宣言》（The Communist Manifesto）中說：「共產主義是歷史的一個發展階段，它使所有現有的宗教成為多餘，並取代它們」，[3] 而且「共產主義廢除了永恆真理，廢除了一切宗教和一切道德」。[4] 他甚至將父母與孩子之間的神聖關係說成是「令人作嘔」。[5]

馬克思主義不僅是一個失敗的經濟政策——它本質上是一種宗教，一種涉及從教會到家庭再到道德生活每一方面的宗教。正如布魯斯・馬茲利希（Bruce Mazlisch）在他的《卡爾・馬克思的意義》（The Meaning of Karl Marx）一書中所說：「當然，按照這樣的定義，馬克思主義不能被視為宗教。然而，如果我們看看宗教的功能，尤其是它的心理功能，它對歷史提供的全面解釋，它彌賽亞的時間觀、善惡力量之間衝突的末世論圖景，以及它對人類完全重生的希望，那麼馬克思主義確實可以稱得上是一種宗教。」[6]

馬克思非常公開地談到基督教和他的哲學如何不能共存。正如馬克思主義門徒威廉・Z・福斯特（William Z. Foster）在 1932 年的《走向蘇維埃美國》（Towards Soviet

America）一書中所說：「不是基督教，而是共產主義將帶來世上的和平。」[7]馬克思主義基本上將罪與救贖的故事，重新詮釋為資本主義和共產主義。

研究馬克思主義後，我意識到：（1）這比我想像的還要糟糕；（2）但很遺憾要告訴大家，暴露在這種思想中的不僅是大學生。不過，我要明確地說，如果你計劃送孩子上大學，你很可能需要了解大學教授的內容，沒有其他原因的話，可以趁著感恩節假期，從你的新朋友那裡發現蛛絲馬跡。

馬克思主義、社會主義和共產主義有什麼區別？

在我們開始討論馬克思主義的歷史之前，必須先澄清一些術語。首先，馬克思主義是一個廣泛的思想領域，而不是單一的信仰系統。馬克思主義有很多分支，甚至為了這些分支曾經爆發過戰爭。即使是馬克思自己的著作，也不被認為是前後一致的。[8]

其次，人們經常（錯誤地）交替使用馬克思主義、社會主義和共產主義這三個術語，因為它們系出同源。但它們之間仍有微妙的區別。社會主義的歷史比馬克思主義或共產主義更久。和馬克思主義一樣，社會主義也有很多不同的變種，但大體的觀念是，國家（即中央集權政府）掌控所有商品的生產和分配，並做出所有商業相關決策。社會主義可以與宗教自由共存，但通常推崇世俗主義——一種政教徹底分離的狀態，宗教觀念只在家庭和私人領域內被接納。另一方面，共產主義則是毫不掩飾的無神論。

馬克思主義版本的社會主義是通向共產主義的墊腳石。[9、10]

共產主義是一種烏托邦信念，認為所有權力可以回到工人階級手中，他們將自己管理自己——沒有神，也沒有主人。「人民」將集體擁有所有製造業和商品，不再有「階級」之分，這意味著每個人完全平等。聽起來很棒，不是嗎？除非你和我一樣，記得這一套在高中小組作業中是如何運作的；我是那個最在意的人，所以最終我做了所有的工作。平等的想法很好，但你別忘了，平等不保證動機的平等。不過我離題了。

在本章中，我們討論馬克思主義，因為它是正在全國各大學中播下的種子。你通常不會聽到教授說：「現在我要讓你們改信馬克思主義」，家長們會暴動的。然而，經過多年的大學事工，我可以向你們保證，馬克思的思想正在大學中被大力推廣。如果你還是不信，想想有多少年輕人支持伯尼・桑德斯（Bernie Sanders），他公開以社會主義為政綱參選總統。

所以，當我們在本章中使用馬克思主義、社會主義和共產主義這些術語時，請記住它們的區別。記住，儘管馬克思主義最終失敗了，它卻總是在新的安排下悄悄回到大眾視野，希望迷惑那些很可能有著最崇高意圖（即平等及關懷弱勢群體和被壓迫者），但卻涉世未深、容易上當的新生代。

馬克思主義簡史

馬克思主義是卡爾・馬克思在 1850 年代提出的一種哲學和經濟理論。根據馬克思的說法，所有人類歷史都可以用一個文明的「生產方式」來理解。換句話說，人類如何利用自然和技術來滿足自身需求？各種哲學體系旨在解釋人類存在的個別方面，而馬克思主義則旨在成為一個總體性的原則，成

為一種世界觀。

> 如果一個理論不考慮我們靈魂深處的邪惡，
> 那麼它就無法解釋世界上的邪惡。
> 就到此為止。

回想一下我們討論自然主義的那一章。根據馬克思的說法，人類主要是生物性的存在，沒有非物質的靈魂（唯物自然主義）。光從這一點你就應該明白，為什麼他的理論將永遠行不通。如果一個理論不考慮我們靈魂深處的邪惡，那麼它就無法解釋世界上的邪惡。就到此為止。它提出的任何解決方案，最終都會以邪惡的人掌權告終，當一個國家走向共產國家，情況總是如此。一開始都是夢幻般美好的烏托邦，然後就冒出了列寧、史達林、毛澤東和卡斯楚。

如果人類只是沒有罪性的生物機器，那麼除了基因或環境之外，我們無法解釋為何他們會作惡。馬克思主義說，「改變環境，給予人們他們所需要的一切；然後他們就會變得高尚，為了社會的利益而努力工作」（因為這正是你在你的孩子身上看到的，對吧？哈！）一個人的基因有缺陷嗎？那麼該把他或她從基因庫中除名了（小提示：共產主義獨夫們曾經有過空前大量地殘殺自己同胞的一段歷史）。

> 不要低估當一個人深信自己在「為更大的利益而行動」時，
> 可以將多少的邪惡合理化。

那馬克思主義者認為他們在做什麼？

忠誠的馬克思主義者堅信，我們的社會只需要一個正確的環境，邪惡的人就會變好，階級之間的不平等就會消除。他們如此確信他們的方案能解決這世界的種種問題，甚至為他們採取「不擇手段」的方式辯護：「相信我們！當你看到情況變得多麼好時，你會感謝我們的！」正如羅伯特·哈維（Robert Harvey）的總結：「整個結構中隱含的信念是……目的可以證明手段的正確性，以進步之名所做的任何事情，本質上都是良善的，無論代價如何。」[11] 不要低估當一個人深信自己在「為更大的利益而行動」時，可以將多少的邪惡合理化。

像柏拉圖和亞里斯多德等哲學家教導人們，人類需要真理、善良和美德才能繁榮昌盛。隨著馬克思的出現，突然之間，人類只有消除階級才能繁榮昌盛了。個人選擇並不能決定我們是誰。對馬克思來說，信念、宗教、性別、哲學、家庭、罪惡、人性──這些都不足以解釋人性。生產方式（即經濟互動）是他對一切人類行為的終極解釋。

什麼是「生產方式」？

十八世紀末，一種新的發展永遠改變了人類製造、購買和銷售商品的方式，那就是工廠的出現。在那之前，人們自己製作衣服，自己種植食物，自己建造房屋。或者他們是技藝高超的工匠，自己從頭到尾製作商品，並用這些商品交換其他人的商品。我記得小時候看《草原小屋》（*Little House on the Prairie*），社區裡的每個人都有一門手藝，除了奧爾森一

家（Olsens），他們基本上代表了沒有人喜歡的、邪惡貪婪的資本主義。

工業革命的出現是因為工廠製造商品比個人更有效率。工匠們被從家中帶走，進入大規模生產的血汗工廠工作，這意味著可以用極小部分的成本生產和銷售商品。工人們不再擁有商品，而用他們的時間換取金錢。這些勞工被當作消耗品，失去了獨立性和創造性的投入。正如馬克思正確指出的，工人成為「機器的附屬品」。[12]

為了扮演魔鬼辯護士的角色，馬克思在《共產黨宣言》中對工業革命期間對工人進行的虐待提出了一些合理的批評——例如工業化如何將兒童商品化，使其變成廉價的勞動力。[13] 遺憾的是，儘管工作標準有所改善，政府法規也大幅減少了工作場所的虐待行為（例如工人因機器受傷而遭到解僱），現代馬克思主義者（社會主義者和共產主義者）仍然將所有資本主義描繪為邪惡（通常將其人格化為「那個人」）。

但讓我們問問自己：創建企業是件壞事嗎？假設一個人創辦了一家公司，最終取得成功，有能力僱用員工。這些員工不擁有公司，是為老闆工作，而老闆的目標不只是以成本價製造和銷售產品，而是以盈利為目的製造和銷售。當這件事發生時，工人就可以有穩定的工作，老闆則可以擴展業務——並僱用更多的員工。這就是資本主義的基本原理。

馬克思認為這個過程是對工人的剝削，因為他們的努力沒有公平地換取產品。公平交易會導致沒有剩餘，因此沒有利潤。根據資本主義，利潤是好的。利潤意味著所有者可以把錢再拿去投資，擴展業務，最終僱用更多的員工。更多的

員工創造更多的產品,然後創造更多的利潤。企業就是這樣建立起來的。而反過來這又使人們得以謀生,社區得以發展。

然而,根據馬克思的說法,利潤將權力集中在所有者手中,工人仍處於不利地位,因此受到剝削。富者恆富,而窮者恆窮。工人可能甚至沒有意識到自己被剝削了,這個概念在我們談到女性主義時(第十四章),將會取得新的意義。

前述的權力和利益差異在馬克思所稱的「階級鬥爭」中顯現。這一主題如此重要,以至於他在《共產黨宣言》第一部分開篇就宣稱「至今一切社會的歷史,都是階級鬥爭的歷史」。[14] 不是罪,而是階級鬥爭。

統治階級(他稱之為*資產階級*)做出決定的唯一目的是維持其權力。任何關於美德、常識、宗教、倫理、價值或人性的言論都是種巧妙的騙局,用來鞏固統治階級權力並壓迫下層階級(無產階級)。用二十一世紀「占領華爾街(Occupy Wall Street)」運動的語言來翻譯,無產階級就是 99% 的群眾,而資產階級就是那 1% 的富人。我們在女性主義中也看到同樣的思維,只是它將統治階級稱為「父權體制」。

馬克思認為,要創建一個公正的社會,權力必須回到勞動階級手中。革命不會來自知識菁英,而是來自勞工(但不要誤解了:知識菁英必須喚醒工人階級,並在政治上動員他們——這是當代馬克思主義知識分子的強烈主題)。[15]

馬克思也認為,資本主義根本上是不穩定的,因為工人不會永遠忍受剝削。由於馬克思預測資本主義會導致經濟崩潰,那些遵循他學說的人就認為,透過加速這種經濟崩潰,他們是在為國家服務。可以說,他們是在快速撕下 OK 繃。

加快革命，就能加速進步（如果你曾懷疑為什麼有些政治人物似乎正在試圖摧毀美國的基礎和結構，這就是原因。要「根本性地改變」我們的社會，首先就必須推翻目前正通過資本主義「壓迫工人」的老舊勢力）。

對於馬克思主義傳達的總體訊息，我們初步反應可能是，「這有什麼問題嗎？難道我們不應該反對剝削工人嗎？難道我們不應該捍衛受壓迫者的訴求嗎？這些難道不正是使徒雅各（雅各伯）所說的，我們應該保護的孤兒和寡婦嗎？」現在是時候讓我們按照我們熊媽媽的方式來分解這種哲學了。

像熊媽媽一樣咆哮！

識別訊息

既然我們已對馬克思主義有了基本的了解，就必須看看它如何融入當代社會，及如何在聽到時，識別出它的訊息。

1）**拒絕固有的惡** —— 根據馬克思主義的說法，我們有仇敵也有原罪，但它的名字是「資本主義」，而資本主義就是壓迫的同義詞。因為邪惡據稱是經濟環境的產物，馬克思主義者用一個人的環境來解釋他的不良行為，更為其開脫（這其中有些真理在，我們會在「提出洞察」那一小節中討論）。人們之所以做出這樣的行為，是因為他們無法控制的壓迫力量。移除了這些有毒的力量，他們的貪婪、自私和暴力就會消失。馬克思主義者認為，讓我們的國家採用這些「公平和正義」的條件雖然困難，但最終是值得。

2）**認識壓迫**──馬克思主義者認為，人類歷史是受到「體制」保護的壓迫者的歷史，無論這裡的體制是資本主義、宗教還是傳統家庭。根據馬克思主義的說法，被壓迫者也扮演了一個角色，因為他們沒有意識到自己正在被壓迫（他們稱之為「虛假意識」）。如果人們不知道自己被壓迫，他們就不會聯合起來推翻壓迫者。因此，一個好的馬克思主義者的工作，就是幫助人們認識到自己是如何被錯待，並正確地識別壓迫他們的階級。這就是所謂的「身分政治」，在政治領域中是個強勢主題，現今在教育領域也是，從幼稚園到大學生皆受其影響。

3）**妖魔化富人**──它假定富人只有透過剝削下層工人才能達到他們的地位，並將前幾代累積的財富，不公平地傳給自己的孩子。馬克思認為，真正的革命只能來自工人階級的反抗，所以馬克思主義者的目標就是盡可能將上層階級描繪得毫無人性。對「肥貓」的憤怒旨在喚起有效的政治行動。用《搖滾教室》（School of Rock）裡傑克‧布萊克（Jack Black）的話來說，馬克思主義者得了嚴重的「反權威」病。

4）**強調「正義」和「平等」**──任何人之間的差異都被視為不平等或不公正。為了糾正這種情況，我們需要為平等和正義而戰，對吧？（但不要問太多問題，他們說。如果你不支持我們，你就是反對我們）。

然而，當馬克思主義者談論不公正時，他們真正的意思是「差異」（你有沒有注意到，未來主義電影中，人們經常穿著相同的連身衣？因為消除差異據說就是消除不平

等)。對正義的傳統理解是「對個體的公平和合理對待」。而對馬克思主義者來說，意味著結果的平等，而不是平等的資源、平等的機會或平等的待遇（記得我們談語言偷換的那一章嗎？）如果男性和女性之間有任何差異，那就存在性別不正義。如果男人可以不用懷孕，而女人不能，那我們就必須呼籲生育正義。如果黑人、白人、拉丁裔、亞裔或美國原住民文化之間有任何差異，這些都被視為種族不正義。對馬克思主義者來說，正義不容許正當的差異存在。差異——即使是正當合理的——也是不正義，我們應該為消除它們而奮戰。

5) **模糊目標**——根據馬克思的著作，滿足較小的目標可能會適得其反，因為當人們的一些要求得到滿足時，往往就會滿足於現狀。滿足是革命的敵人，而革命是目標。索爾‧阿林斯基（Saul Alinsky）在《叛道》（*Rules for Radicals*）中寫道，「目標必須以比如『自由、平等、博愛』……這樣的一般用語，而不是以金錢和時間的具體數字來表達，是用心理術語，並且要不斷變化」。[16]當你問一個「占領華爾街」或女性遊行的抗議者他們的訴求是什麼時，你可能不會得到一個可以客觀衡量的明確答案（我們如何衡量「父權體制」是否消失了？）可以衡量的目標不好，因為它們可以實現。對於馬克思主義來說，目標是帶來大規模變革，幫助建立共產主義，而根據馬克思的說法，這必須先發生革命。如果你想知道，革命的第一步就是製造足夠的混亂，好讓統治階級更容易被推翻。了解這一點後，我們在大學校園看到的抗議活動就容易理解了。如果你認

為我在胡說八道，請讀一讀阿林斯基的《叛道》，這本書會讓你大開眼界。

提出洞察

很少有人公開表示自己是馬克思主義者（儘管這種情況開始有所改變）。雖然《Teen Vogue》努力宣傳，馬克思主義（及其衍生的共產主義政治和經濟政策）仍被許多人負面看待。但馬克思主義者倡導的理念並未消失，它們就像我們不斷撿回來的渣男前男友。畢竟，他看起來改頭換面了（他進行了改頭換面，現在叫「社會正義」了！）他說出我們想聽的話（「來吧，寶貝，我能給妳人間天堂！」）我們內心深處知道他不能兌現他的承諾，但也許他變了，這次會不一樣！

共產主義不好，但社會正義聽起來不錯，對吧？馬克思的新追隨者常常自稱為社會正義戰士（Social Justice Warriors，SJWs）。SJWs 往往年輕且具理想主義，他們確實正確地指出了我們國家需要改變的地方，但他們不明白他們提供的解決方案的基礎是馬克思主義。在他們對正義的熱情中，他們可能沒有意識到自己正被利用來推動不符合聖經的隱祕目的。這時候父母的指導至關重要。當孩子們聽到偽裝成社會正義和其他看似高尚目標的馬克思主義言論時，他們很難看清其背後潛伏的邪惡。

辨別社會正義的好壞需要大量運用嚼吐分辨法。我們需要確保我們不是只因為知道它通向共產主義就完全拒絕整個訊息。當年輕人聽到我們批評社會正義而不肯定其中的優點時，就會對我們的客觀性失去信心。在他們眼中，我們看

起來像是只會碎念的無知之人,只是在延續他們迫切想要解決的問題。他們需要知道我們也看到了問題,也關心這些問題。所以,我們能肯定什麼呢?

首先,社會正義戰士關心邊緣化群體,就像耶穌一樣。如果對窮人和邊緣化群體沒有深切同情心,那麼我們就不明白神的心意(參見申命記10:18;詩篇140:12;雅各書1:27)。

其次,SJWs 合理正當地希望消除當今社會的種族主義和性別歧視。雖然我們很想認為種族主義已經成為過去,但它仍然活生生地存在著。有一些有色人種的朋友告訴我一些讓我憤怒的故事,他們不是挑起種族問題的人,也沒有陷入身分政治。同樣,「#MeToo」運動讓我們看到女性受到的不公對待依然如此普遍,尤其是在教會內!令我感到難過的是,我們竟然需要一個世俗運動來敦促基督徒清理自己的家門。一個施虐者因為「他有如此強大的事工」或「他是如此了不起的教師」而被允許保有屬靈權威。與此同時,受害者卻被告知,要原諒施虐者並相信教會的「內部審查」程序。這種不符合聖經的反應,進一步傷害了受害者,並助長了施虐者。這不是符合聖經的正確領導方式。

第三,我們需要意識到一個人的環境確實會影響他或她的行為。如果一個孩子更擔心下一頓飯從哪裡來或會不會被街頭幫派襲擊,那麼準備英語期中考就可能會被視為次要的事。當孩子在自己的家中感到不安全時,他們往往無法在情感和心理上成熟起來。我不同意的是,我不認為所有這些問題都能通過在他們身上砸錢來解決,光是金錢無法取代完整健康的家庭所提供的穩定和安全。

第四，資本主義是否存在合法的虐待情況呢？當然！有些無良的企業主會剝削工人。有些人剝削非法移民和無證工人的廉價勞動，因為他們沒有保護。有些人做了三份工作，但仍然無法維持生計。

如果我們只是舉出美國和資本主義所有好的方面來反駁 SJWs 的論點，他們會在離開談話時想，*她根本沒在聽我說話，也許我需要喊得更大聲？*

承認、哀悼、為改革努力，神聖的信念是良善的。讓真正的不正義激勵你的心採取行動，但要對社會正義運動中的謊言保持警覺心，我們需要把它們吐出來。我們的孩子需要聽到我們在肯定真理的同時，拒絕謊言。符合聖經立場的正義，將永遠與神的本性和品格一致，但社會正義不全是如此。

#謊言一：愛一個人，就必須愛他們的信念

有一個巨大的謊言正瀰漫在我們社會的所有領域：一個人和他或她的想法是無法分開的。你必須同時愛或同時拒絕它們。這是敵人多麼隱蔽的戰術！如果這是真的，那麼神就不能愛我們任何人。

#謊言二：差異比相似性更重要

在身分政治中，人們被教導要關注自己的差異和他們的個人社群，而不是他們集體和共同的經驗。新聞快訊：*每個人都曾感到無助，每個人都曾感到被忽視，每個人都曾感到渺小或覺得自己得不到喘息的機會。*我們的共同經驗以不同方式表現，但這都是人類的普遍境況。這引出了下一個觀點。

#謊言三：人可以被概括化

當人們被統稱為「白人」或「黑人」或「富人」或「窮人」時，我們必須問：你在說哪些人？每個種族和性別中都有富人和窮人。投資銀行家、家庭主婦和幫派成員的心中都潛藏著自私。沒有一個群體可以壟斷任何惡行或美德。

#謊言四：可以因為一個人的背景而否定他的意見

填空題：「你之所以這麼說，是因為你是〔填入宗教〕、〔填入種族〕、〔填入性別〕，並且在〔填入社經地位〕的〔填入背景〕中成長。」明顯提示：即使是來自同一性別、宗教、種族和社區的人，他們的觀點也可能大不相同。

#謊言五：人類可以解決社會問題

馬克思主義最大的謊言之一就是，人既是罪人又是救主。當人們將問題歸咎於罪以外的其他事物時，他們就必然會弄錯解決方案。性別歧視不是問題，它是問題的症狀，但罪才是問題。種族歧視是症狀，但罪才是問題。貪婪是症狀，但罪才是問題。任何試圖通過改變人的環境來解決罪的症狀的解決方案都注定要失敗。罪是問題，唯一的解決方案是，對付罪的那一位。悔改、基督的救贖和聖靈的聖化工作才是罪的唯一解決方案。把人放在不同的環境中，可能會使他們更難或更容易犯罪，但不能消除他們的罪。無論把我們放在何種情境中，我們人類的本性都會顯現出來（但這並不否定環境在塑造我們的過程中，人類所扮演的一個合理角色）。

#謊言六：階層制是不公正的

這也是一個彌天大謊，它的影響遠遠超出了人們一開始所能理解的領域。雖然社會正義戰士會對 1% 的人憤怒，但他們被灌輸的觀念是認為，所有的階層制必然導致不公。讓我們把話說清楚：神性中有階層。神在地上設立的第一個制度是婚姻，其中包含家庭內的階層制。神在猶太祭司制度中創造了階層，也在天使之間創造了階層。《新約》肯定了教會治理中的階層制。甚至將來在天堂裡可能也會有階層（參見〈馬太福音〉19:28；〈啟示錄〉22:5）。所以階層制和權力不是問題。罪人濫用他們的權力角色才是問題。

當馬克思主義者將階層制定義為問題時，經濟階層是主要的例子。但馬克思主義者不僅尋求消滅階級，他們反對任何培養階層本能的東西。這就是為什麼馬克思主義本質上反對任何形式，有組織的宗教、強大的核心家庭或企業內的權力結構，這三者都在具有既定權威的階層制底下運作，不管是神、父母還是老闆。事實上，馬克思主義文獻指責核心家庭和宗教「創造習慣於權威的人格」，彷彿這是一件壞事。[17]

如戈特利布（Gottlieb）所解釋：「核心家庭創造出的人，往往主要將自己視為一個個體，而非社區或階級的成員。這種自我理解使得政治組織和大規模激進運動極其困難。」[18]

#謊言七：培養怨恨是變革的良好基礎

這似乎是許多社會正義意識形態的慣用伎倆。我只想說，怨恨不是一種符合聖經的變革策略。根據馬克思主義理論，讓無產階級（工人階級）起來推翻「壓迫的肥貓」的唯

一方法就是,讓他們足夠憤怒。因此,許多隱藏的馬克思主義在被壓迫者和壓迫者之間製造分裂,希望能夠統一被壓迫者,成為一個單一的「階級」,起來反抗並要求自治(這就是我們在「飢餓遊戲」(The Huner Games)系列電影中看到的情況)。到目前為止,我們只看到這讓人們容易受到那些魅力領袖的影響,他們承諾一個沒有不正義的世界……然後這些領袖成為了極權獨裁者。

還有更多的謊言,但我無法在這裡一一詳述。要查看一名前美國聯邦調查局特工在 1950 年代記錄的共產主義目標清單,請參考熊媽媽部落格。你會驚訝於已經有多少目標實現了,更會驚訝於知道這些目標都與共產主義有關!

> 我們的目標不是證明自己是對的,
> 而是像基督那樣去愛,
> 這包括知道何時該說話、何時該沉默。

主張更健全的態度

〈歌羅西書〉2:8 警告我們,不要被「被虛妄的哲學迷住了;因為那種學說是人所傳授的,是根據宇宙間所謂星宿之靈,而不是根據基督」所俘虜,這是有原因的。在這本書中談到的大多數「主義」中,我們所面對的不是意志堅定的反叛者,而是在與俘虜打交道——被不良想法劫持的人。處理人質情況的第一條規則:如果你不能明確地擊中劫持者,就不要開槍。記住,我們摧毀的是思想,而不是人。如果一個人與他們的思想靠得太近,將無法分辨你在攻擊的是他們的思

想，還是他們的身分。

在談論馬克思主義和社會正義中固有的謊言時，要做好被貼上壓迫者標籤的準備。不要參與這個遊戲。我們的目標不是證明自己是對的，而是像基督那樣去愛，這包括知道何時該說話、何時該沉默。

以下是幾個對抗這些謊言的關鍵方法：

1）**認識真正的不正義**——當遇到真正的不正義時，請勇敢發聲！然而，不要被不正義這個詞所迷惑，並非所有不正義的宣稱都是真的。在美國，我們的生活條件非常好，以至於所謂的微歧視（microaggression）被用來作為不正義的例子。拜託，停止這樣的行為吧。我們需要對抗這個世界上真正的不正義，例如性奴役、種族滅絕、女性割禮、榮譽處決、獨裁統治、綁架、真正的種族歧視和性別歧視等等。如果我們把每件小事都當作壓迫的例子，那麼這個詞就會失去其意義，人們也會變得漠不關心。

2）**拒絕任何忽視罪的真正問題或將人歸為一個單一群體的觀點**——人們經常試圖將罪的症狀（性別歧視、種族歧視等）當作主要問題，或者以概括的方式將某些罪歸咎於整個階級的人（好像財富必然伴隨著貪婪一樣）。這種將一種罪與另一種罪對立起來，並將其歸咎於某個人群的作法，只是在無休止地循環「誰的罪更大」而已。事實上只有兩個階級：非罪人和罪人。神和人。猜猜我們都屬於哪個階級？

3）**團結超越差異**——我媽媽曾告訴我，神一定愛多樣性，因為這世上有超過兩百個品種的玫瑰花。讓我們欣賞神賜

予我們的不同，並記住，最終我們的團結只能在基督裡找到。十字架下人人平等。我們都因為罪被定罪，但我們（接受了白白賜予的、救贖的人）都被稱為神的兒女。在十字架腳下「並不分希臘人、猶太人，受割禮的、未受割禮的，化外人、西古提人，為奴的、自主的，惟有基督是包括一切，又住在各人之內」（歌羅西書3:11）。我們的族群背景會帶給我們不同的經歷嗎？當然會。我們的性別呢？絕對。但當我們在基督裡時，我們不再被性別、種族、教育或社會經濟地位所定義。我們是由基督定義的。就這樣。[19]讓我們開始這樣做吧。

透過討論、門徒訓練和禱告強化印象

1）對於年幼的孩子：玩「神的形象」遊戲。這個遊戲幫助孩子們理解我們都是按照神的形象所造，並提醒他們我們有共同的人性，而不是專注於差異。每當你遇到一個與你不同的人（膚色、髮色、年齡、身材、疾病、精神狀態不同）時，問你的孩子：「那個人是按照神的形象所造的嗎？」不論我們有什麼不同，強調我們作為神形象承載者的集體身分。[20]

2）對於初、高中學生：注意如正義、不正義、平等和不平等等熱門關鍵詞。請你的青少年孩子定義在某個特定情況下什麼是公正、不公正或不平等。閱讀〈馬太福音〉25:14-30，關於才幹的比喻。我們的文化會認為這個比喻中的哪些部分是不公的？你認為耶穌想表達什麼？

3）認出誰在利用他們的權力行善或為惡。如果你正在看一部

丈夫虐待女性的電影，問你的青少年孩子，這個男人是在利用他的權力行善還是為惡（顯然是為惡）。當一位領導者做出正確的決定時，要肯定他或她善用了權力。強調權力本身沒有善惡之分，而是我們如何使用它才是關鍵。

4）問你的孩子，是否不同意某人的觀點就意味著你討厭他。回憶一下你和配偶或家人雖然意見相左，但仍然彼此相愛的例子。強調意見分歧並不等於仇恨。

PAWS禱告策略
讚美神

全能的神啊，我讚美祢賦予人類價值，因為我們是按照祢的形象所造的。祢通過免費的救贖恩賜，向所有願意呼求祢名的人提供了平等的機會，承認他們的罪，並讓祢成為他們的主和救主。祢是一位公正的神，是非的唯一仲裁者。祢的標準客觀而真實，且不偏不倚。

認罪

主啊，我是個罪人。我們都犯罪，達不到祢的標準。在祢的十字架前，我們都同樣需要一位救主。祢才是我們的救主，而不是政府。請原諒我們試圖為心中的罪辯解開脫。

感恩敬拜

感謝祢，天父，我是按照祢的形象所造的，感謝祢，讓我的靈魂能夠接受祢作我的救贖主。感謝祢，當我在天堂與祢同在時，我將會變得完美無缺。感謝祢設立階層制作為秩

序、責任和問責的手段。當它在祢的控制下正確施行時，等級制度就是一件好事。

祈求

求祢幫助我的孩子不受我們學校，尤其是大學中充斥的馬克思主義教育的影響。指引我如何將祢保護生命的話語傳達給孩子。幫助我以真理、清晰和堅定的信念宣告，人無法自己拯救自己。祢是我們唯一的拯救。願我教導我的孩子們不要將權力等同於特權，而要將權力與責任掛鉤。作為和平的使者，幫助我成為理解而不是怨恨的榜樣，欣賞神賦予的差異，並全心投入能夠榮耀祢的工作倫理。願我們這些擁有基督的人與他人分享在祂裡面的平等與合一的好消息。

讚美祢，全能、全足的神，耶和華沙龍，我們的平安。阿們。

問題討論

一、**破冰問題**：查看注腳中《Teen Vogue》文章的連結，大聲朗讀出來，討論你的想法。

二、**討論主題**：當你忽視原罪是人類的主要問題時，你提出的任何解決方案都將無法奏效。想像一下，你告訴你的孩子做家務是「為了全人類的利益」。你認為這會多有效？如果你取消了做家務的獎勵或津貼，他們會有什麼反應？這讓我們對於人類的動機得到什麼啟示？這種動機錯誤嗎？為什麼？關於動機，以下經文告訴我們什麼？參見

〈哥林多前書〉9:24、3:8；〈馬太福音〉5:10-12。

三、**自我評估**：大多數人渴望能在世上過更好的生活。你是否有時會覺得金錢或經濟政策比聖靈對社會的影響更重要？你為什麼認為我們傾向於在尋求耶穌之前追求其他解決方案？

四、**腦力激盪**：讀一讀〈使徒行傳〉2:44-47和4:32-35。馬克思主義者如何將聖經詮釋為提倡共產主義？[21]你認為是這樣嗎？讀一讀〈馬太福音〉25:14-30，關於才幹的比喻。這個比喻如何被視為提倡資本主義？你認為是這樣嗎？應用聖經中提倡的這兩個原則，我們可以學到什麼？聖經如何超越政治？

五、**練習當個熊媽媽**：在晚餐時或長途旅程中，與孩子們談論如果學校沒有打成績，或所有成績都是平均分數並平等地分配給所有學生，他們認為會發生什麼事？他們認為學生會更努力學習還是更懶惰？為什麼？讀一讀〈雅各書〉1:27並討論，在聖經時代，孤兒和寡婦是沒有保護或權力的人。問問你的孩子，神在他們的生活中安排遇見哪些需要他們服務的人？個人服務和要求政府代表國家服務有什麼區別？哪一個更強調個人的責任？這是好事還是壞事？

第十四章

未來是女性的時代

女性主義 Feminism

蕾貝佳・瓦勒瑞斯 & 艾莉莎・奇爾德斯 & 希拉蕊・摩根・費雷爾
Rebekah Valerius & Alisa Childers & Hillary Morgan Ferrer

「我是個卑鄙下流的女人！」女演員艾許莉・賈德（Ashley Judd）在台上對著一片歡呼的女性觀眾大聲喊道，她們全都戴著象徵女性生殖器的粉紅帽。[1]她們是一群 2017 年 1 月 21 日聚集在華盛頓特區的超過 50 萬名的女性。「我像床單上的血漬一樣污穢」，她繼續說道，這場演講主要是針對即將上任的美國總統。[2]瑪丹娜也加入了發言，宣稱（夾雜著髒話）「我想發起一場愛的革命」，而且「我經常想炸掉白宮」。

遊行同時在全國各地的主要城市進行，組織者估計，全國各地，從東岸到西岸，有超過 100 萬名戴著粉紅帽的女性走上街頭遊行，為女性權利發聲……，或為平等發聲？或為抗議父權制？還是反對新當選總統的粗鄙言論？媒體採訪中，人們給出的回答五花八門，顯示似乎沒有人能真正確定。

根據遊行的官方網站說法，這個「由女性領導的運動」將「來自各種性別、年齡、種族、文化、政治傾向、身體障礙和出身背景的人聚集在我們國家的首都……，確認〔他們〕共同的人性，並表達〔他們〕抵抗和自決的勇敢訊息」。[3]幾

乎每個新聞頻道都全天候不斷地在報導這個活動，稱其為女性權利運動的歷史性時刻。

這究竟是女性前進的一步，還是巨大倒退的一步？我們可否提出一個觀點，數百萬名女性戴著象徵她們私密部位的帽子，歡呼地喊著「我是個卑鄙下流的女人」，這是對女性賦權運動的重大失敗，特別是在尊嚴方面？

不要誤會我們的意思。我們像現代的所有盡責的女兒一樣感謝女性主義。身為基督徒，我們感謝神給予女性尊嚴的命令，打破了文化的傳統。[4] 早期的女性主義者為今日女性享有的平等鋪平了道路。但我們很難與許多當代女性主義者產生共鳴，尤其是那些似乎一直處於躁動狀態的女性主義者。她們談論抵抗父權制，對於像我（蕾貝佳）這樣有兄弟姐妹並親身了解男人所經歷的困難（往往是在女性手中）的人來說，這種說法顯得很奇怪。在我看來，這個運動的最新版本在選擇為墮胎而拚命的那一刻，就失去了所有的道德高地——這是一種諷刺，因為墮胎傷害的更多是女嬰而不是男嬰。

然而，以同樣粗鄙的回應來抗議總統的粗鄙言論，不會有什麼建設性。從歷史來看，我們女性主義的先驅們努力提高話語的水準；相形之下，今天的女性主義者對抗粗俗的方式卻是，一起打泥巴戰。

今天，當一位女性自稱是女性主義者時，她的意思並不總是很明確。自從誕生以來，女性主義者這個詞本身的定義已經發生了很大變化。那些戴粉紅帽的抗議者顯然認為自己代表所有女性的追求，但許多女性（如我們三人）感到受冷落甚至厭惡。他們也不會歡迎我們。支持生命而反對墮胎的女

性，正式被排除在遊行之外（儘管有些人沒有收到備忘錄）。[5]

今天成為女性主義者意味著什麼？這個詞的意義隨著時間的變化如何？我們如何讓我們的小熊們能批判性地思考一個會舉行這樣一場遊行的運動？要真正理解女性主義，我們需要看看它的歷史及其目標如何隨著時間的推移而變化。這對於理解 2017 年女性大遊行是如何出現的，至關重要。

女性主義簡史

女性主義最早的起源可以追溯到幾個世紀前。但我們所熟知的*女性主義*這個術語，主要是十九世紀末和二十世紀的一個現象。在我們檢視現代女性主義時，希望你能注意到，即使在今天，女性主義也不是只有一種聲音。在本章中提出的許多批評針對的是我們這個時代聲量最大的女性主義者。希望當你了解女性主義的歷史和三波浪潮後，你不僅能看到過去時代更具救贖性的一面，還能學會如何在未來倡導更健康的*女性主義*。

第一波女性主義

根據哲學家克莉斯提娜・霍夫・桑謨斯（Christina Hoff Sommers，被稱為事實派女性主義者〔Factual Feminist〕）的說法，第一波女性主義（1900 年代初至 1960 年代末）可以分為兩個群體，她將其稱為*平等女性主義者*（*egalitarian feminist*）和*母性女性主義者*（*maternal* feminist）。[6,7]

*平等女性主義者*主張女性的權利，無關其性別，並爭取女性有權從事與男性相同的角色。*母性女性主義者*則在母親和

照顧者的獨特角色內爭取女性的權利和平等。

這兩個群體基本上為同樣的目標（投票權、教育、財產權等）而戰。然而，正是她們爭取這些平等的方式將這兩者區分開來。平等派更像我們當今的女性主義者。對她們來說，平等意味著女性能像男性一樣行事，能做任何男性能做的事，能去任何男性能去的地方。她們淡化兩性之間的固有差異，提倡女性有權與男性一樣塑造自己的命運。

漢娜・莫爾（Hannah More）和弗朗西絲・威拉德（Frances Willard）等人是早期母性派女性主義者的最佳代表，她們意識到男性和女性的不同。這些女性主義者肯定了女性在社會中的獨特角色，特別是身為照顧者和培育者的角色，她們爭取的權利與平等派爭取的相同；但母性派女性主義者並不想讓女性變得和男性一樣。相反地，她們為身為人類同胞的平等價值、尊嚴和權利而奮鬥，不放棄她們身為女性的共同身分。母性派女性主義者預見到了平等派女性主義的影響，她們擔心，如果平等派成功，女性有一天可能會失去她們當時擁有的特權，如騎士精神、免於徵兵和獨立的廁所。

儘管存在分歧，這兩個派別的女性主義者仍設法合作，她們的努力促成了第十九修正案，賦予女性投票權；還為女性擁有財產、上大學和經營企業打開了大門。遺憾的是，第一波女性主義是這兩個群體最後一次的大規模合作。平等派女性主義者的個人主義傾向在第二波和第三波女性主義期間發生了危險的轉向，整個女性主義運動拋棄了母性視角，轉而與馬克思主義思想合作。

第二波女性主義

第二波女性主義始於 1960 年代初期，持續了大約二十年，透過主張所謂的「生育權利」和減少職場不平等，它擴充女性權利的觀念。女性主義運動內部的裂痕也從這裡開始顯現。第二波女性主義者始終淡化女性在社會中的獨特角色，反而強調自我決定和自主的訊息。換句話說，我是自己的老闆，我可以做我想做的事……，包括對自己的身體（即「我的身體，我的選擇」）。平等派女性主義者變得越來越激進，並與提倡左翼政策的人建立了新關係。但是，為什麼呢？

女性現在可以投票、競選公職、和男性上同樣的大學並從事相同的工作，但數據顯示，許多女性仍然更喜歡家庭生活。這讓第二波女性主義者感到大惑不解。為什麼在獲得了這些自由之後，還有一些女性選擇（倒抽一口氣！）待在家裡、照顧家庭和撫養子女？而且如果她們真的做了職業道路的選擇，為什麼她們進入的領域薪水較低？他們唯一的解釋是，必定有某種壓迫體系在暗中阻止女性向前——「父權制」成了頭號公敵，就像資本主義之於馬克思一樣。

第二波社運人士主張，僅僅獲得同工同酬還不足以視為與男性平等。她們還需要充分獲得避孕和墮胎的權利，這是一個證明文化轉向貶抑家庭生活的關鍵論點。1963 年，貝蒂‧傅瑞丹（Betty Friedan）寫了一本暢銷書《女性迷思》(*The Feminine Mystique*)，她確實對 1950 年代的家庭主婦刻板印象提出了幾個合理的批評。但正如大多數矯正運動一樣，她走向了另一個極端，將普通美國家庭主婦的生活比作「舒適的集中營」[8]（好像在 Pinterest 上用有趣的餐點創意裝飾版面與

大屠殺完全不可相比一樣？）。傅瑞丹責備家庭主婦屈服於她所認為的虛假和壓迫性的刻板印象。她寫道：

> 難道那些生活在女性奧祕形象中的女性不是將自己困在了家庭狹窄的四面牆內嗎？她們已經學會了「適應」她們的生物角色。她們已經變得依賴、被動、幼稚；她們放棄了成人的參考框架，生活在低於人類的食物和物品的層次上。她們所做的工作不需要成人的能力；這是無盡的、單調的、毫無回報的工作……，她們的思想和精神正在緩慢死亡。就像集中營中的囚犯一樣，有些美國女性抵抗了那種死亡，她們設法保持了自我核心，沒有失去與外面世界的聯繫，並利用她們的能力從事某些創造性的事物。她們是精神和智慧的女性，拒絕「適應」成為家庭主婦。[9]

這態度一點都不居高臨下，對嗎（我們希望妳能感受到我們的諷刺！）？顯然，在我們體內孕育人類，生育他們，哺育他們（經常是用我們的身體），創造一個溫暖和充滿愛的家庭，基本上教導所有新生人類如何成為，嗯，成為人，是單調而毫無回報的工作？我們喜歡 G. K. 切斯特頓的說法：「一萬名女性走上街頭高喊『我們不會聽命於人』，然後成為了速記員。」[10]

第二波的母性女性主義者認識到這種對傳統女性氣質的攻擊的本質：一種激進的行動主義，在其對平等的痴迷中，試圖消除性別角色。這些新女性主義者的任務是，喚醒女

性，讓她們從所謂自滿的沉睡中清醒過來，認識到她們受到陰險的父權制的束縛。[11]

第三波女性主義（這意味著戰爭！）

第三波女性主義大約始於 1980 年代並持續至今。[12]儘管前兩波女性主義在實現目標方面取得了巨大的成功，第三波女性主義者仍對所謂的父權制全面宣戰。她們認為，只有從根本上徹底改造社會，才能將女性從烤箱手套——我的意思是枷鎖中——解放出來（請再次注意馬克思主義對徹底變革的重視）。她們相信，男人——無論他們是否意識到——仍然是壓迫女性的體系的一部分。即使女性已經成功打入幾乎所有男性專屬的領域，而且取得成功。壓迫依然存在，她們不會被告知其他說法。

克莉斯提娜・霍夫・桑謨斯指出，今天的戰爭已經達到這樣的程度，聲量最大的女性主義者不再討論女性如何才能與男性平起平坐；反倒宣稱，社會必須徹底改革才能保護女性免受「無情而惡毒的男性反挫」的持續壓迫——這是更馬克思主義色彩的修辭。[13]這些女性主義社運人士比以往任何時候都更企圖利用現代科學研究來推動他們的意圖。在他們的狂熱中，經常以強化他們偏見的方式詮釋統計數據，這是桑謨斯在她的「事實女性主義者」影片部落格中記錄的一種現象。[14]

今天的第三波女性主義者真心相信，一旦教導人們如何尋找系統性的厭女症，人們就會發現它無處不在。他們通過權力差異的鏡片來詮釋男女之間的最細微互動（那個男人剛剛為我開門嗎？他是在對我施加他的優越感和對身體的支配

力。厭女者！）。

像熊媽媽一樣咆哮！

識別訊息

現代女性主義傳達出的許多訊息既混亂又矛盾。「不要物化女性的身體（如果你這樣做，我們將上空抗議）！」[15]、「停止剝削女性（但我們將為性工作者的權利遊行，完全忽視世界其他地方的女性因為不服從丈夫而被亂石砸死）。」[16]

如果你還記得我們在馬克思主義那章中提到的，這種不明確性可能是策略性的。為了簡潔起見，我（希拉蕊）將重點介紹一些你可能會聽到的更流行、更基本的訊息。

1）**女孩的力量！**——你會在小女孩的背包、文件夾、T恤等物品上看到這個訊息。為神創造了你而感到自豪並沒有錯。但當我們將一個性別提升到另一個性別之上時，我們就開始踏進了危險地帶。你永遠不會在任何東西上看到「男孩的力量」這個詞。那被稱作有毒的男子氣概（toxic masculinity），而且現在還有藥可以治療這個問題。[17]

2）**停止對女性的戰爭！**——墮胎和女性主義如今如此密不可分，以至於支持生命、反對墮胎的倡導者被描述為等同於「對女性發動戰爭（waging war on women）」（嗯……語言偷換？）網路上搜尋這個詞，你會看到大量文章。對墮胎權利的承諾是第三波女性主義的主要面向之一，這迫使保守派人士裹足不前，讓無數其他人對這個運動感到不安。

3）**男人是多餘的**——這個觀點始於 1970 年,當時的口號是「女人需要男人,就像魚需要自行車一樣。」[18]注意一下電影和電視節目(甚至是兒童節目),你會看到不斷出現的對話和故事情節中,強化著女性自主和男性無能的訊息。[19]女性不需要男性來做任何事,甚至不需要男性來生孩子。未來是女性的!

4）**男人能做的事,女人都能做得更好**[20]——女性不再試圖證明她們和男性一樣優秀,而是要證明她們比男人更優秀。對於這對我們的小男孩心理造成的影響,請閱讀克莉斯提娜‧霍夫‧桑謨斯的《對男孩的戰爭》(*The War Against Boys*)一書。[21]

提出洞察

除非我們首先承認女性過去曾經受虐、現在正在受虐,及可能的未來也將受虐,否則我們不可能在這個問題上有辨別力。不僅歷史上的例子罄竹難書,我們的世界更是充斥著童婚、性奴役、女性生殖器殘割、女性被當作財產對待,以及性別篩選墮胎。即使在現代且自稱開明的西方社會,我們仍然要面對強姦、家庭暴力和性騷擾,這些問題通過色情和賣淫,對女性大規模的物化和剝削而嚴重加劇。

> 一個極度渴望被聽見的受害者會忽視
> 一個願意聆聽並代表她們憤怒的運動的缺陷。

悲哀的是，教會在這個問題上絕不是無辜的一方。有機會的話，請閱讀美國賓夕法尼亞教區關於兒童性虐待的大陪審團報告10頁和22頁。[22]讀這些文字時，將自己放在受害者的位置，想像所有參與大規模掩蓋那些毀掉她們生活事件的人。請將這個畫面留在心中，當我說出下面這段話時：

一個極度渴望被聽見的受害者會忽視一個願意聆聽並代表她們憤怒的運動的缺陷。再讀一遍又一遍。一直讀，直到完全理解。你明白這裡發生什麼了嗎？有些女性受到如此嚴重的虐待，以至於她們會與任何願意聆聽她們、相信她們並分享她們憤怒的人結盟，無論那是什麼運動。虐待已經夠糟糕了，但隨後的蓄意無視和掩蓋只會進一步加劇傷害。

教會在 #MeToo 運動中看到的只是冰山一角（順帶一提，我們之中有人也是 #MeToo 的一員）。為什麼需要通過一個世俗運動才能推動教會，讓它終於認識到需要清理自己的內部？媒體上有無數關於天主教和新教神職人員包庇虐待兒童的教會領導者，並允許他們保持權威地位的故事。在批評現代女性主義之前（值得批評的地方相當多！），我們必須先去掉自己眼中的巨大樑木；否認教會內這些暴行的真相，不是對抗現代女性主義中文化謊言的方式。我們可以堅定地支持女性的權利，而不吞下混在其中的謊言。

其次，我們可以感謝女性主義在經濟機會方面對女性的倡導和保護。過去，單身女性謀生的方式有限，有些女性為了生存甚至不得不賣淫。婚姻是獲得照顧的主要途徑，但如果女性在家中遭受毆打，處境就會很淒慘。非常糟糕，妳只能忍氣吞聲，或離家出走成為遊民，或可能陷入更糟的境

地。是的，許多女性濫用她們來之不易的自由。但我們要代表那些能真正逃離暴力處境的女性說聲：謝謝你，女性主義。

最後，記得我們談到語言偷換的那章嗎？「父權制」這個詞已經被劫持了。歷史上，父權制的意思是「家父長的統治」，這並不意味著「男人的統治」。在基督教世界觀中，聖經命令父親要領導、服務和保護他們的家庭——他們被期望以反映神的愛和關懷的方式來做這些事。他們應該以溫柔的態度，完全依靠神的指導和力量來做這些事。在聖經時代，沒有福利制度、教育部門或財政部門，所有的事情都在家庭的領域內發生。在那種環境下，需要一種秩序感和權威感。父權結構本應是保護性，而不是壓迫性的。

可悲的是，有些男性濫用他們的角色，剝削和虐待女性。因此，我們基督徒可以全心全意地同意現代女性主義者說這是道德上的錯誤。這正是第一波女性主義的全部內容（在這一章中，我們將按照現代女性主義者的用法使用「父權制」一詞，但我們不喜歡這樣——#奪回父權制！）。

當代女性主義有哪些最常見的謊言？

#謊言一：我們的社會看似民主，但其實是男人控制了女人

第三波女性主義者那些抵抗這個訊息的女性證明了父權制依然存在，而且高度有效地蒙蔽女性，使她們看不見壓迫。艾莉莎曾在推特上和一群男人進行了為期兩天的可愛爭論，這些男人對她解釋什麼是女性主義，堅持要她承認自己被壓迫。我們差點被這種諷刺淹死。

#謊言二：生物學是不公平的

這種謊言不將男性和女性之間的差異視為美麗而互補的，反而將懷孕等事情視為劣勢——一種疾病，不，是必須切除的腫瘤。終止懷孕的能力據說能使男性和女性在競爭中處於同一個起跑點。對此我們的回應是，如果女性需要手術才能與男性平等，那麼這基本上是承認我們生來就和男性不是平等的。這種假定的不平等對我們女性來說真的是種冒犯，然而推銷這種胡說八道的卻是女性。對現代女性主義者而言，「按需墮胎，毫無歉意」已成了神聖的權利。忘記父權制，我們現在必須與自己的身體戰鬥才能實現平等。但一旦我們開始否認生物學，性別的觀念就不過是一種壓迫性的社會建構了。朋友，如果你必須否認現實才能贏得戰鬥，那麼你已經輸了。

#謊言三：傳統的男性領域更重要

在家庭之外的工作被視為男性的領域，而爐灶和家庭的私人領域被視為女性的。今天灌輸給女性的微妙訊息是，如果妳是全職媽媽或從事傳統的女性工作（如護理或教學），那麼妳就是在屈就於一個較低的領域。可悲的是，現代女性主義者不明白她們是如何通過貶低女性通常頗具天賦的領域來輕視女性自身的氣質。

#謊言四：完全自主的權利甚至高於生命權

社會上沒有哪裡可以保證我們能對自己的身體為所欲為。只要問問任何因為不繫安全帶而被開罰單的人就知道

了。然而你永遠不會看到女性主義者為此抗議。女性主義者不惜一切代價為所謂的平等而戰——甚至以未出生的嬰兒為代價。還記得我們在道德相對主義那一章中提到的,社會往往選擇一種美德——在這種情況下是自由意志——並使其凌駕於其他所有美德嗎?這就是這裡發生的事情。

#謊言五:女性主義解放了女性

這有一部分是真的。對於第一波女性主義來說非常正確,對於第二波來說部分正確,因為後者反對職場性騷擾。至於第三波,我們認為可以提出一個更有力的論點,即女性主義對男性的解放多於對女性的解放。女性進入了職場,但男性並沒有以同樣的數量進入廚房。結果是許多女性擁有相當於兩份全職工作——一份在家裡,另一份在外面。女性在臥室裡也沒有贏得任何東西。隨著性濫交成為常態,許多男性不再感到有承諾的壓力,而是過著延長青春期的生活,玩電動遊戲並享受所有無罪惡感、無後果的性愛。這對女性哪裡是更好呢?[23、24]

#謊言六:憤怒就是力量

我們三個人都注意到了這種女性主義內部的趨勢,而我(希拉蕊)有一個理論可以解釋。當我們的戰鬥或逃跑反應啟動時,會體驗到一種生化反應,它會模擬能量並提供高度的專注力。正如我們在第三章中所學到的,當一個人處於戰或逃模式時,他或她的理性思考能力會減弱。我們今天的問題是,人們故意將自己推向這種狂熱狀態,我認為這是因為

他們將這種生物學上的「亢奮」誤認為是一種賦權感。要保持賦權感，就必須保持憤怒。我可能是錯的，但這個描述可能解釋了「憤怒女性主義者」的諷刺形象。

主張更健全的態度

我們希望現在你能明白，女性主義比大多數人認為的可能要複雜得多。那麼，我們該如何幫助我們的小孩穿越女性主義思潮的地雷區呢？

1) **認識到沒有一種放諸四海皆準的女性主義**——有些女性認同女性主義，因為她們在對抗實際的虐待女性行為，其他女性則純粹是仇男者。不幸的是，這些派別和更多的派別都屬於非常廣泛的女性主義的範疇，因此很難將合理的部分與瘋狂的部分區分開來。因此辨識力是關鍵。「嚼一嚼，吐出來」，教導你的孩子也這樣做。

2) **同情憤怒的女性主義者**，但不要同情她們的觀念。如果一個女性在持續的戰或逃狀態下感到更舒服，那就假設她所逃避的可能是非常可怕的東西。通常這些女性感到恐懼、受傷，並在內心深處承受著情感創傷。嘲笑她們對我們來說可能很容易，但這並不能為我們的孩子樹立良好的榜樣。摧毀這些想法，但要愛這個人。

3) **神創造了男人和女人**——當撫養孩子時，我們必須向他們灌輸聖經對性別的理解。[25] 關於每個人類的平等尊嚴和價值的信息——無論性別、種族、宗教、文化、能力、收入或發展狀況——實際上是一個基督教的信息。使徒保羅在

〈加拉太書〉3:28 中宣告:「並不分猶太人、希臘人,自主的、為奴的,或男或女,因為你們在基督耶穌裏都成為一了。」這在現在看來可能並不令人震驚,但在公元一世紀的羅馬世界中,這是一個革命性的概念。

透過討論、門徒訓練和禱告強化印象

1) **討論神所恩賜的性別差異**——事實上,要慶幸它們的存在!說明這些差異是如何互補且經常是必要的。如果你有兒子,與他們談論有一天他們將比你更高、更強壯;他們將如何利用自己的力量來保護,而不是控制和剝削女人?與小女孩談談有一天她們可能會被比她們更高、更強壯的男人包圍;她們將如何在不削弱周圍男人力量的情況下,為自己挺身而出並強大起來?

2) **正確定義「較弱的器皿」**——一起閱讀〈彼得前書〉3:7。有些版本說「較弱的伴侶」,有些則說「較弱的器皿」。許多人聽到「較弱」這個詞會認為這意味著「次於」或「孱弱」。找一個家裡的精緻物件,例如曾祖母結婚瓷器中的一個盤子。談談你會如何用不同的方式對待這個盤子和塑膠盤子;問你的孩子:「這個盤子必須更小心地拿取,這是否意味著它比照不珍貴?」用這個例子來解釋聖經並不是以負面的意思來使用「較弱」一詞。

3) **教導健康的性別觀念**——不健康的女性主義常常誘發自不合理的刻板印象。強調性別不意味著我們告訴小女孩她們多漂亮,告訴小男孩他們多強壯,好像女孩的價值只在於她們的外表,而男孩只在於他們的能力。你的女兒可能喜

歡運動、科學和在泥巴裡打滾，或你的兒子喜歡跳舞、烹飪和畫畫。告訴你的孩子，他們的男性氣質和女性氣質如何適應神賦予他們的興趣和才能，而不是反過來。

4）**健康的性別關係從家庭開始**——僅僅批評我們的文化錯在哪裡是不夠的。我們必須以身作則，體現更好的兩性互動方式。讓孩子們看到我們如何尊重他們的父親和我們的丈夫。讓他們看到如何服從領導而不低人一等或損失自己的獨特聲音。如果你有兒子，問問自己：「我對待他們父親的方式是我希望我兒子的妻子對待他的方式嗎？」如果你有女兒，問問自己，妳丈夫對待妳的方式是否為她未來丈夫對待她的方式樹立了健康的期望？如果你是正在讀這本書的男性，向你的孩子們展示如何以理解的方式與他們的母親相處，愛她如同基督愛教會。

最後的思考

我們為人母的挑戰是在提升女性氣質的同時又不貶低男性氣質。神按照自己的形象創造了男性和女性兩者。正如男人和女人在價值上是平等的，我們同樣受到墮落的影響，同樣需要救贖。在基督偉大的十字架下，所有人類都是平等的。

我們不應該為了讓女人與男人一模一樣而鬥爭，因為我們不一樣。同樣，我們不應該因為男人不像女人而羞辱他們，男人永遠不會是女人。就個人而言，我們熊媽媽喜歡我們和丈夫之間的差異。差異萬歲！

讓我們享受差異產生的張力，同時記住我們一起搭上了這艘瘋狂的船，隨著我們的文化越來越混亂，航行的海洋

上風浪也越來越大。儘管存在差異，但我們這些神的兒女對彼此應該要有深厚的忠誠。我們必須齊心協力防止這艘船沉沒，以便盡可能拯救更多的溺水靈魂。

PAWS禱告策略
讚美神

我讚美祢，三一神——聖父、聖子和聖靈——祢有不同的角色，但它們是平等的。祢的設計是有目的的，祢按著自己的形象創造了我們男性和女性，並宣告我們「甚好」（創世記1:31）。

認罪

請原諒我們對神恩賜的角色感到不滿，因為我們扭曲了差異互補的美好。對於我們將彼此簡化為刻板印象，不尊重祢賜予男人和女人的獨特才華和技能，我們感到抱歉。對於我個人，當我渴望自主和自我決定，更甚於順從祢為我制定的計畫時，請原諒我。天父，願我不屬於那些貶低男性及其男性氣質的人。我祈求祢的寬恕和糾正，使我不再否認生物學和祢賦予我們的性別角色。

感恩敬拜

我讚美祢，天父，祢創造了獨特的男女，擁有與生俱來的差異——祢設計我們如同拼圖一樣互補。感謝祢，*女性氣質*並不意味著「軟弱」，在祢眼中，兩性都有平等的尊嚴、價值和意義。感謝那些曾為我今天享有的權利而奮鬥的人。

祈求

主啊，求祢幫助我滿足於我的召喚，並且不要因為其他女性的召喚而評斷她們，特別是那些選擇了追求和我不同的家庭和工作情況的基督內姐妹們。願我保護家庭的神聖性，與丈夫互補而不是競爭，為孩子樹立健康的性別關係榜樣。幫助我看到祢賜予孩子的獨特性，好讓我可以在那些天賦、才能和興趣中鼓勵他們發揮自己的男性氣質和女性氣質，而不是將我的想法強加給他們。祢創造了他們，不是我。請保護我的孩子不受關於性別的謊言影響，讓他們對自己是誰以及自己屬誰充滿安全感。

奉聖父、聖子和聖靈的名祈求。阿們。

問題討論

一、**破冰問題**：成為女性最大的好處和最令人沮喪的事情有哪些？

二、**討論主題**：女性主義者從解決正當的怨憤發展到成為怨憤的收集者。歸根結柢，男人和女人都是按照神的形象創造的，具有同等的價值和尊嚴。你認為基督徒應該稱自己為女性主義者嗎？為什麼是或為什麼不是？

三、**自我評估**：讓我們思考一下另一個光譜。在紙上畫一條線。一端寫上「低人一等的阿珍」，另一端標注「仇男的小華」。你認為你在哪裡，為什麼？

四、**腦力激盪**：列出你能想到的女性主義的正面影響。現在一樣列出負面影響。我們如何捍衛符合聖經立場的女性

氣質,而不認同現代女性主義的謊言?

五、**練習當個熊媽媽**:閱讀蘇・博林(Sue Bohlin)的文章〈培養性別健康的孩子〉(*Raising Gender Healthy Kids*)(見第14章注腳25)。選擇一種方式來鼓勵你的孩子在其性別以及才華和技能領域內發展。

第十五章

基督教需要改頭換面

進步基督教 Progressive Christianity

艾莉莎・奇爾德斯
Alisa Childers

小時候我們家有個傳統，就是去我們當地的一家比薩店狂吃比薩、喝汽水和玩街頭電玩遊戲。我喜歡那裡的食物和遊戲，但我最期待的是自助式汽水機。我會拿個杯子，興奮地裝入各種汽水，每種都裝一點點。一點可樂、一點胡椒博士汽水（Dr. Pepper）、一點香吉士橘子汽水、一點芬達葡萄汽水、一點雪碧；到最後，我就調配出一種全新的飲料，顏色奇怪、味道更奇怪。而我，就愛這味。

讓我喜歡的不是它的味道，雖然也不賴。我更喜歡的是，當我做一些與眾不同的事時（某種偏離常規的事），那種獨立自主的感覺。這對於一個十二、三歲，循規蹈矩的教會女孩來說，可能已經是最叛逆的行為了。

現在想像一下，妳讀的這本書中的所有「主義」，就像是汽水機中的不同汽水。拿一個標有「基督徒」的杯子，依次裝入各種主義，每種都裝一點點。一點新靈性思想、一點多元主義、一點自助主義、一點女性主義、一點馬克思主義、一點相對主義、一點自然主義、一點懷疑主義、一點後

現代主義和一點情感主義。你會創造出什麼全新的飲料？你會為你的靈性飢渴創造出一種冒泡的融合思想飲料，它被稱為——進步基督教。但是注意：**這種混合物可不像我在比薩店裡調製的那樣無害，這些觀點會帶來攸關生死的後果。**我最終會以慘痛的方式學到這一課。

當進步基督教在 2000 年代末全面興起時，我已經結婚且剛生了孩子。這些新教導的湧入完全超出了我的注意範圍，因為我的日子都在哺乳、換尿布和製作嬰兒食品中度過。夜晚則在無眠中照顧一個可愛但難搞的小女孩，她似乎永遠沒有想休息的時候。我僅剩的智慧精力都用在研究最新的乳頭修護霜、布尿布和有機床墊選項上。我累壞了。簡言之，我沒有在深思基督教信仰的神學複雜性——我只想活下去。

當我們的牧師邀請我參加我們家所在的非宗派教會舉辦的一個小型、獨特的事工訓練研習班時，這聽起來像是從我的日常生活逃離出來的完美機會——一個激發我智力的機會，說實話，我的智力確實處於極度飢餓狀態。當我把寶寶交給奶奶並趕去上第一堂課時，你可以想像我有多興奮。

我迫不及待地找了個座位，等著會議開始。牧師開始說道：「你們之所以在這裡，是因為你們就某方面來說都很特殊。」（是說我嗎？）他向我們這十幾個人解釋說，我們這些人都是能打破思想框架的人，這堂課將是一個機會，讓我們思考問題並重新檢視那些定義了我們基督教信仰的神學範式。接著，為了打消我們可能認為他已經知道所有答案的想法，他宣布，「我喜歡稱自己是個充滿希望的不可知論者」。一個由不可知論牧師主持、質疑古老基督教信念和教義的課

程——這還能出什麼問題？

　　我沒想到的是，與此同時，全國各地的小組、課程、會議、線上論壇和討論，都充斥著質疑歷史基督教信念的人，他們的質疑包括贖罪、基督教的獨一性、聖經的權威、耶穌復活的真實性、罪的本質、天堂的定義和地獄的現實等。隨著社群媒體的爆炸和一些勇敢的人將這些新觀點公開，這些探索者找到彼此，他們一起進行「解構」（還記得後現代主義那章嗎？）並團結起來，於是一個新運動誕生：進步基督教。

　　我所屬的小組繼續質疑我曾經相信的關於神、耶穌和聖經的一切。這讓我的內心受到極大震撼，它將我推入一個充滿懷疑的時期，我感覺像是被扔進了暴風雨的海洋，卻看不到救生衣或救生艇。我非常感恩神帶領我度過了這一切，祂主權的手在每個轉彎處都顯而易見地引領著我。這次神學動盪的結果是，我發現了護教學和一種深厚、強大的、符合智性的信仰。據我所知，我是上完那堂課後，唯一仍維持完整信仰的人。其他人都和那個教會本身一起成為一個進步基督教團體。

進步基督教簡史

　　那堂課的參與者認為他們找到了新東西，但實際上，他們只是把舊的意識形態重新翻出來而已。進步基督教在我們之前探討過的那些「主義」中找到其根源，它反映了二十世紀初開始滲入主流基督教教派的不符合聖經立場的思維方式。在那個時期，堅定持守聖經思想的基督徒與達爾文進化論和德國高等批判所帶來挑戰之間的緊張關係日益加劇，後兩者

都對聖經的傳統理解提出了質疑。堅持聖經關鍵教導的基督徒開始從主流教派中退出，組建自己的教會和學校，將基督教思想與世俗世界隔絕開來。基督教處於十字路口。

我們再次來到了十字路口。歷史的基督教教義能否在自然主義和科學主義的懷疑中存活下來？它會比後現代主義、相對主義、自助主義和情感主義的主觀經驗更經得起時間考驗嗎？它能否抵擋馬克思主義、女性主義和新靈性運動的意識形態？我有個好消息：福音已經經受住了所有這些思想體系的考驗，它也將經受得住進步基督教的考驗。

像熊媽媽一樣咆哮！

識別訊息

進步的基督徒相信什麼？和歷史的基督教不同，進步基督教沒有宗教信條或官方的信仰聲明來概述一套共同且統一的教義。事實上，沒有什麼比那可怕的「確定性之罪」能讓進步人士逃跑得更快了，而進步基督教信條正是鼓勵相信這種罪的。[1]

進步基督徒大衛・傅騰（David Felten）和傑夫・波克特－墨菲（Jeff Procter-Murphy）在他們對進步基督教的全面調查中，坦率地承認了這點：

傳統的基督論、贖罪和道成肉身的理解都在變動中。事實上，許多人認為這些概念與當代靈性無關。然而，神學思考會產生一種不平衡感，讓我們不斷根據我們持續

變化的理解和經驗來重新思考我們的信仰。[2]

但在放棄信仰的基本教義時，這種重新思考不可避免地會導致一種擁有自己教條的宗教——只是這些教條將根據文化的奇思妙想及個人偏好的變化來制定。新的聖牛（譯按：在這背景下是指神聖不可質疑的信仰）是……沒有聖牛。

J・葛雷舍・梅晨（J. Gresham Machen），一位反對二十世紀初自由主義的基督教神學家，認識到了這種矛盾。他寫道：「現代自由主義也有教義，就像歷史的宗教信條中的任何教義一樣，這些教義被頑強且不容置疑地維護著……自由派傳教士表面上反對所有神學，其實經常只是為了一個神學體系的利益而反對另一個神學體系。」[3]

那麼，進步基督教頑強地維護著哪些教義呢？主要是有以下五個關鍵信念：

1）拒絕基督教的獨一性（即耶穌是通往神的唯一道路）

例如，2016 年「一切都屬靈」（Everything Is Spiritual）的巡迴演講中，羅伯・貝爾在一場演講中將神描述為，一種連接萬物的「能量」和「力量」。[4]當講到故事中耶穌的部分，他宣稱當使徒提到「基督」時，他們指的是「一種將整個宇宙結合起來的普遍激發性能量」。羅伯在這裡鬆散地引用了〈歌羅西書〉1:17：「他在萬有之先；萬有也靠他而立。」羅伯將這描述為「基督意識」（還記得新靈性運動那一章談到的內容嗎？）

2）拒絕耶穌在十字架上贖罪的血祭

上文引用的羅伯·貝爾演說中，唯一提到耶穌寶血救贖的地方是他對聖餐禮（Eucharist，新教徒的聖餐〔communion〕）的解釋。他解釋說，吃餅喝杯的定義性特徵是，邀請所有人「意識到我們共享的這種共同人性，超越了我們為了分裂自己而想出的任何方式」。所以最後的晚餐其實更像是耶穌希望激勵人們和睦相處而舉辦的一個小型晚宴？

貝爾甚至嘲諷地打趣說，歷史有兩千年之久的基督教贖罪教義能用一句話來總結：「神因為耶穌而不再那麼暴躁了」。當貝爾繼續解釋說，這不是贖罪的真正意義時，聽眾都笑了。他說，我們傳遞餅杯是為了「增強我們與兄弟姐妹在共同人性中的連結感」。他並未提到耶穌的血、罪、犧牲或救贖。

在他最後的「祝福」中，貝爾勸告聽眾，「願你與宇宙的基本能量對齊，這些能量總是在愛、複雜性、深度及合一中不斷前進並超越」。

在一篇關於如何與孩子談論復活節的部落格文章中，一位進步基督教兒童牧師寫道，告訴孩子耶穌為他們的罪而死可能會「造成心理傷害」。[5] 她接著說，耶穌並不是特意為人而死；反之，他的死是因為他在政治和宗教上對當權者構成了威脅。將罪從詞彙中剔除，傳遞的信息是我們自己就很好——我們不需要從罪中被拯救。

3）降低對聖經的看法

歷史上，基督徒一直將聖經視為神的啟示，以及對

他們生活的權威指引。然而,許多基督徒正在放棄聖經的權威,轉而將自己的思想、感受和直覺當成最終的真理來源。但不要搞錯了:如果我們將真神從我們敬拜的寶座上驅逐,我們就會自己取而代之。如果我們是「我們的真理」的最終來源,我們可以輕易地把神塑造成我們自己的形象,而不是反過來的情況。

談到將神塑造成我們自己的形象,進步領袖布萊恩·麥克拉倫(Brian McLaren)建議基督徒應該改變閱讀聖經的方式。他建議不要將聖經視為真理的權威來源,應該將其當成一座「啟發性的圖書館」來閱讀,保留了我們那些(顯然不那麼開明的)屬靈祖先在他們自己的文化和時代中理解神的最佳努力。他將聖經比作需要我們撢去灰塵並加以觀察的化石,而不是我們應該遵從的神的啟示。換句話說,隨著我們成長並且變得更加開明,我們可以回顧聖經作者所傳達的訊息,並更好地理解他們對神的信念,假使他們寫下的內容不完全準確。[6]

大衛·傅騰和傑夫·波克特－墨菲這樣說:「聖經是世世代代忠實信徒的見證,他們記錄了自己在特定的時間、地點和文化對於神的理解。這種神學多元主義揭示了不斷變化、發展,且有時相互矛盾的關於神的觀念」[7]。這只是「活出你的真理」這一訊息的基督教化版本。

4)重新定義詞語(語言偷換)

進步人士在談論歷史的基督教教義時,經常會進行語言偷換。例如,當我告訴我的不可知論牧師,我對我們課堂討論的一些方向感到不舒服時,他鼓勵我向他提出任

何問題；他承諾會誠實回答，並說沒有什麼問題是不能問的。我問他，「你相信地獄嗎？」和「你相信聖經是神的啟示嗎？」他對兩個問題都毫不含糊地回答了「相信」。這讓我安下心來繼續上課，儘管我對他如何能相信聖經是神的啟示同時又質疑其真實性感到非常困惑。

幾個月後，我才明白他所說的「神的啟示」是什麼意思。他認為聖經就像C・S・魯益師或A・W・陶恕（A.W. Tozer）的著作一樣，是神的啟示，但沒有任何特殊性。而地獄？他指的是一種比喻意義上的地獄——即我們在世上做出的糟糕選擇所帶來的負面後果。

5）關注社會正義

如同我們在本書前面學到的，實行真正符合聖經的正義是好的。耶穌來是為了拯救被排斥的人。〈馬可福音〉2:17 中，祂說：「康健的人用不着醫生，有病的人才用得着。我來本不是召義人，乃是召罪人。」

所有基督徒都認識到需要接觸被排斥的人，也就是將愛和正義帶給受壓迫者，並接納他們的本來面目。然而，進步基督徒卻抬高社會正義，將其與福音混淆了。知名的進步部落客、作家和牧師約翰・帕夫洛維茨（John Pavlovitz）坦率地承認了這一點。他在一篇定義進步基督教的部落格文章中寫道：「我們相信，社會正義是福音的核心。」[8]

愛與正義是聖經的概念，也是神的屬性——只要我們遵從聖經對這些詞彙的定義。但是社會正義是一個帶有很多包袱的文化術語。亞里斯多德將正義定義為給每個人

他或她應得的東西。然而，今天這個術語往往被應用於任何當下的自由主義事業。進步基督徒採用了文化定義的社會正義，用它回過頭來重新詮釋耶穌的教導。但實際上，耶穌從未肯定過罪惡的行為。祂肯定了人，並邀請他們悔改，背起自己的十字架，跟從祂。

如果沒有聖經對正義的定義，社會正義就成為了一個完全主觀且經過文化改造的術語。這就是為什麼許多進步基督徒為接受多元性別（LGBTQ）行為、現代女性主義和墮胎而奮鬥——並且都以基督之名。

提出洞察

當進步基督徒首次出現時，他們對福音派基督教文化提出了一些合理且迫切需要的批評。他們認識到，譴責同性戀行為的同時卻對暴食的罪睜一隻眼閉一隻眼的偽善。他們承認，靈性的虐待和律法主義的破壞性影響。他們正確地指出，我們不應該害怕提出問題並深入思考我們相信什麼以及為何相信。這使得進步基督教對許多人來說深具吸引力——它似乎提供了一個處理這些憂慮的安全地方。

然而，進步人士並沒有停留在正統基督教的範圍內，並將改革帶到外面，而是直接針對基督教的實際教義，而不是基督徒的虐待行為。教義不會虐待人；人才會虐待人。進步人士沒有指出，人們如何利用基督的真理來打擊和打壓他人，而是質疑信仰的基本教義。對他們來說，一切都是公平競爭。沒有什麼是不能拿出來討論的。

我曾遇到一位受到父親嚴重虐待的女人。小時候她的父

親經常性地貶低她，哪怕她犯的是一點小錯，也會讓他立刻大發雷霆。她告訴我，想到神接受耶穌在十字架上的犧牲就讓她感到困惑和不安。她無法理解，一位慈愛的父親怎麼會要求自己的兒子流血呢？她將自己父親罪惡的憤怒和虐待行為與神完美的愛和正義連繫在一起，我當然理解她為何會這樣想。值得慶幸的是，她選擇在這種矛盾中掙扎，而不是放棄對耶穌在十字架上贖罪工作的信仰。但對許多進步基督徒來說，情況並非如此。

　　許多人因為在極端基本教義派教會中的虐待經驗而離開了歷史基督教，其他人因為教會領袖的偽善和缺乏品格而離開，還有一些人發現聖經道德要求太苛刻或太難做到。這些離開信仰的原因是可以理解的，但重要的是要認識到，我們不能根據一些人的虐待，來評斷一個信仰體系；我們也不能因為客觀真理看起來太難遵循或對我們要求太高而放棄它。

主張更健全的態度

　　身為基督徒，我們如何避免走向極端，發展出聖經和健康的信仰？首先，我們需要意識到擺盪的鐘擺。

　　在某些時候，我們都曾走進一間辦公室，看見過所謂的牛頓擺。它的頂部有兩根平行的細金屬棒。金屬棒上面懸掛著五個鋼球。當你將一個外側的球向外拉，然後放手時，它會撞擊下一個球，產生的動能會使相反那端的外側球向外擺動，而中間的三顆球相對靜止。接著外側球再次擺回並撞擊中間的三顆球，使相反一端的外側球向外擺動。外側球繼續來回擺盪一段時間，而中間的三顆球基本上保持不動。

如果我們將進步基督教想像為一個外側球,將極端基本主義想像為相反一端的外側球,我們就可以完美地描繪出當人們用相反的極端觀念來回應極端觀念時會發生什麼情況。這兩個極端會不斷碰撞,無休止地擺盪,而中間的三顆球則繼續保持靜止,吸收衝擊力。

我們從中可以學到的教訓是,各種信息衝擊著我們,但這不必然會使我們來回擺盪。這就是為什麼我們擁有神的話語。如果我們想要擁有健康的基督徒生活,堅持符合聖經權威的教義(即聖經在有關我們信仰的問題上,具有最終的發言權)至關重要。相信聖經的權威是確保你的世界觀與現實一致的唯一方法。在安德魯・威爾森(Andrew Wilson)的書《顛撲不破》(Unbreakable)中,他這樣說:「當面對聖經上的困難時——而這些困難很多!——我們之中的許多人得出結論,聖經壞掉了⋯⋯但如果聖經是神顛撲不破的話語,正同耶穌似乎認為的那樣,那麼就需要採取一種不同的方式⋯⋯也許壞掉的是我這個人,而不是聖經。」[9]

這是進步的基督教和歷史的基督教之間的關鍵區別。歷世歷代以來,基督徒一直努力使他們的生活服從於聖經的教導。然而,進步基督徒將聖經視為有用的資源,但卻要聖經臣服於他們自己的觀點和偏好。

堅定持守聖經權威的教義,將確保我們成為牛頓擺中的中間球。處在進步基督教和極端基本教義之間的風暴中,可以在真理中保持堅定不移——被撞擊、碰撞和推擠,但最終不受干擾。

透過討論、門徒訓練和禱告強化印象

在我的演講〈近乎真實：進步基督教如何劫持福音〉（Almost the Real Thing: How Progressive Christianity Is Hijacking the Gospel）的一開始，我會在大螢幕上向聽眾展示我女兒的照片。演講結束時，我試圖幫助觀眾學會如何在書籍、部落格文章和社交媒體內容中辨別出進步基督教的觀念。我解釋說，我們能夠識別這些錯誤觀念的最佳方式就是，認識真實的東西。為了強調這一點，我再次展示我女兒的照片。但觀眾不知道的是，這一次我展示的不是我女兒的照片，而是一個看起來像我女兒的小女孩的照片。她和我女兒同齡，同樣有著波浪狀的棕色頭髮、棕色眼睛、白皙的皮膚和可愛的微笑。觀眾通常會驚嘆她的可愛，直到我告訴他們真相：「這不是我女兒。但你們沒有意識到這一點，因為你們不認識我女兒。但我認識她，沒有人能欺騙我，讓我相信這是她」。我繼續解釋說，辨別任何形式的假基督教的最佳方式，就是了解真正的信仰。

我們可以教導孩子關於教義、教會歷史、護教學的知識，提醒他們當心本書中提到的所有「主義」，直到我們的臉垮了下來（這是我們該做的！）但是，他們真正學到的是我們自己體現出來的東西。身為母親的我們，是否在與周遭的人討論信仰時，充滿愛心地對待他們？我們是否在週日上午的教堂外，親自示範了何謂真誠的信仰？我們是否照顧窮人並為受虐者發聲？我們是否以愛和恩典活出聖經的教導？

當在那堂挑戰我信仰的課上，我能夠堅持下去的主要原因之一，是因為我的父母在我和三個姐妹面前樹立了真誠

信仰的榜樣。他們並不完美，但他們與我們一起禱告、讀聖經、在我們面前悔改，並用許多方式將信仰付諸實踐，包括照顧無家可歸者和不幸的人。愛耶穌就是他們生命的全部。他們給我的不是一個讓我想要反抗的不冷不熱、膚淺而虛假的基督教，他們給我的是真實的信仰。

這與課堂上幾乎所有其他人的情況形成鮮明對比。他們有些人是在沒有愛的律法主義教會中長大，另一些人在靈性虐待中長大，還有一些人只知道基督徒是造作和偽善的人。他們不認識真正的信仰，這使他們很容易受到近乎真實的東西吸引。

進步基督教就是這種東西——近乎真實的東西。最好的、最具說服力的謊言是包裝在真理中的謊言，而進步基督教中的真理足以使其對沒有辨別力的信徒產生吸引力和說服力。但它可能引導我們走向我們在懷疑主義那一章中談到的另一個「主義」：無神論。

我們如何從進步基督教走向無神論？這不是有點跳躍嗎？曾經是進步基督徒，現在是世俗人文主義者的巴特‧坎波羅（Bart Campolo）並不這麼認為；身為著名基督教（現為進步基督教）教師和作家湯尼‧坎波羅（Tony Campolo）的兒子，當巴特無法將歷史的基督教教義與他在城市事工中遇到的貧困和苦難調和時，他就開始放棄歷史的基督教教義。在他的信仰開始瓦解後，他說，他對神的信仰「死在了千百個未獲回應的禱告中」。[10]

坎波羅認為，從歷史基督教到進步基督教的轉變自然會導致徹底的無神論。這是完全有道理的，因為大多數進步

基督徒對基督教教義的反對意見幾乎和無神論者和不可知論者的反對意見如出一轍。坎波羅指出，放棄對地獄、神的主權、聖經的權威和啟示，以及性道德的歷史教義是會令人上癮的——而且，一旦開始就停不下來。

這對我們身為母親的人來說是一個嚴肅的提醒，我們需要教導孩子不要讓他們的艱難、苦難或看似未獲回應的祈禱左右了他們的神學。我們對神的信仰應該受到聖經的指導，而不是由我們的感受、認知和經驗來決定。事實上，當我們經歷試煉和流淚時，知道歷史基督教是真實的——無論我們是否覺得它「有效」，這會令人感到安慰。

作為個人，我們對於神的真理和祂行事方式的理解可能會有所進步，但神自己和祂的真理永遠不變。神已經在聖經中啟示了自己，祂過去如此、現在如此，永遠如此。基督教不是與時俱進的，它是永恆的。

PAWS禱告策略
讚美神

歷史和時間的神，唯有祢是唯一真神——真正的神。祢是歷史的作者，也是它的創造者和維繫者。祢賜給我們純正的教義。祢的道路、話語、律法和法則盡皆完美。它們不會改變，也無需改變。在祢身上沒有任何轉變的影子。祢不會隨我的一時興起而改變。主啊，祢對我的信實是偉大的。

認罪

請原諒我、我的家人和其他人，因為我們的反叛精神

喜歡按照我們的方式來解釋祢的話語。幫助我們勤於辨別異端。請原諒那些人，他們「不願容忍純正的教義和以神的真理來挑戰他們的正確教導」，卻「耳朵發癢，想聽一些令人愉快的東西」，他們「為自己增添好些師傅……選擇隨從自己的情慾並支持他們所持的錯誤觀點」（〈提摩太後書／弟茂德後書 4:3〉譯按：參考中文和合本後自行譯出）。原諒我們將自己當成真理的源泉，並試圖改進祢的道路。

感恩敬拜

父神，我感謝祢讓我們擁有符合智性的信仰，這信仰具有歷史真實性，它的原則經得起考驗。我敬畏基督教價值觀在世界上所發揮的良善力量。感謝祢的贖罪、聖經的權威，以及天堂的恩賜和應許。感謝祢的信條和教義，這些信條和教義濃縮並保存許多世紀以來正統信仰的基本原則。因為祢不變的本性和完美的工作，我們在祢的誡命、應許和原則上不需要新的東西。

祈求

主啊，請將對聖經的高度尊重灌輸給我和祢的教會。幫助我教導我的孩子審視觀念和教導，正確理解術語，不被花言巧語的謊言所欺騙。幫助我教導我的孩子堅持聖經的定義，而不是文化的定義。願我的孩子們永遠不要使聖經順應他們的思想，而是將他們的思想與祢的話語對齊。賜給我們洞察力，識別那些被標榜為基督教的、具有說服力的謊言以及近乎真理的觀念。保護我的孩子不要踏上通往無神論的道

路。以永恆不變的耶穌之名，不要讓我們的感覺或經驗左右了我們的神學。

以永恆的神之名祈求，阿們。

問題討論

一、**破冰問題**：當你還是個孩子時，你曾像艾莉莎說的那樣自己混合汽水嗎？你為什麼喜歡這樣做？是因為它的味道，還是這樣做讓你感到自由？

二、**討論主題**：人們正在改變歷史的基督教教義以便跟上時代的發展。你認為聖經與社會脫節了嗎？你認為遵循社會規範是檢驗真理的標準嗎？為什麼是或為什麼不是？

三、**自我評估**：你發現自己是受進步基督教的吸引還是感到排斥？你的反應有多強烈？你認為自己為什麼會有這樣的反應？你可以用什麼方式來分辨你所閱讀和聆聽的內容？

四、**腦力激盪**：你在書籍、會議或靈修讀物中見過這些觀念嗎？你認為進步基督教的信息為什麼如此有吸引力？你能想到你曾經讀過或聽過的進步基督教思維的具體例子嗎？

五、**練習當個熊媽媽**：如果你發現自己在與受進步基督教思維影響的人（或你的孩子）交談，問他們：「你是如何得出你的結論的？」記住你學到的所有「主義」。他們認為真理是相對的（後現代主義）嗎？他們對奇蹟持懷疑態度（自然主義）嗎？他們是否認為聖經中的真理過於嚴苛（情感主義）？

第十六章

如何利用這些資訊並且像熊媽媽一樣咆哮

你做到了——你堅持讀到最後！現在你可能會抓著頭說：「好吧，我學了很多東西。從這裡開始，我接著該怎麼做？」以下是我們每一位熊媽媽給你的小小建議，我們會告訴你如何利用這些資訊並且像熊媽媽一樣咆哮！

希拉蕊・摩根・費雷爾

許多護教學的書籍都處理特定的問題和答案，或為我們的信仰提供歷史證據；本書更注重基礎性。我主要的建議是，對每個「主義」有清楚的了解，這樣當它們出現在周圍時，你就可以開始識別是哪些主義在發揮作用。自然主義如何影響你的孩子對科學的疑問？後現代主義是否影響了他們相信真理存在或可知的能力？過度的懷疑主義是否阻礙了他們接受答案，因為他們期望絕對的確定性？

對於孩子年紀較大的熊媽媽，希望這本書能幫助你了解孩子問題的*根源*——也就是說他們的信仰基礎在哪裡出現了裂縫。對於孩子較小的熊媽媽，希望這本書能幫助你為孩子建立強大的基礎，這樣當他們遇到棘手的問題時，就能一開始就識別出錯誤的前提。基督教雖然提出了棘手的問題，但

它也有更棘手的答案，我們賴以獲得答案的基礎是堅實的。

茱莉・盧斯

熊媽媽們，你們已經邁出了教導自己和訓練孩子以心靈愛神的第一步。太棒了！無論你的孩子（或孫子）年紀多大，只要開始，永遠不嫌晚，也不嫌早。不要低估祈禱在這項努力中的價值；我們的征戰是屬靈的征戰。我們可以通過護教學在自然領域中工作，也可以通過祈禱在屬靈的領域中工作。正如法蘭西斯・薛華（Francis Schaeffer）在他的《永存的神》（*The God Who Is There*）一書中所說：「首先，重要的是要記住，我們不能將真正的護教學與聖靈的工作分開，也不能將它與基督徒在祈禱中與主活生生的關係分開。我們必須明白，最終，這征戰不僅僅是與血肉之軀的對抗」。[1] 最後，我們熊媽媽們必須記住，對我們的小熊來說，最好的護教學就是我們的生活（向提出這想法的威廉・萊恩・克雷格〔William Lane Craig〕致敬）。

希拉蕊・蕭特

如果這是你第一次接觸基督教護教學，你可能會感到不知所措。不要讓陌生的術語和觀念嚇倒你──有了學習的意願，你就能開始掌握、幫助孩子（以及自己）識別錯誤並作出回應的方法了。有太多的人關上了在聖經知識和智慧上成長的大門，因為他們認為，除非了解一切，否則這樣做不會有用。這是不對的。我不敢想像如果我從未接觸過護教學，從未花時間了解基督教信仰強大堅實的學術和歷史基礎，我

對基督以及人生最大問題的看法和關係會是什麼樣子（謝謝你，霍華德〔Howard〕！）堅持下去。要習慣於查資料和問問題（因為這是永無止境的）。不要回頭看。

提亞希・坎農

我最大的鼓勵是，當你消化完剛剛閱讀的所有資訊時，要對自己友善和寬容。這可能是你第一次聽到本書中的一些術語，或第一次更深入思考我們討論的問題，這完全不是問題！不要因為不知道而責備自己（如果我不保持警覺，就很容易犯這種錯），要鼓勵自己，你還在*學習*。你選擇以心靈愛神，這並不總是件容易的事。並不是每個人都願意從事你剛剛辛苦的腦力勞動（給你點個讚！）我們每個人都是先從學習一個新的概念開始，然後它引導我們認識另一個，依此類推。有些人學得快，有些人記得多，有些人天生就是天才（絕對不是我）。但要記住，這不是一場比賽；這是一段旅程，我們一起上路。

蕾貝佳・瓦勒瑞斯

記住，你從本書中學到的所有「主義」——儘管看似強大——最終在那位從墳墓裡復活的主面前都毫無力量。我們的主已經戰勝了這個世界，包括自然主義、懷疑主義、女性主義、後現代主義等。振作起來，熊媽媽們，並且要歡欣鼓舞。我想從我最喜愛的一本書摘出一些智慧的話語送給你們：「有些人認為只有強大的力量才能阻止邪惡，但我發現並非如此。是普通人的日常行為，那些小小的善行和愛心，才讓黑

暗退卻。」(出自J. R. R. 托爾金（J.R.R. Tolkien）的《魔戒》〔The Lord of the Rings〕)。

凱瑟琳・布斯

熊媽媽們,謝謝你們花時間閱讀這本書。這意味著你想讓孩子作好準備,應對這個充滿挑戰的思想世界。我為你們鼓掌,因為你想讓孩子們明白〈希伯來書〉11:1中所描述的,基督教信仰並不是盲目的信仰;這是一種無懼質疑的信仰,因為它建立在堅實的真理基礎上。

不要擔心自己沒有所有答案──儘管歡迎各種疑問!讓孩子們提出問題,然後和他們一起深入探索、尋找答案。這樣做會讓他們明白,年齡永遠不會阻礙學習,我們應該繼續在信仰和對神的認識上成長。記住,神創造了生物學、化學、物理學、地質學、時間、空間、物質和其他一切,我們不需要害怕在這些學科中尋找祂。我們不需要害怕回答世界向我們和我們的孩子拋出的那些棘手問題。「你當剛強壯膽!不要懼怕,也不要驚惶;因為你無論往哪裏去,耶和華—你的上帝必與你同在。」(約書亞記/若蘇厄書1:9)

艾莉莎・奇爾德斯

我永遠不會忘記那堂課,當時我的基督教信仰受到一位不可知論牧師的挑戰。我坐在那裡想,為什麼沒有人事先讓我對此有所準備?我要恭喜你,你花了時間和智慧精力閱讀這本書。你剛剛幫了孩子們一個大忙,邁出了必要的一步,為他們準備好應對從大學進化生物學課到無神論哲學教授,再到

不可知論牧師的一切挑戰。還記得第二章中那位熊媽媽把她已成年的女兒拉回筏子的故事嗎？如果你讀了這本書，你就是那位母親！擊個掌吧。我想鼓勵你繼續學習，儘管學習的訊息量有時可能會讓人不知所措，但我總是驚訝於神如何利用我上週學到的一件事，來回答我的朋友或親人這週遇到的問題。請利用我們在正文後「閱讀資源」中列出的豐富資源，以便繼續這段旅程。正如希拉蕊‧費雷爾常說的：「我們都在一起。」

閱讀資源

第一章　呼喚所有的熊媽媽

Cultural Captives: The Beliefs and Behavior of American Young Adults—Stephen Cable

The Jesus Survey: What Christian Teens Really Believe and Why—Mike Nappa

Meet Generation Z: Understanding and Reaching the New Post-Christian World—James Emery White

第二章　如何成為一位「熊媽媽」

Tactics: A Game Plan for Discussing Your Christian Convictions—Greg Koukl

Talking with Your Kids About God: 30 Conversations Every Christian Parent Must Have—Natasha Crain

第三章　明察秋毫的熊媽媽

The Discipline of Spiritual Discernment—Tim Challies

第四章　語言偷換

The Fallacy Detetive: Thirty-Eight Lessons on How to Recognize Bad Reasoning—Nathaniel Bluedorn and Hans Bluedorn

第五章　自助主義

Another Gospel? A Lifelong Christian Seeks Truth in Response to Progressive Christianity Events—Alisa Childers

第六章　自然主義

Darwin's House of Cards: A Journalist's Odyssey Through the Darwin Debates—Tom Bethell

Science and the Mind of the Maker: What the Conversation Between Faith and Science Reveals About God—Melissa Cain Travis

第七章　懷疑主義

Atheism's New Clothes: Exploring and Exposing the Claims of the New Atheists—David Glass

True Reason: Confronting the Irrationality of the New Atheism—Tom Gilson and Carson Weitnauer

第八、九、十章　後現代主義、道德相對主義及情感主義

Not a Day Care: The Devastating Consequences of Abandoning Truth—Dr. Everett Piper

How Now Shall We Live?—Charles Colson with Nancy Pearcey

Relativism: Feet Firmly Planted in Mid-Air—Francis Beckwith and Gregory Koukl

True for You, But Not for Me: Overcoming Objections to Christian Faith—Paul Copan

Saving Truth: Finding Meaning and Clarity in a Post-Truth World—Abdu Murray

第十一章　多元主義

God Among Sages: Why Jesus Is Not Just Another Religious Leader—Kenneth Richard Samples

Understanding the Times: A Survey of Competing Worldviews—Jeff Myers and David Noebel（包括探討馬克思主義的章節）

Teaching Others to Defend Christianity: What Every Christian Should Know—Cathryn Buse

第十二章　新靈性運動

Douglas Groothuis, "New Spirituality," in *The Popular Handbook of World Religions*, ed. Daniel J. McCoy

Spellbound: The Paranormal Seduction of Today's Kids—Marcia Montenegro

"O" God: A Dialogue on Truth and Oprah's Spirituality—Josh Mc-Dowell and Dave Sterrett

第十三章　馬克思主義

Rules for Radicals: A Practical Primer for Realistic Radicals—Saul D. Alinsky（本書基本上是本馬克思主義操作手冊）

Marxism 1844–1990: Origins, Betrayal, Rebirth—Roger S. Gottlieb（對馬克思主義的精彩解說,但來自親馬克思主義的非基督教視角）

"Understanding Critical Theory and Christian Apologetics"—Neil Shenvi and Patrick Sawyer, *Ratio Christi: Campus Apologetics Alliance*, https://ratiochristi.org/blog/post/understanding-critical-theory-and-christian-apologetics/6371?fbclid=IwAR3CqEnl8IKsFx7AxrKLGISNbNd10CR_F8Npb161hV4aUli8QbWyTEP0zGU#

"Christianity and Social Justice"—Neil Shenvi, *Neil Shenvi—Apologetics*, https://shenviapologetics.wordpress.com/christianity-and-social-justice/

第十四章　女性主義

The War Against Boys: How Misguided Policies Are Harming Our Young Men—Christina Hoff Sommers

Who Stole Feminism? How Women Have Betrayed Women—Christina Hoff Sommers

第十五章　進步基督教

Distortion: How the New Christian Left Is Twisting the Gospel and Damaging the Faith—Chelsen Vicari

禱告：

Moms in Prayer: Standing in the Gap for Your Children—Fern Nichols

注釋

第一章　呼喚所有的熊媽媽

1. Ronald Tiersky, "Whose God Is the One True God?" *Huffington Post* (July 24, 2014; updated September 23, 2014), https://www.huffingtonpost.com/ronald-tiersky/whose-god-is-the-one-true_b_5618066.
2. 根據生命之道研究中心（Lifeway）的一項研究報告，雖然有 60% 的年輕人會離開教會，但其中大約三分之二的人最後會回來。這聽起來令人鼓舞，但是如果計算一下，你會發現這仍然意味著每一代中有 45% 的年輕人**永遠**離開了。當這個數字達到如此之高時，妳會開始看到指數級的流失，因為這 45% 的人現在正在養育自己的孩子，而這些孩子又會與**你的**孩子互動。參見 Lifeway Research, "Reasons 18-22 Year Olds Drop Out of Church," *Lifeway Research* (August 7, 2007), https://lifewayresearch.com/2007/08/07/reasons-18-to-22-year-olds-drop-out-of-church/.
3. David Kinnaman, *You Lost Me: Why Young Christians Are Leaving Church…and Rethinking Faith* (Grand Rapids, MI: Baker, 2011), 23.
4. Alexander W. Astin, Helen S. Astin, and Jennifer A. Lindholm, *Cultivating the Spirit: How College Can Enhance Students' Inner Lives* (San Francisco, CA: Jossey-Bass, 2011), 89.
5. Barna study, "Most Twentysomethings Put Christianity on the Shelf Following Spiritually Active Teen Years" *Barna* (September 11, 2006), https://www.barna.com/research/most-twentysomethings-put-christianity-on-the-shelf-following-spiritually-active-teen-years/.
6. T.C. Pinckney, "We Are Losing Our Children: Remarks to the Southern Baptist Convention Executive Committee," *Alliance for the Separation of School and State* (September 18, 2001), http://www.schoolandstate.org/SBC/Pinckney-WeAreLosingOurChildren.htm.

7. Pew Research Center, "Choosing a New Church or House of Worship," *Pew Research Center* (August 23, 2016), http://www.pewforum.org/2016/08/23/choosing-a-new-church-or-house-of-worship/.
8. Christian Smith and Melinda Lundquist Denton, *Soul Searching: The Religious and Spiritual Lives of American Teenagers* (New York: Oxford, 2005), 133, 162-163.
9. Lifeway Research, *2016 State of American Theology Study: Research Report*, commissioned by Ligonier Ministries, *The State of Theology*, https://thestateoftheology.com/assets/downloads/2016-state-of-america-white-paper.pdf.
10. Mike Nappa, *The Jesus Survey* (Grand Rapids, MI: Baker, 2012), 60.
11. Josh McDowell and David H. Bellis, *The Last Christian Generation* (Holiday, FL: Green Key, 2006), 15.
12. Nappa, *The Jesus Survey*, 15.
13. Nappa, *The Jesus Survey*, 81.
14. Nappa, *The Jesus Survey*, 117.
15. Barna Group, "Six Megathemes Emerge from Barna Group Research in 2010, " *Barna*, (December 13, 2010), https://www.barna.com/research/six-mega themes-emerge-from-barna-group-research-in-2010.
16. Nappa, *The Jesus Survey*, 10.
17. Nappa, *The Jesus Survey*, 11.
18. Barry A. Kosmin and Juhem Navarro-Rivera, *The Transformation of Generation X: Shifts in Religious and Political Self-Identification, 1990–2008* (Hartford, CT: Trinity College, May 22, 2012), 17, http://commons.trincoll.edu/aris/files/2012/09/GENX report2012_05_22.pdf.
19. Lifeway, "Reasons 18-22 Year Olds Drop Out of Church," 2007.
20. Stephen Cable, *Cultural Captives—the Beliefs and Behavior of American Young Adults* (Plano, TX: Probe Ministries, 2012), 7.
21. Pew Research, "US Public Becoming Less Religious," *Pew Research Center* (November 3, 2015), https://www.pewforum.org/2015//11/03/u-s-public-becoming-less-religious/.
22. James Emery White, *Meet Generation Z—Understanding and Reaching the New Post-Christian World* (Grand Rapids, MI: Baker, 2017), 49.

23. Ken Ham, Britt Beemer, and Todd Hillard, *Already Gone—Why Your Kids Will Quit Church and What You Can Do to Stop It* (Green Forest, AR: Master Books, 2009), 38, 41.
24. Frank Turek, "The Seeker Church: Is Anyone Making Disciples?" *CrossExamined.org*, https://crossexamined.org/church-beliefs/#toggle-id-1. Emphasis added.
25. Ed Stetzer, "Why Many Young Adults Quit," *CT Pastors*, Fall 2007, https://www.christi anitytoday.com/pastors/2007/fall/10.15.html.
26. Cable, *Cultural Captives*, 78.
27. Cable, *Cultural Captives*, 78.
28. Ham, Beemer, and Hillard, *Already Gone*, 31,32.
29. National Association of Evangelicals, "When Americans Become Christians," *National Association of Evangelicals* (Spring 2015), https://www.nae.net/when-americans-become-christians.
30. Jen Oshman, "Worldview Is Formed by Age 13: Who's Shaping Your Kids?," *The Oshman Odyssey* (July 25, 2017), https://www.oshmanodyssey.com/jensblog/n6pb5opplj5kaq12ihl4gahklx7oc1.

第二章　如何成為一位「熊媽媽」

1. Melanie Shankle, *Sparkly Green Earrings: Catching the Light at Every Turn* (Carol Stream, IL: Tyndale, 2013), 175-176.
2. Michael Shermer, "The Number of Americans with No Religious Affiliation Is Rising: The Rise of the Atheists," *Scientific American* (April 1, 2018), www.scientificamerican.com/article/the-number-of-americans-with-no-religious-affiliation-is-rising/.
3. Natasha Crain, *Talking With Your Kids About God: 30 Conversations Every Christian Parent Must Have* (Grand Rapids, MI: Baker, 2017), 87-88.
4. Martin D. Tullai, "Theodore Roosevelt: A Man for All Ages," *World and I* (April 1998), 327.
5. Thomas S. Mayhinney and Laura L. Sagan, "The Power of Personal Relationships," *Kaleidoscope: Contemporary and Classic Readings in Education*, eds. Kevin Ryan and James M. Cooper (Belmont, CA: Wadsworth, 2009), 16.

第三章　明察秋毫的熊媽媽

1. 撒母耳記下／撒慕爾紀下 12。
2. 雅各書／雅各伯書 1:27。
3. 公平地說，我必須對「幾乎沒有什麼東西可以被標籤為『完全危險』」這個說法作個澄清。就像我切掉牛排上的肥肉一樣，有些流行文化的元素可以直接丟棄，比如色情內容。我們可以毫無顧慮地丟棄色情內容，不必擔心會錯過什麼真理。然而，我們的文化大部分都是真理和錯誤的混合體。
4. 是的，我以前確實做過錯誤的選擇，結果是一些圖像在我腦海中烙下了無法抹去的印記。感謝像 www.kidsinmind.com 這樣的網站。有些東西，即使你想吐出來，你也做不到。

第四章　語言偷換

1. Holly Ordway, *Apologetics and the Imagination* (Steubenville, OH: Emmaus Road, 2017), 68.
2. Amy F.T. Arnsten, "Stress Signaling Pathways That Impair Prefrontal Cortex Structure and Function," *Neuroscience* 10, no. 6 (June 2009): 410-422, https://doi.org/10.1038/nrn2648.
3. Jonathan Turley, "The Hypocrisy of Antifa," *The Hill* (August 29, 2017), http://thehill.com/blogs/pundits-blog/civil-rights/348389-opinion-antifa-threatens-to-turn-america-into-an.
4. Family Policy Institute of Washington, "Gender Identity: Can a 5'9, White Guy Be a 6'5, Chinese Woman?" (April 13, 2016), www.youtube.com/watch?v=xfO1veFs6Ho.
5. 詩篇 133:1；約翰福音 17:23；哥林多前書 1:10；以弗所書 4:3；歌羅西書 3:13-14；彼得前書 3:8。
6. 請上 biblehub.net 網站，搜尋關鍵詞 *justice*（正義）和 *injustice*（不正義），你就會發現這些概念在聖經中可謂隨處可見。
7. Anemona Hartocollis and Stephanie Saul, "Affirmative Action Battle Has a New Focus: Asian-Americans," *The New York Times* (August 3, 2017), https://www.nytimes.com/2017/08/02/us/affirmative-action-battle-has-a-new-focus-asian-americans.html.
8. Erik Ortiz, "The Dept. of Justice Could Review Asian-Americans' Complaint against Harvard Admissions," *NBC News* (August 3, 2017), https://www.nbcnews.com/news/asian-america/asian-americans-complaint-against-harvard-could-get-dept-justice-review-n789266.

第五章　天助自助者

1. John LaRosa, "What's Next for the $9.9 Billion Personal Development Industry," *MarketResearch.com* (January 17, 2018), https://blog.marketresearch.com/whats-next-for-the-9-9-billion-personal-development-industry.
2. 公元前三世紀的一種希臘哲學，宣揚人類心智與邏輯的力量是人類幸福的最終泉源。
3. Samuel Smiles, *Self Help* (Boston: Ticknor and Fields, 1863), https://www.econlib.org/library/YPDBooks/Smiles/smlSH.html?chapter_num=3#book-reader.
4. James Allen, *As a Man Thinketh* (N.P.: CreateSpace, 2006), https://www.amazon.com/As-Man-Thinketh-Complete-Original/dp/1523643536.
5. 哥林多後書 10:5。
6. 基督教科學派認為，疾病要不是一種幻覺，就是它可由人類心靈控制的。如果人改變自己的想法，或以正確的話語祈禱，那麼他們就會痊癒。
7. Norman Vincent Peale, *The Power of Positive Thinking: A Practical Guide to Mastering the Problems of Everyday Living* (London: The Quality Book Club, 1956; reprint Self-Improvement eBooks, 2006), 6, http://www.makemoneywithpyxism.info/joinstevehawk.com/PowerOfPositiveThinking.pdf.
8. 人文主義是一種信仰體系，認為人基本上可以成為自己的神。它鼓勵人們依靠自己，而不是依賴神或超自然的存在。人文主義者相信人性本善，只要給予適當的環境和技能，他們可以再次變得善良。
9. 如果你想讀一個真正理解罪惡全貌的人寫的文章，可以找找約拿單・愛德華茲（Jonathan Edwards）的講章〈落在憤怒之神手中的罪人〉（Sinners in the Hands of an Angry God）。我不會把它當作福音來讀，因為它剝奪了福音中的愛，但是他對罪的理解非常透徹。
10. Jonathan Edwards, *Sinners in the Hands of an Angry God: a sermon, preached at Enfield, July 8, 1741, at a time of great awakenings; and attended with remarkable Impressions on Many of the Hearers* (Boston: S. Kneeland and T. Green, 1741), reprinted by ed. Reiner Smolinski (Lincoln, NE: University of Nebraska, Lincoln—Digital Commons, n.d.), https://digitalcommons.unl.edu/cgi/viewcontent.cgi?article=1053&context=etas.
11. 馬太福音 10:39。
12. 詩篇 121:2; 撒迦利亞書／匝加利亞 4:6; 約翰福音 15:5。

第六章　大腦說，我的大腦是值得信賴的

1. 嚴格地說，物質的東西也可以是太小而無法被任何感官感測到的東西，但仍可用來在實驗室中創造可重複的反應——這些反應可以被感官感測到。
2. 有些人曾經有過與天使或惡魔互動的經驗，但這些經驗並不是常態，且無法可靠地或反覆地再現。
3. 也有一種非唯物形式的自然主義，相信這種觀點的人認為，一切事物都是自然的，但自然包括物質和非物質的東西。這種區分不太常見，所以我們在此不作討論。
4. Richard Dawkins, speech at the Edinburgh International Science Festival (April 15, 1992), quoted in "A scientist's case against God," *The Independent* (April 20, 1992), 17.
5. 科學家會把這種思維稱為「開放系統」而不是「封閉系統」。封閉系統無法受到系統外部的干涉，這意味著神無法與創造物互動。開放系統則允許系統外的事物（如神）進行互動。雖然自然法則足以解釋我們研究的大多數現象成因，但不僅僅只有自然法則存在。
6. 公元一五四三年是哥白尼出版《天體運行論》(*On the Revolutions of the Heavenly Spheres*) 的年份，這是第一部主張日心說（以太陽為中心）而非地心說（以地球為中心）的科學論著。
7. 一個很好的參考資料是 Ken Sample, *A World of Difference* (Grand Rapids, MI: Baker, 2007).
8. 瑪拉基書／馬拉基亞 3:6。
9. Charles Darwin, *The Origin of Species* (originally published 1859; reprinted New York: Barnes & Noble Classics, 2008), 77 (emphasis added).
10. 這種期望是一個重要的討論主題，並在我們接下來討論懷疑主義和後現代主義時會發揮作用。當某事被證明超越任何可能的懷疑時，就達成了絕對確定性。
11. 我們在現代西方已經意識到，只有兩個領域能達到絕對的確定性：邏輯和數學。即使是我們的個人經歷，也可以被哲學化為僅僅是由缸中之腦（brain in a vat）所作的繁複夢境。
12. 英文的優生學（eugenics）意思是指「良好」（eu）「基因」（genics）。它基本上是將達爾文的天擇應用於人類身上，就像狗繁殖者有選擇地繁殖狗一樣：讓那些擁有不理想基因的人絕育。在二十世紀初，大約有六萬人接受

了絕育手術（許多人是在違反意願的情況下進行）。他們中的許多人是精神障礙者或有先天缺陷的人。美國應用達爾文主義「淨化基因池（purify the genepool）」的作法不僅催生了計劃生育，也為希特勒犯下的暴行負有責任。第二次世界大戰後，隨著我們目睹了希特勒的極端行徑，優生學一詞變得不再受歡迎，但其背後的思想在計劃生育中仍然存在，並隨著醫師協助自殺合法化運動的興起而延續下來。

13. 「耶穌基督昨日、今日、一直到永遠，是一樣的」（希伯來書13:8）。
14. 值得一提的是，當哈伯（Hubble）發現宇宙正在膨脹時，永恆宇宙的假設（亦稱穩態理論）被擊垮了。因膨脹的東西最終必然會追溯到一個起點。
15. 完整清單請參見 Hugh Ross, "Part 1: Fine Tuning for Life in the Universe," *Reasons to Believe* (Covina, CA: Reasons to Believe, 2008), http://d4bge0zxg5qba.cloudfront.net/files/compendium/compendium_part1.pdf.
16. 你可以在許多地方看到倫諾克斯（Lennox）對這次對話的描述，例如：https://www.youtube.com/watch?v=CwwUnsqA5gI.
17. 我們不能忽視科學進步緩慢的事實。我不是說因為我們才觸及了表面，所以我們永遠無法弄清真相。我是說我們對自然過程能做什麼和不能做什麼有相當清楚的了解，而這兩者之間的跳躍不是基於無知，而是基於知識。這不是一個來自無知的論點，這是一個基於我們目前所知的最佳解釋的歸納論證，這理想上是科學應該侷限自己的範疇。
18. 如果你想知道當你將這一信念注入司法系統後，會造成何種可怕景象，請參見 John West, *Darwin Day in America* (Wilmington, DE: Intercollegiate Studies Institute, 2007).
19. 但不包括祂的救贖計劃——這只有在聖經中才能找到。
20. 班・史坦恩（Ben Stein）在紀錄片《驅逐》（*Expelled*）中讓理查・道金斯（Richard Dawkins）承認外星人是他最好的猜測。參見 Ben Stein, *Expelled* (Premise Media and Rampant Films, 2008), 1:27:25-1:33:08, https://www.youtube.com/watch?v=V5EPymcWp-g.
21. Baruch A. Shalev, *100 Years of Nobel Prizes* (Los Angeles, CA: The Americas Group, 2002), 46, 57.
22. Robert Jastrow, *God and the Astronomers* (New York: W.W. Norton, 1992), 116.

第七章　如果有一絲一毫證據，我會相信上帝

1. Dan Wallace, "Has the New Testament Text Been Hopelessly Corrupted?," *A Defense of the Bible: A Comprehensive Apologetic for the Authority of Scripture*, eds. Stephen B. Cowan and Terry L. Wilder (Nashville, TN: Broadman & Holman, 2013), 156-57.
2. 我們確實有像航運日誌和收據這樣的原始文件，但沒有那些會被複製和流傳的文學作品的原始文件。
3. Josh McDowell and Sean McDowell, *The New Evidence that Demands a Verdict* (Nashville, TN: Thomas Nelson, 2017), 52-56.
4. David Hume, *On Human Nature and the Understanding*, Antony Flew, ed. (New York: Collier Books, 1962), 163.
5. Hillary Short, "Playground Apologetics: Apologetics Tactics for Busy Moms," *Mama Bear Apologetics* (February 14, 2018), http://mamabearapologetics.com/playground-apologetics-intro/.
6. Bertrand Russell, "The Free Man's Worship," *The Independent Review*, vol. 1 (December 1903), 415-24.
7. Richard Dawkins, "Thought for the Day," *BBC Radio* (January 2003), quoted in Alister McGrath, *The Dawkins Delusion?* (Downers Grove, IL: InterVarsity, 2007), 19.
8. 如果你沒看過鮑伯‧紐哈特（Bob Newhart）的喜劇小品「別鬧了！」（Just Stop it），建議你上網搜尋。相信我，它值得一看。
9. Christopher Hitchens, interview, *ABC Latelne* (November 18, 2010), 11:10, https://www.youtube.com/watch?v=6ulJhUhPTFs.
10. Anna Skates, "The Trouble with Easter: How To (and Not To) Talk to Kids About Easter—Unfundamentalist Parenting," *Patheos* (April 12, 2017), http://www.patheos.com/blogs/unfundamentalistparenting/2017/04/trouble-easter-not-talk-kids-easter/.
11. Richard Dawkins, "Physical Versus Mental Child Abuse," *Richard Dawkins Foundation* (January 1, 2013), https://www.richarddawkins.net/2013/01/physical-versus-mental-child-abuse/.
12. Rebekah Valerius, "Is It Abusive to Teach Children About Hell?," *Christian Research Journal* 40, no. 3 (2018): 34-39.

13. Richard Dawkins, *The God Delusion* (New York: Houghton Mifflin, 2006), 135.
14. Richard Dawkins, "Richard Dawkins: The Rational Revolutionary," video hosted by *Intelligence*^{2} (July 14, 2016), 1:09:07-1:11:02, https://www.youtube.com/watch?v=aWIQ5nWKyNc.
15. Dr. John D. Ferrer, "Rejecting a Rembrandt?," *Intelligent Christian Faith* (April 29, 2016), https://intelligentchristianfaith.com/2015/11/19/rejecting-a-rembrandt/.
16. Richard Dawkins, "God Under the Microscope," video "Heart of the Matter," *BBC One* (September 29, 1996), https://www.youtube.com/watch?v=2gTYFolrpNU.
17. Christopher Hitchens, "The Fanatic, Fraudulent Mother Teresa," *Slate* (October 20, 2003), http://www.slate.com/articles/news_and_politics/fighting_words/2003/10/mommie_dearest.html.

第八章　真相是，真相不存在

1. Gilbert K. Chesterton, "The Revival of Philosophy—Why?," *Common Man* (New York: Sheed & Ward), para. 1.
2. Nancy R. Pearcey, *Total Truth* (Wheaton, IL: Crossway, 2004), 103.
3. Stephen Hicks, *Explaining Postmodernism: Skepticism and Socialism from Rousseau to Foucault* (Loves Park, IL: Ockham's Razor, 2014), 2.
4. 是的，我的大腦確實通過解讀光的波長告訴我那是紫色，但我的感知不能改變光所發出的客觀波長。
5. Hicks, *Explaining Postmodernism*, 3.
6. 我的朋友貝絲（Beth）在閱讀這一章的草稿時提到，她朋友的孩子從大學放假回家，說他在基督教學院的宗教課教授告訴他，耶穌是同性戀，並且他能從聖經中證明這一點。我很想說這一類的事情很少見，但事實並非如此。

第九章　你說我錯，你就錯了！

1. C.S. Lewis, *Mere Christianity* (New York: Touchstone, 1996), 45.
2. Timothy Keller, *The Reason for God: Belief in an Age of Skepticism* (New York: Riverhead, 2008), 73.
3. Richard C. Lewontin, "Billions and Billions of Demons," *New York Review of Books* (January 9, 1997), https://www.nybooks.com/articles/1997/01/09/billions-and-billions-of-demons/ (emphasis added).

4. Jonathan Merritt, "The Death of Moral Relativism," *The Atlantic* (March 24, 2016), https://www.theatlantic.com/politics/archive/2016/03/the-death-of-moral-relativism/475221/.

第十章　跟隨你的心──它從不說謊！

1. Fredric Heidemann, "I Was an Atheist Until I Read "The Lord of the Rings," *Strange Notions* (December 19, 2016), https://strangenotions.com/i-was-an-atheist-until-i-read-the-lord-of-the-rings/.

第十一章　只是崇拜一些東西而已

1. Brandon Showalter, "Only 1 in 10 Americans Have Biblical Worldview, Just 4 Percent of Millennials: Barna," *The Christian Post* (February 28, 2017), https://www.christianpost.com/news/1-in-10-americans-have-biblical-worldview-just-4-percent-of-millennials-barna-176184/.
2. 想了解更多關於亞西西的聖方濟可能說過或沒說過的話，參見Jamie Arpin-Ricci, "Preach the Gospel at All Times?," *Huffington Post* (August 31, 2012), https://www.huffingtonpost.com/jamie-arpinricci/preach-the-gospel-at-all-times-st-francis_b_1627781.html.
3. 哥林多後書 10:5。
4. Cathryn Buse, *Teaching Others to Defend Christianity* (Denver, CO: CrossLink, 2016), 73-98.
5. 約翰福音 14:6。
6. Buse, *Teaching Others*, 93-96.
7. 路加福音 12:51-53。
8. 使徒行傳 4:20。
9. Nabeel Qureshi, *Seeking Allah, Finding Jesus* (Grand Rapids, MI: Zondervan, 2016), 90.

第十二章　我不是宗教徒，我是靈性人士！

1. Otto Friedrich, "New Age Harmonies," *Time* (December 7, 1987), 62-72.
2. Joseph Liu, " 'Nones' on the Rise," *Pew Research Center* (October 9, 2012), http://www.pewforum.org/2012/10/09/nones-on-the-rise/.

3. Marianne Williamson, "How to Apply a Course in Miracles in your Daily Life," posted by Hay House on YouTube (March 14, 2016), https://www.youtube.com/watch?v=bgWBmiqR4pI.
4. Helen Schucman, *Manual for Teachers* in *A Course in Miracles* (Mill Valley, CA: Foundation for Inner Peace, 1975; reprint 2007), 91, http://stobblehouse.com/text/ACIM.pdf.
5. Helen Shuchman, *A Course in Miracles* [primary text] in *A Course in Miracles, Combined Volume*, 3d ed. (Mill Valley, CA: Foundation for Inner Peace, 1975; reprint 2007), ch. 4, intro., para. 3.
6. Shuchman, *Manual for Teachers*, 2007, sect. 23, para. 4.
7. Shuchman, *Course in Miracles, 1975*, ch. 3, intro., para. 4.
8. Shuchman, *Workbook for Students* in *A Course in Miracles, Combined Volume*, 3d ed. (Mill Valley, CA: Foundation for Inner Peace, 1975; reprint 2007), lesson 61, para. 1.
9. Shuchman, *Workbook*, lesson 259, para. 1.
10. Shuchman, *Workbook*, lesson 70, para. 1.
11. Todd Gilchrist, "Star Wars Speeches: Yoda," *IGN.US* (August 29, 2006), https://www.ign.com/articles/2006/08/29/star-wars-speeches-yoda.
12. Bill Moyers and George Lucas. "Of Myth and Men," *Time* (April 18, 1999), http://content.time.com/time/magazine/article/0,9171,23298,00.html.
13. Rob Bell, *What We Talk About When We Talk About God* (New York: HarperCollins, 2014), 106.
14. Bell, *What We Talk About*, 118.
15. Deepak Chopra, *The Third Jesus: The Christ We Cannot Ignore* (New York: Random House, 2008), 9.
16. Marcia Montenegro, "Mindfulness: Taming the Monkey, Part 1," *Midwest Christian Outreach Journal*, vol. 20, no. 1 (Fall 2014), para. 12, http://www.christiananswersforthenewage.org/Articles_MindfulnessMonkey.html.
17. 更多這方面的訊息,參見Clay Jones's book *Why Does God Allow Evil?* (Eugene, OR: Harvest House, 2017).
18. Mary Poplin, "As a New Age Enthusiast, I Fancied Myself a Free Spirit and a Good Person," *Christianitytoday.com* (December 21, 2017), http://www.christianitytoday.com/ct/2018/january-february/as-new-age-enthusiast-i-fancied-myself-free-spirit-and-good.html.

第十三章　共產主義失敗是因為沒有人正確地實踐它

1. Danielle Corcione, "Everything You Should Know About Karl Marx," *Teen Vogue* (May 10, 2018), https://www.teenvogue.com/story/who-is-karl-marx.
2. Kim Kelly, "Everything You Need to Know About Capitalism," *Teen Vogue* (April 11, 2018), https://www.teenvogue.com/story/what-capitalism-is.
3. Karl Marx and Frederick Engels, *Manifesto of the Communist Party* (1848), translated by Samuel Moore and Frederick Engels, in *Marx/Engels Selected Works, vol. 1* (Moscow: Progress Publishers, 1969), 98-137, revised English translation edited by Andy Blunden (Online: Marxists Internet Archive, 2004), 40.
4. *Marx/Engels Selected Works*, 26.
5. *Marx/Engels Selected Works*, 24.
6. Bruce Mazlish, *The Meaning of Karl Marx* (New York: Oxford University Press, 1987), 8.
7. William Z. Foster, *Towards Soviet America* (London: Forgotten Books & Ltd., 2015), 326.
8. W.A. Suchting, *Marx: An Introduction* (New York: New York University Press, 1983), xviii.
9. Roger S. Gottlieb, *Marxism: 1844-1990* (New York: Routledge, Chaplain & Hall, 1992), 34.
10. Bertell Ollman, "Marx's Vision of Communism: The First Stage," *Dialectical Marxism: The Writings of Bertell Ollman,* https://www.nyu.edu/projects/ollman/docs/marxs_vision.php.
11. Robert Harvey, *A Short History of Communism* (New York: Thomas Dunne Books, 2004), 25.
12. Karl Marx and Frederick Engels, *Manifesto of the Communist Party* (1848), translated by Samuel Moore and Frederick Engels, in *Marx/Engels Selected Works, vol. 1*, pgs. 98-137, (Moscow: Progress Publishers, 1969), revised English translation edited by Andy Blunden (Online: Marxists Internet Archive, 2004), 18.
13. *Marx/Engels Selected Works*, 25.
14. *Marx/Engels Selected Works,* 14.
15. Robert Harvey, *A Short History of Communism* (New York: Thomas Dunne Books, 2004), 25.

16. Saul Alinsky, *Rules for Radicals* (New York: Vintage Books, 1971), 66.
17. Roger S. Gottlieb, *Marxism: 1844–1990* (New York: Routledge, Chaplain & Hall, 1992), 124.
18. Gottlieb, *Marxism*, 137.
19. John MacArthur has a good series on this. Here's the first message in the series: John MacArthur, "Social Injustice and the Gospel," Grace to You Ministries (August 13, 2018), https://www.gty.org/library/blog/B180813.
20. 我從基姆・梵・維利爾（Kim Van Vlear）的《深根聖經課程》(*DeepRoots Bible Curriculum*) 得到了這個想法，網址是：https://deeprootsbible.com/。
21. 我必須指出，這些經文並不支持共產主義，因為共產主義是由政府強制推行的。請注意，人們並不是將他們的收益交給政府來分配，而是交給使徒——宗教領袖。因此，如果這段經文倡導什麼，那就是自我實施的神權政治（即由神職人員根據神的指引來統治的政府）。古以色列是一個神權政治。任何保障宗教自由的政府都不可能是神權政治。然而，我們可以在教會的治理中以早期教會的方式運作。

第十四章　未來是女性的時代

1. Diana Bruk, "Ashley Judd Gave an Incredibly Fiery Speech at the Women's March. Here's the Full Transcript," *Cosmopolitan* (October 8, 2017), www.cosmopolitan.com/entertainment/a8625295/ashley-judd-womens-march-speech/.
2. Bruk, "Ashley Judd."
3. The Organizers, "Our Mission," *Women's March* (2017), www.womensmarch.com/mission/.
4. 在〈創世紀〉1:27中，神宣告男人和女人都是按照祂的形象所造。在〈創世紀〉16:10中，上帝用與亞伯拉罕相同的盟約的語言（covenant language）對待埃及奴隸夏甲（哈革爾）。在古代近東地區，女性幾乎只是財產，但神命令孩子們尊敬他們的母親（首先提到）和父親（利未記19:3）。在《新約》中，只有學生才被允許坐在拉比的腳下，但我們在〈路加福音〉10:38中看到，馬大（瑪爾大）的姐妹馬利亞（瑪利亞）就坐在那裡。耶穌在井邊與婦女交談時打破了文化禁忌（約翰福音4），他並選擇女性作為復活的第一位見證人（馬太福音28）；而在那個時代，女性的證詞被認為毫無價值，根據是 Josephus and the Talmud (Josephus, *Antiquities of the Jews*, 4.8.15; Talmud, Rose Hashannah 1:8).

5. Kelly Riddell, "Pro-life Women Banned from Anti-Trump Women's March on Washington," *The Washington Times* (January 17, 2017), https://www.washingtontimes.com/news/2017/jan/17/pro-life-women-banned-anti-trump-womens-march-wash/.
6. Christian Hoff Sommers, *Freedom Feminism* (Lanham, MD: Rowan & Littlefield, 2013), 10-12.
7. 第一波平等和母性女性主義的信念類似於教會目前在平等與互補婚姻模式之間的辯論,但並不完全相同。
8. Betty Friedan, *The Feminine Mystique,* 50th anniversary ed. (New York: W.W. Norton, 2013), 337.
9. Friedan, *The Feminine Mystique*, 368.
10. Attributed to G.K. Chesterton.
11. 順便問一下,有人見過父權制嗎?這個臭名昭著的男子俱樂部在哪裡聚會?他們是誰?在女性遊行中,當女權主義者被要求指出這個惡名昭彰的團體時,她們做出了最經典的一臉茫然表情。參見Summer White, "Feminism Implodes at Women's March," Video *Apologia Studios*, YouTube (January 23, 2017), https://www.youtube.com/watch?v=B5yI42X9-Yw.
12. 有些人聲稱我們正處於第四或第五波女性主義浪潮中,但時間尚未證實它們究竟是獨立的浪潮,還是只是第三波浪潮的漣漪。
13. Christian Hoff Sommers, *Who Stole Feminism? How Women Have Betrayed Women* (New York: Touchstone, 1995), 25.
14. Christina Hoff Sommers, *Factual Feminist*, YouTube, https://www.youtube.com/playlist?list=PLytTJqkSQqtr7BqC1Jf4nv3g2yDfu7Xmd.
15. Caroline Mortimer, "Women's Rights Group Strips Naked in Protest Against Objectification," *The Independent* (September 22, 2016), https://www.independent.co.uk/news/world/americas/women-naked-nude-female-body-protest-objectification-urbanudismo-argentina-feminism-sexuality-a7323376.html.
16. Hillary Morgan Ferrer, "So You 'Marched for Women' This Weekend? 8 Things You Probably Didn't Know You Were Marching For…," *Mama Bear Apologetics* (February 14, 2018), https://mamabearapologetics.com/marched-women-weekend-8-things-probably-didnt-know-marching/.
17. 我提到藥指的是服用注意力缺失症藥丸的男孩數量過多。參見Peg Tyre's *The Trouble with Boys* (New York: Harmony, 2009) and Christina Hoff Sommers, *The War Against Boys,* rev. and upd. (New York: Simon & Schuster, 2015).

18. 根據文獻指出，這句女性主義箴言最初是由伊琳娜・鄧恩（Irina Dunn）在1970年寫在洗手間的牆上。參見Jennifer Baumgardner, and Amy Richards, *Manifesta: Young Women, Feminists, and the Future*, 10th anniversary ed. (New York: Farrar, Straus, Giroux, 2010), 41.
19. 雖然我喜歡《辛普森家庭》（*Simpsons*），但我認為它助長了人們用荷馬（Homer）的愚蠢行為來傳播這種思維模式。
20. 明確一點說，當涉及到某些類型的舞蹈時，我會同意這一點。不管男人做什麼，女人都得向後……而且還要穿高跟鞋。
21. Christina Hoff Sommers, *War Against Boys: How Misguided Policies Are Harming Our Young Men* (New York: Simon & Schuster, 2013).
22. 請至以下網址下載受害者報告："Report I of the 40th Statewide Investigating Grand Jury," *Pennsylvania Diocese Victim's Report* (August 27, 2018), https://www.attorneygeneral.gov/wp-content/uploads/2018/08/A-Report-of-the-Fortieth-Statewide-Investigating-Grand-Jury_Cleland-Redactions-8-12-08_Redacted.pdf.
23. Emily Badger, "The Unbelievable Rise of Single Motherhood in America over the Last 50 Years," *The Washington Post* (December 18, 2014), https://www.washingtonpost.com/news/wonk/wp/2014/12/18/the-unbelievable-rise-of-single-motherhood-in-america-over-the-last-50-years/?utm_term=.16c1ec4ce1ae.
24. John Ferrer, "Unwaging the War on Women," *Intelligent Christian Faith* (August 6, 2016), www.intelligentchristianfaith.com/2016/08/06/unwaging-the-war-on-women-2/amp/.
25. 我推薦這篇文章：Sue Bohlin's article "Raising Gender Healthy Kids" at https://probe.org/raising-gender-healthy-kids/.

第十五章 基督教需要改頭換面

1. 一位進步運動中頗具影響力的學者佩特・恩斯（Pete Enns）在他的書中提出了此一觀念，參見*The Sin of Certainty: Why God Desires Our Trust More Than Our "Correct" Beliefs* (New York: HarperOne, 2016).
2. David M. Felten and Jeff Procter-Murphy, *Living the Questions: The Wisdom of Progressive Christianity* (Toronto, Canada: HarperCollins, 2012), 23-24.
3. J. Gresham Machen, *Christianity and Liberalism* (Grand Rapids, MI: Eerdmans, 2009), 16.

4. Rob Bell, "Everything Is Spiritual," *RobBell.com*, YouTube (May 1, 2016), https://www.youtube.com/watch?v=JT09JbaEh_I.
5. Anna Skates, "The Trouble with Easter: How To (and Not To) Talk to Kids About Easter—Unfundamentalist Parenting," *Patheos* (April 12, 2017), http://www.patheos.com/blogs/unfundamentalistparenting/2017/04/trouble-easter-not-talk-kids-easter/.
6. Brian D. McLaren, *A New Kind of Christianity: Ten Questions That Are Transforming the Faith* (New York: HarperCollins, 2010), 103.
7. Felten and Procter-Murphy, *Living the Questions*, 24.
8. John Pavlovitz, "Explaining Progressive Christianity (Otherwise Known as Christianity)," *John Pavlovitz* (October 5, 2016), https://johnpavlovitz.com/2016/10/05/explaining-progressive-christianity-otherwise-known-as-christianity/.
9. Andrew Wilson, *Unbreakable: What the Son of God Said About the Word of God* (Leyland, UK: 10 Publishing, 2014) 9-10.
10. Sam Hailes, "Bart Campolo Says Progressive Christians Turn into Atheists. Maybe He's Right," *Premiere Christianity* (September 25, 2017), https://www.premierchristianity.com/Blog/Bart-Campolo-says-progressive-Christians-turn-into-atheists.-Maybe-he-s-right.

第十六章　如何利用這些資訊並且像熊媽媽一樣咆哮

1. Francis Schaeffer, *The God Who Is There* (Downers Grove, IL: InterVarsity Press, 1998), 153.

致謝

首先要感謝我們了不起的丈夫們——約翰、陶德、霍華德、比爾、李、凱爾和麥克——感謝你們在計畫期間對我們的支持。你們忍受了我們深夜的 Skype 通話、沒完沒了的文字討論,及無數個小時的寫作與修改。我們很榮幸成為你們的摯愛(是個人而不是集體的摯愛,這可不是邪教)。

我要感謝那些不辭辛勞的熊媽媽們,是她們的努力才讓這個小組計劃得以成功。我為我們所完成的工作感到無比驕傲,儘管我們都在章節中署名,但每一章都有我們每個人的心血。特別感謝希拉蕊・蕭特(Hillary Short),她是引文的救星,搞定了第一章注解的亂象。我的朋友,天堂裡有特別的獎賞等著妳。我還要感謝那些審閱章節並提供反饋的朋友和學者們——克里斯・摩根和愛麗絲・摩根(Chris 和 Alice Morgan)及其小組,貝絲・巴伯(Beth Barber)、阿曼達・伯克(Amanda Burke)、喬蒂・維斯(Jody Vise)、萊斯利・霍頓(Leslie Horton)、林賽・梅登瓦爾特(Lindsey Medenwaldt)、布雷克・李亞斯(Blake Reas)、賈斯汀・巴

斯（Justin Bass）、凱蒂・彼得森（Katie Peterson）、艾琳娜・多佩爾（Elena Doepel）、高登・史特林（Gordon Sterling）、瑪夏・蒙特內哥羅（Marcia Montenegro）、黛安・韋納（Diane Woerner）、萊恩・赫胥黎（Ryan Huxley）以及史提夫・卡伯（Steve Cable），感謝你們為青少年離教問題的不懈努力。

感謝在我們第一個計畫中給予我們情感支持的眾多朋友——感謝娜塔莎・克蘭恩總是樂於傾聽我的想法。感謝尚恩・麥道威爾幫助我完成了我的第一本合撰書籍。感謝南茜・皮爾西（Nancy Pearcey）對於熊媽媽護教學使命的信任。感謝克雷格・海森，總是在我需要指導時抽出時間與我談話。感謝了不起的編輯們，泰瑞（Terry）和史提夫。最後，感謝我們的主耶穌，沒有祂，我們將無話可說。

國家圖書館出版品預行編目資料

為孩子出征：在屬靈的爭戰中，父母如何成為孩子的護衛者／希拉蕊.摩根.費雷爾(Hillary Morgan Ferrer)編著；陳雅馨譯. -- 初版. -- 臺北市：啟示出版：英屬蓋曼群島商家庭傳媒股份有限公司城邦分公司發行，2024.09
面；　公分. -- (Soul系列；66)

譯自：Mama bear apologetics : empowering your kids to challenge cultural lies.

ISBN 978-626-7257-53-1 (平裝)

1.CST: 基督徒 2.CST: 基督教教育 3.CST: 兒童教育

244.982　　　　　　　　　　　　　　　　　　　113013043

線上版讀者回函卡

Soul系列066
為孩子出征：在屬靈的爭戰中，父母如何成為孩子的護衛者

| 作　　　　者／希拉蕊・摩根・費雷爾 編著（Hillary Morgan Ferrer, general editor） |
| 譯　　　　者／陳雅馨 |
| 企畫選書人／周品淳 |
| 總　編　輯／彭之琬 |
| 責 任 編 輯／白亞平 |

版　　　　權／吳亭儀、江欣瑜
行 銷 業 務／周佑潔、周佳葳、林詩富、吳藝佳
總　經　理／彭之琬
事業群總經理／黃淑貞
發　行　人／何飛鵬
法 律 顧 問／元禾法律事務所王子文律師
出　　　　版／啟示出版
　　　　　　　台北市南港區昆陽街16號4樓
　　　　　　　電話：(02) 25007008　傳真：(02)25007759
　　　　　　　E-mail:bwp.service@cite.com.tw
發　　　　行／英屬蓋曼群島商家庭傳媒股份有限公司城邦分公司
　　　　　　　台北市南港區昆陽街16號8樓
　　　　　　　書虫客服服務專線：02-25007718；25007719
　　　　　　　服務時間：週一至週五上午09:30-12:00；下午13:30-17:00
　　　　　　　24小時傳真專線：02-25001990；25001991
　　　　　　　劃撥帳號：19863813；戶名：書虫股份有限公司
　　　　　　　讀者服務信箱：service@readingclub.com.tw
　　　　　　　城邦讀書花園：www.cite.com.tw
香港發行所／城邦（香港）出版集團有限公司
　　　　　　　香港九龍土瓜灣土瓜灣道86號順聯工業大廈6樓A室
　　　　　　　電話：(852)25086231　傳真：(852)25789337　E-MAIL：hkcite@biznetvigator.com
馬新發行所／城邦（馬新）出版集團【Cite (M) Sdn Bhd】
　　　　　　　41, Jalan Radin Anum, Bandar Baru Sri Petaling, 57000 Kuala Lumpur, Malaysia.
　　　　　　　電話：(603) 90578822　傳真：(603) 90576622
　　　　　　　Email: cite@cite.com.my

封 面 設 計／王舒玗
排　　　　版／芯澤有限公司
印　　　　刷／韋懋實業有限公司

■2024年9月19日初版　　　　　　　　　　　　　　　　Printed in Taiwan

定價480元

MAMA BEAR APOLOGETICS®
Copyright © 2019 Hillary Morgan Ferrer
Published by Harvest House Publishers
Eugene, Oregon 97408
www.harvesthousepublishers.com
Complex Chinese translation copyright©2024 by Apocalypse Press, a division of Cite Publishing Ltd.
All Rights Reserved.

城邦讀書花園
www.cite.com.tw

著作權所有，翻印必究　ISBN 978-626-7257-53-1

廣　告　回　函
北區郵政管理登記證
北臺字第000791號
郵資已付，免貼郵票

115　台北市南港區昆陽街16號4樓

英屬蓋曼群島商家庭傳媒股份有限公司城邦分公司　收

請沿虛線對摺，謝謝！

書號：1MA066　　書名：為孩子出征

請於此處用膠水黏貼

讀者回函卡

啟示出版 Apocalypse Press

感謝您購買我們出版的書籍！請費心填寫此回函卡，我們將不定期寄上城邦集團最新的出版訊息。

姓名：_____ 性別：□男 □女

生日：西元_____年_____月_____日

地址：_____

聯絡電話：_____ 傳真：_____

E-mail：

學歷：□ 1. 小學 □ 2. 國中 □ 3. 高中 □ 4. 大學 □ 5. 研究所以上

職業：□ 1. 學生 □ 2. 軍公教 □ 3. 服務 □ 4. 金融 □ 5. 製造 □ 6. 資訊
　　　□ 7. 傳播 □ 8. 自由業 □ 9. 農漁牧 □ 10. 家管 □ 11. 退休
　　　□ 12. 其他_____

您從何種方式得知本書消息？
　　　□ 1. 書店 □ 2. 網路 □ 3. 報紙 □ 4. 雜誌 □ 5. 廣播 □ 6. 電視
　　　□ 7. 親友推薦 □ 8. 其他_____

您通常以何種方式購書？
　　　□ 1. 書店 □ 2. 網路 □ 3. 傳真訂購 □ 4. 郵局劃撥 □ 5. 其他_____

您喜歡閱讀那些類別的書籍？
　　　□ 1. 財經商業 □ 2. 自然科學 □ 3. 歷史 □ 4. 法律 □ 5. 文學
　　　□ 6. 休閒旅遊 □ 7. 小說 □ 8. 人物傳記 □ 9. 生活、勵志 □ 10. 其他

對我們的建議：_____
_____
_____

【為提供訂購、行銷、客戶管理或其他合於營業登記項目或章程所定業務之目的，城邦出版人集團（即英屬蓋曼群島商家庭傳媒（股）公司城邦分公司、城邦文化事業（股）公司），於本集團之營運期間及地區內，將以電郵、傳真、電話、簡訊、郵寄或其他公告方式利用您提供之資料（資料類別：C001、C002、C003、C011等）。利用對象除本集團外，亦可能包括相關服務的協力機構。如您有依個資法第三條或其他需服務之處，得致電本公司客服中心電話02-25007718請求協助。相關資料如為非必要項目，不提供亦不影響您的權益。】
1.C001 辨識個人者：如消費者之姓名、地址、電話、電子郵件等資訊。　　2.C002 辨識財務者：如信用卡或轉帳帳戶資訊。
3.C003 政府資料中之辨識者：如身分證字號或護照號碼（外國人）。　　　4.C011 個人描述：如性別、國籍、出生年月日。

請於此處用膠水黏貼